U0110201

能力圈選股
投資致勝的關鍵

謝毓琛（切老）著

▋序一：回到未來，改變你的財富路徑

> 馬蒂：「博士，我們最好回頭，前頭沒有路可以讓我們加速到 88 英里」
>
> 布朗博士：「路？什麼路？我們要去的地方不需要道路！」
>
> ——電影《回到未來》

有句西方諺語這麼說：「青春走得太快，智慧來得太慢」（Too Soon Old, Too Late Smart），如果能夠回到過去，你會不會想提醒過去的自己在未來人生的幾個關鍵時刻應該怎麼做選擇？你會不會想提醒當年那位小伙子或黃毛丫頭要更有勇氣去追求所愛？不要輕易放棄、要更有耐心去等待事情化險為夷、不要過度焦慮、也不要固執己見，要盡力追求更多的智慧。

我相信如果你能提早個十年二十年提醒自己這些關鍵思考，你現在會有更美好的愛情、有更適合自己的職涯、或擁有更好的財務。因為在累積不同人生歷練後，你對人生通常會有更深刻與更有智慧的領悟，這些累積的智慧一定能讓你比過去的自己做出更好的思考與決策。我多希望自己能乘著時光機回到我初入股市的 20 多歲，親自告訴那位年輕的小伙子，投資跟你想的不一樣，你需要的是十足的耐心、願意做出跟眾人不同的決策，10 年和 20 年真的只是一瞬間，不要心急也不要焦慮，你最終會得到嚮往的財富！

以上這些話，也正是我想寫此書的目的，幫助更多年輕的投資人可以少走冤枉路，不要像我們當初浪費了寶貴的前 10 年甚至 20 年來摸索投資方法。

如果我們一開始就用了最具優勢也最經得起長期考驗的投資方法，我們在投資之路上就可以累積更多的財富。「一寸光陰一寸金」這句話真的一點都沒錯，你浪費掉或犯了嚴重錯誤的一年時間就減少了你累積一年財富的機會，還要犧牲後面的時間來彌補你的損失。

對於生命有限的我們，每一年都十分寶貴，財富是累加的，不管你是創

業或投資，你都需要夠多的時間才能幫助你累積更多的成就與財富，越早找到最適合自己的投資方法是邁向財富自由的第一步！

在經典科幻電影《回到未來》的故事情節裡，男主角馬蒂靠著時光機回到過去，利用「作弊」贏回了人生。如果是你，應該會很羨慕電影中的馬蒂可以靠作弊化解人生的重要危機，但在現實生活中我們回不到過去、也去不了未來，我們怎麼作弊呢？但如果我告訴你，你可以呢？只要你能提前知道自己原來不知道的事，你在未來就有獲勝和抄捷徑的可能。而，什麼是你或一般人不知道的事？

這正是本書想說的，不必靠你自己去試一遍，讓已經走過這段路的人來告訴你怎麼可以走得更輕省，不要再浪費你的大半人生去使用那些效果有限的投資方法，投資大師與投資前輩早已告訴你他們畢生累積的投資智慧了。

這些智慧就像是給你作弊的機會，因為市場上大多數的投資人不想聽，因為覺得太老套跟不上時代、也沒耐心應用，因為他們覺得這樣賺錢太慢了。而正是這些被世人忽略的關鍵智慧，可以讓你勝過市場上那些自以為靠臨場反應和一堆小技巧就可賺取大筆財富的投資人，這不就是「作弊」？只是作弊的方法是靠投資前輩們累積的豐富經驗和諄諄教誨。

相信我，這不只會改善你的投資績效，更會改變你對人生的許多思考。這根本就是抄捷徑，當別人還在一步一步用錯誤的方法找路、耗費十年才發現自己白忙一場時，你早已經坐上了布朗博士的時光機，快速跳過這些讓人暈頭轉向的旁門左道，早早開始了你累積財富的輕鬆旅程。

回顧自己過去 20 年的投資歷史，感悟最深的不是投資技巧的精進，而是領悟了投資的真諦竟如《聖經‧箴言》所說：「**快跑的未必能贏，力戰的未必得勝，一切都在乎當時的機會……**」。投資要有效果，常常不是操之在己，而是要先找對方向，剩下的就是保守自己的心，堅持信心與嚴守紀律，日復一日用對的方式在對的股票上持續下注，所謂的機會或好事就會發生；只要能參透這個道理，你的投資生涯就能比大多數投資人更輕鬆也更有果效。

所以，找對方向和用對方法是最重要的，不要因為急躁而誤入歧途，正如巴菲特所說的：「**如果你在錯誤的道路上，奔跑也沒有用**」。我衷心盼望這本集合了我 20 年投資經驗與領悟的著作，可以幫助仍在投資路上尋尋覓覓的你找到正確的方向，不只改變你的投資觀念、提升報酬，也能好好享受你的投資旅程。

序二：我的投資之旅

> 「快跑的未必能贏，力戰的未必得勝；智慧的未必得糧食，明哲的未必得資財；靈巧的未必得喜悅；所臨到眾人的是因為『時間』與『機會』。」（《聖經·傳道書》）

回首來時路

這些年我在檢討過去十幾年的投資決策時，很難定調自己是否真的是靠自己的聰明與努力取得投資回報的。到底要用「過程」還是「結果」來評價我的投資歷程呢？我發現投資還真的很難有一套鉅細靡遺的公式來參考。投資更多的時候像是一門藝術而不是技術，好的觀念會勝過靈活與複雜的技巧、不作為勝過積極作為；少就是多、慢就是快。甚至你還必須把無法預測的「機運」當作是重要的影響因子。

你必須堅持做對的事，讓好事發生的機會擴張到最大，然後極力減少錯誤，避免獲利被侵蝕，長期下來你就會得到一個好的結果。聽起來是不是有點玄？但，這正是長期投資時你該有的觀念與心態，多半的時刻你只需要不急不徐，讓時間這個神奇的魔法師來為你演出下一段驚奇戲碼。

在累積越來越多的經驗，思考不斷進化後，我這幾年逐漸轉換為較為「寫意」的投資方式來做投資，盡量少用精確的計算與嚴謹的分析來估算股票價值，而越來越相信放手給優秀企業，相信優秀企業會自己找到出路。為何會有這樣的思考改變呢？我們回顧一下我這十幾年來的投資歷程：

我投資生涯的前十年處於在黑暗中探索的階段，雖然看了一堆投資書籍和股市節目，各種分析技術和投資觀念也都瞭解一點，但在股市的實戰中卻仍沒有探索出什麼有效率的投資方法，也沒有發展出具體的投資思維。總是在財經新聞與雜誌上找投資機會，雖然觀念中一直希望以長期投資為主，但

最常發生的情況仍是投資一檔股票失敗了再換一檔，最後總是輸多贏少，一直沒找到投資的中心思想。

一直到 2008 年全球金融風暴後才開始出現契機。當時台股最慘時有一半以上的市值灰飛煙滅，我的持股也不例外，市值也近乎腰斬。但在股市最慘烈的時候，我發現我持股中的兩檔股票，「精華光學」和「鈊象」竟然是股災中最後十家還堅挺在 100 元以上的股票，這彷彿天啟般的訊息讓我很容易就判斷出手上最有價值的好公司是誰，於是我賣出自己所有其他虧損的股票，連幾張投資型保單也解掉，將所有資金全押在鈊象和精華上。

我當時的想法是，耗掉那麼多的時間研究股票和操作股票，結果手上一堆股票都沒這兩支股票穩健，乾脆不要玩了，把所有資金都放在我覺得最熟悉也最安全的兩支股票上。

因為很看好鈊象未來的爆發力，我押在鈊象上的資金還比精華多一些，但沒想到原來認為會高速成長的鈊象在五年後（2012 年）竟然因為中國打壓電玩業，每股盈餘（EPS）從 13 元跌到最慘時剩下不到 2 元。我只好停損了我最看好也抱得最久的股票（持有近七年），雖然加上鈊象歷年給的豐厚股息後損失不大，但還是很遺憾計畫跟不上變化…

千元股后興衰史

而另一方面，原本只是從穩健角度思考買進的精華竟然一路慢慢成長，每年獲利穩定增長，還發出越來越多的股息，我十年來領的股息就超過成本的兩倍了，精華在 2013 年以後幾次漲破 800 元，最後在 2017 年底更一舉漲破 1,000 元，我想都沒想過我會挑到一家股價可以跟宏達電一樣破千元的股票。

當時我持有的精華市值再加上領到的股息，獲利超過 10 倍，讓持股總市值突破了千萬。看來投資精華是筆很成功的投資，但卻完全不是我計畫中的結果。我當初買精華只是因為覺得精華每年成長約 10%，雖不是什麼高成

長企業，但成長的穩定性卻很高。

　　我在十幾年持有精華的過程中，堅持長期持有，沒有需要資金就不會動它，只有在幾次股價超過 800 與 900 元時賣出零星張數去繳清房貸和投資朋友的貓醫院事業。一直到發現精華已經走下坡，競爭力不再時我才開始出脫和換股。雖然沒能完整賺到在股價最高時的誇張報酬，但精華在過去十幾年依然給了我很豐厚的報酬，這第一桶金成為我後來投資的基礎，也讓我更堅持長期投資的信念：**要賺到倍數的增值，就要堅持長期持有優秀企業。**

浴火重生之鈊象

　　我投資上的另一個驚奇之旅則是鈊象，我在 2012 年出清鈊象後，鈊象只花了四年就成功從街頭遊戲機台製造商轉型成線上遊戲公司，EPS 從 2013 年最低的 1.7 元一路回到原來的 12 元以上，於是我在 2017 年又買回鈊象。2019 年初看它的經營績效開始出現變化後又再買進更多張數，讓鈊象再次成為我投資組合中的主力持股。

　　如今它成了浴火鳳凰，成長力道更勝 2012 年之前。而鈊象從 2019 年至今還原權值成長了超過 10 倍，這也完全不在我的計畫中，我所能做到的就是長期持有我有信心的好企業，不輕易賣出仍在成長中的優秀企業。

　　但有趣的是，如果我 2012 年不停損或不要賣出原來占投資組合一半的鈊象呢？我持有的鈊象市值還會比現在多出一倍，原來那筆投資會成為超過兩千多萬的資產。但我在那幾年鈊象市值暴跌 60% 以上的狀況下，要如何看到希望呢？更何況這麼低迷的景況還延續了整整四年，我當初要如何知道它最終會浴火重生呢？

　　而令我困惑的還不只如此，我在 2019 年為了分散風險，在鈊象大漲時調節了幾張鈊象轉到大地、麗豐和牧德，還因為持股信心不足賣出了 5 張保瑞和一張洋基工程，這些當時加起來不到一百萬的投資，到了 2023 年也就是今年，價值也將超過千萬。

我因為賣出股票失去了什麼？為什麼看好的股票表現常不如預期，不看好的反成了狂奔黑馬？而續抱的業績衰退，停損的成了浴火鳳凰，到底什麼才是價值投資呢？如今我又有了完全不同的領悟。

成功的投資反成為後悔的投資

你知道巴菲特曾經因為一筆不到一年就淨賺一億多的成功交易讓他後來後悔萬分嗎？巴菲特在 36 歲時買進了當時市值才 8,000 萬美元的一家小企業的 5% 的股份，然後在不到一年內就出清了所有持股，淨賺 55% 約 500 萬美元（當時約一億多台幣）。然而多年後，他數度表示後悔做了這個決定，因為如果他當時不要賣出這家公司的股份而抱到現在，這 5% 的股份會變成三千億台幣，這還是不含股息複利效果的數字，這家公司就是娛樂與媒體巨擘迪斯尼！

我想迪斯尼的這個投資經驗也改變了巴菲特的投資思考，36 歲的巴菲特和 50 歲的巴菲特已經是完全不同級別的投資高手了，他一定參透了什麼我們無法理解的祕密，然後創造出無人能及的投資績效。

價值投資的祕密

你能計算得出一筆投資 10 年和 20 年後的獲利表現嗎？如果算得出來，表示你的這筆投資可能還不夠划算。一個優秀的投資人真能計算出一家公司未來 10 年或 20 年後的獲利嗎？巴菲特的事業伙伴查理‧蒙格在 2023 年 11 月（蒙格已於 2023 年 11 月 28 日與世長辭）最後一次接受採訪時說道，在他和巴菲特剛開始事業時，從沒想過有一天他們的事業可以大到超過「億」的規模，如今波克夏市值不只超過億，還接近八千億美元，是世界上市值第 12 大的企業，是全美第 8 大的企業，連全球最頂尖的投資大師們都還低估了複利的偉大力量，更不用說股市中大大小小的投資人了。

當 1988 年巴菲特買進可口可樂時，有許多分析師告訴他美國市場飽和

了，可口可樂榮景不再，這將是個錯誤的投資；過了 20 年，又有分析師提醒他全球市場飽和了，可口可樂榮景不再；然後又過了 20 年，又有人警告他，健康意識抬頭，可樂等含糖飲料有害健康，可樂榮景不再…

不只可口可樂，巴菲特的持股永遠不缺這些聰明分析師的警告；買進富國銀行後股價腰斬虧損長達兩年、買進比亞迪後股價馬上跌掉 25%，在四年間漲了 10 倍又跌回原點。買進蘋果後因為 iPhone 銷售不佳股價暴跌了 30%，巴菲特淪為笑柄，分析師笑巴菲特怎麼不在 2007 年 iPhone 剛上市時買進，等到 iPhone 上市近 10 年後市場快飽和了才跳進來，而且虧損了這麼多還不停損，還買進更多，這不是傻子一個嗎？

聰明的老巴菲特為什麼不在比亞迪跌了 25%、蘋果虧損 30%、富國銀行腰斬時停損出場？或為什麼不在比亞迪漲了 10 倍、蘋果漲了兩倍時就獲利了結呢？這會不會太傻了點？但，這就是價值投資的奧祕！有長遠視野的長線投資人看到的不是 30% 的獲利或虧損，他看到的是一家企業在未來 10 年的規模增長。

我們的想像力有沒有比企業領導人來得強？你怎麼知道可口可樂的美國市場真的飽和了？過去 10 年來可口可樂成長最快的區域不是中國，而是美國加州，因為可口可樂公司想辦法讓美國消費者一個月喝上更多罐的可樂。你知道健康趨勢下可樂可能會賣不好，但你在 20 年前猜得到可口可樂會推出零卡可樂，讓消費者更肆無忌憚喝更多的可樂嗎？

另外，你知道亞馬遜一開始只是一家賣書的小電商，但你知道它後來什麼都能賣，還有自己的音樂與影視服務平台，還建立了一年淨利超過 200 億美元的 AWS 雲端服務。你也不會知道蘋果除了 2007 年推出的 iPhone，後來還推出了 iPad、AirPod、Apple Watch 等高價周邊產品來滿足更多不同需求的用戶，蘋果的服務收入竟然可以年收數百億美元。

當然，你也不會猜到鈊象可以將原來占營收 10% 的線上遊戲發展成主業，而且在短短幾年擴張了好幾倍大。你也無法預測原來做製造業租賃業務

的中租，從台灣發展到中國，更延伸到東南亞，還開發了行動支付與無卡分期業務，還發展太陽能電廠業務，累積了超過三千家案場，成為台灣最大的太陽能電廠經營商，在上市的 12 年後營收規模增長了 5 倍，淨利超過了十倍。

如果你一開始就知道上面所述這些公司的長期發展，想必你連一股都不願意賣出，還希望比別人更早買入與持續買進更多的股份。你要相信「時間」是偉大的魔法師！巴菲特的前五大持股除了蘋果外都持有超過 20 至 30 年以上，其餘股票也都平均持有超過 8 年，這能給投資人什麼啟示？**價值投資的祕密就是「透過時間來想像優秀企業的成長能力」**。那些長期受到股市偏見的影響，老想買低賣高、相信跌 10% 停損，漲 20% 停利的投資人越難以理解優秀企業是以這種不穩定、高波動性、非線性的方式完成驚人的規模增長。

一般人只相信股市老師常說的要低買高賣，每天猜測大盤與個股的走勢，卻很少花時間來理解什麼是一家優秀的企業，以致於無法將自己的想像力延伸到企業的規模增長上，讓自己長期侷限於框架效應的約束，也難怪獲利會有天花板了。

我做得到，你也做得到

我希望你不要認為我給投資人的鼓勵與建議只是股市心靈雞湯，而且又是理財雜誌或暢銷書中一個難以複製的投資傳奇。我並非透過高薪累積到股票資產的，累積的股票資產也並非其他投資達人動輒上億或好幾千萬的驚人數字，我相信我的投資經歷比其他投資高手更平實，我也認為我的投資歷程是可以給很多上班族實際幫助的。

我在工作的前十年擔任大學講師，一開始的月薪只有大約 5 至 6 萬，一直到升等成為助理教授後年薪才逐漸突破百萬。而且我是以一份教師薪水養一家四口，扣掉每月外縣市的通勤與租房費用一萬多後，每個月可支配的收入其實並沒一般人想像得多。

我當然也知道台灣的股票市場險惡，淺碟式的市場不僅容易暴漲暴跌

外，許多個股還容易被有心人士操弄，要在台股中賺到錢真的不容易。但在我經歷過越來越多長期投資的美好回報後，我慢慢掌握了許多讓長期投資更容易成功的途徑。

這些投資祕訣讓我提早在 50 歲時累積到了原來預訂 65 歲退休時才要達成的財務目標：2,000 萬股票資產。我相信我的投資經驗可以幫助很多投資人能更快掌握投資的祕訣，可以增加投資績效加速完成自己的財務目標。我很願意將我的投資經驗與思考分享給其他投資人，特別是年輕人。

圖 1. 我的投資歷史回顧 1993 至 2023 年

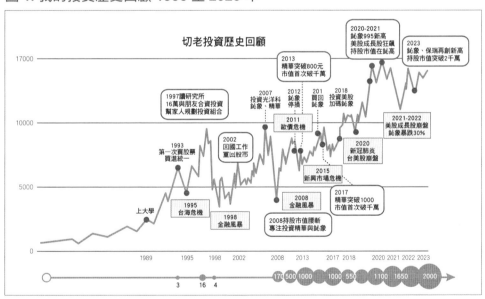

資料來源：作者整理

給自己的十年之賭

所以，到底該怎麼做才能像巴菲特一樣賺到企業的長期成長複利呢？ 其實巴菲特的思考模式一直都不複雜，非常適合一般投資人，只要抓到長期投資的重要原則，投資工作就可以化繁為簡。

你可以透過我書裡給的選股標準與投資組合的建議，挑選出在未來 10至 20 年最有機會持續成長的 10 家企業，建構屬於你自己的「雪球投資組合」，你便有機會在未來為自己創造很不錯的財富，為自己和家人帶來穩定的被動收入。當你是專注於挑選優秀的成長型企業，並且善用投資組合的概念來賺取報酬，你失敗的機率真的很小。

長期投資會是場賭注嗎？我不認為，我的投資策略不僅讓我自己的投資獲得了不錯的成果，也曾經在我為家人與朋友規劃的投資組合中得到驗證。當你堅持只做對的事，只挑選符合標準的優秀企業股票，並且放棄短期利差、用對的方式持有它們，你就等於為自己最大化了賺到企業長期倍數成長的機會，也讓好運更容易降臨在你的身上！

我非常鼓勵你，以 10 年、20 年，甚至是一生可以進行投資的時間來思考你的投資旅程。用長遠的視野來規劃你的投資組合，專注挑選能實現長期規模增長的企業，這是個用耐心與信心所下的賭注，而且越早開始，你的勝率越高！

持續做對的事，好事就會發生

一般人買進股票後，如果股價不是照預期地上漲而是下跌時，就會開始懷疑自己是不是做錯了。然後在缺乏信心下結束這段短暫的投資，永遠沒有機會見證這筆投資開花結果的時刻。因為缺乏這類成功的經驗，所以也無法建立投資的正向循環，意志力與信心也無法持續強化。

對長線投資人來說，一開始便很清楚知道我們的每一筆投資，最後不一

定會有如預期般的結果，我們不會因此而不行動。相反地，我們接受投資決策中各種可能會有的結果，我們會繼續行動，堅持做勝率高的決策，長期下來我們就會看到持續做對的事所創造的美好成果。你不需要所有的決策都成功，只需要幾個關鍵的成功投資，就能大幅改變你的投資旅程的樣貌，關鍵在於你是否能堅持紀律只做對的事，讓好事發生的機率大幅增加。

如果你沒有逼自己踏出第一步，例如勇敢開始投資，或嘗試持有幾家好公司股票三到五年來看看結果，你永遠只會是場邊看戲的觀眾，或是中場進來跳跳舞就離場的啦啦隊，你不會是球場上最後拿到獎盃的球員！投資是一條漫漫長路，你不會因為幾個錯誤決策就一敗塗地。你會在路途中不斷學習與調整，慢慢變得更有經驗與信心，你要做的是盡快開始你改變的第一步。

我很喜歡美國小說家雷・布萊伯利（Ray Bradbury）所說的一段格言：「**首先，你必須跳下懸崖，然後在下降途中造出翅膀！**」人生與投資都是如此，先行動，才有機會真正開始學習並調整策略，最後才有成功的機會。

你何時才要開始你的投資之旅呢？當時鐘的指針滴滴答答地轉動，你的人生能累積投資複利的機會也會一點一滴地流失。你還要繼續等待嗎？現在就開始跟我一起開創屬於你自己的投資之旅吧！

目錄

Content

第二部 能力圈選股

附錄

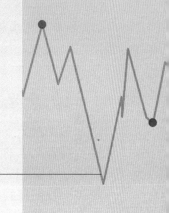

第一部

認識投資
真貌

瞭解真相，
才能誠實面對自己

第一章
投資不只是投資

> 如果十萬元無法讓你快樂，那麼一億也不會！
>
> ——巴菲特

1-1. 你是誰？

開始進入本書的正式內容前，我想問你三個問題：1. 你是誰？ 2. 你為什麼要投資？ 3. 你期待投資的回報是什麼？你可能會想，這不就是幾個簡單的問題，不必想太久就能馬上回答了。我是王 XX，我投資是想讓自己的財務更好，我期待的投資回報是越多越好，最好能有一年 X 倍的績效……上面這段會是你的答案嗎？

其實，這些問題的答案遠比你想的更複雜也更需要深思熟慮，因為你的思想會形成信念、最終再成為行動。未經你認真思考而產生的信念，會產生不切實際的目標，最後將導致不符合預期的結果。

台灣的年輕人通常很晚才會認真思考自己的志趣和職涯，人生路上因此產生了很多試誤與修正的過程，例如選擇工作就是件很苦惱的事，到底要優先選擇高薪還是志趣？很少人會聯想到其實選擇工作不是單純選一個職業那麼簡單，在選擇你的工作的同時，你也在決定自己的生活方式。

我很幸運地有一位充滿智慧的父親。在我初入社會時，我在為應該要進入產業界還是教育界的工作而猶豫不決時，我父親的一句話點醒了我，他說：「休假也是待遇的一部分」，我父親瞭解我的個性喜歡自由自在不受拘束，進入熱門的科技業設計部門也許收入更高，但工作的形式並不符合我的本性。

一個好的工作應該是要可以讓你過一個平衡的生活，除了提供你適當的

薪資，發揮專業的空間，還要能讓你有足夠的時間享受你工作以外的生活，這才是一個更平衡和有智慧的工作定義，不是嗎？但在現實生活中，我觀察到多數人，特別是剛畢業的學生，仍是優先選擇高薪的工作，但為了這個高薪的工作卻可能要犧牲自己的志趣、熱情，與家人共處的時間，原來以為會帶來財富與快樂的工作，最後卻成了人生的牢籠。

　　一般人在選擇對象與工作時都格外謹慎，因為一旦做出了選擇，對一輩子的影響是巨大的。巴菲特甚至說過人生最重要的決定就是找到對的伴侶，如果你選錯了，將讓你損失很多，而且損失的絕不僅僅是金錢而已。巴菲特的意思是：你選擇的伴侶將會影響你的生活和思考方式，這位伴侶的好與壞將決定你後半輩子的快樂與否。

　　如果我們能在婚前就好好的認識自己的個性與需求，認真思考真正適合自己的對象應該有哪些條件，這樣創造美滿婚姻的可能性也會增加許多。

　　我們大概都能理解適合的配偶與工作可以為我們創造一個正向循環的人生，也就是具有「飛輪效應」（The Flywheel Effect）的人生，但一般人在選擇投資方法時，卻很少思考什麼是適合自己的投資方法，很直覺地便選擇了

圖 1.1. 人生的飛輪效應

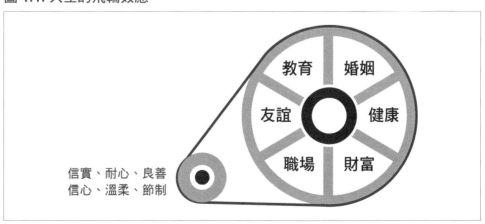

教育　婚姻
友誼　健康
職場　財富

信實、耐心、良善
信心、溫柔、節制

資料來源：作者整理

看起來比較容易賺錢、或是大家都在討論或使用的投資方法，卻忽略了這些投資方法對在投資以外的家庭關係、工作與生活方式、或心靈層次的負面影響。

　　有些人投入大量的時間與精力，每天在股市殺進殺出卻連大盤都打不贏，或冒險使用了超過自己能承擔的風險，最後毀掉了個人甚至家庭的財務，這樣錯誤的投資方式真的不會影響我們每天正常的生活？

　　著名的華爾街大空頭傑西・李佛摩（Jesse Lauriston Livermore），16 歲開始進股市便因為敢大膽下注而取得成功，雖然有異於常人的精準眼光，靠著幾次押重注賺進大把鈔票，一生豪車美女不斷，但靠賭性賺錢的本質也讓他破產了四次，最後身心俱疲地結束了自己的生命。《聖經》說：「駱駝穿過針孔，比富人進天國還容易」，指的正是財富對人的誘惑是可以讓你的生

圖 1.2. 一個平衡的人生，應該避免一個「過度努力」、「耗費心神」、「勝率低」的投資方法。

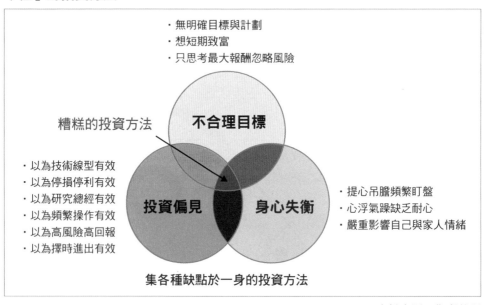

資料來源：作者整理

命朽壞。你要保守你的心勝過保守一切，因為一生的果效是由心發出，你的信念所創造的「財富」不只是你有形的錢財，更包括整個富足的生命。

　　我要鼓勵你慎選你的投資方法，好的投資方法不僅能為你帶來財富，更能為你帶來生活中的寧靜與快樂；你的快樂來源不該僅僅是來自有形財富的增長，更是因為你選擇了一個可以持續發揮正向效果的生活理念與價值觀。

　　當周遭的朋友因為股市劇烈震盪，情緒上下起伏而身心交瘁時，你依然可以心情穩如止水，對未來有信心，怡然享受投資為你帶來的樂趣與好處，這種正向循環可以讓你對自己未來的財富增長越來越有信心。所以，請慎選一個可以為你的生活帶來正向循環的投資方法，做出智慧而不是隨性與貪婪的選擇！

圖1.3. 一個兼顧「身心平衡」、善用「投資科學」與「合理目標」的投資方法，才是一個可以運轉順利，最後形成飛輪效應的投資方法。

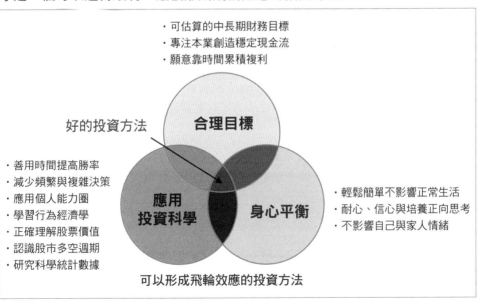

資料來源：作者整理

現在，回到一開始我問你的幾個問題，你的回答會不會有點不同了？你是誰？你認識自己的個性嗎？你瞭解自己性格的優缺點嗎？你是個只想致富而不擇手段的投資人嗎？你為什麼要投資？想快速致富擺脫充滿壓力的工作嗎？你的目標合理嗎？除了金錢的回報，你還想從投資的過程中學習到更多的人生智慧嗎？

投資的回報不僅僅是金錢而已，你還可以贏回你的人生，投資的哲學與方法對你生命的影響遠超乎你的想像，看看華倫‧巴菲特（Warren Buffett）與彼得‧林區（Peter Lynch）這些偉大的投資大師的一生，他們的投資智慧與生活方式早已環環相扣密不可分，他們在投資上的成功不是偶然，正是他們的思想所產生的力量。

1-2. 投資的飛輪效應

> 當你開始把房地美（Freddie Mac）、沙利美（Sallie Mae）、房利美（Fannie Mae）這些公司股票的名字和家裡孩子的名字混在一起時，當你能記得住 2,000 支股票代碼卻記不住家裡幾個孩子的生日時，那你很可能已經變成了一個工作狂，在工作中陷得太深而難以自拔了。
>
> ——彼得‧林區在 46 歲宣布退休時寫給媒體的公開信

> 我擁有所有我想要的東西，我的很多朋友擁有比我更多的財物，但有時候我覺得是財產擁有他們，不是他們擁有財產。
>
> ——巴菲特

我很喜歡巴菲特的合夥人，號稱比巴菲特更聰明的查理‧蒙格（Charlie Munger）。蒙格創造了一個名詞「魯拉帕魯薩」（Lollapalooza effect），這個字代表的是不同的事物和智慧加總在一起後創造的化學效應，會創造出 1

＋1＞2的功效。我們常低估了一個好的投資方法可以為我們的人生帶來的好處，而這些常常是除了財富以外的好處。

你一生所積累的財富其實是你一輩子的智慧、品格和機運所加乘的結果。當你用投機的方法在股市中頻繁操作時，你的心思意念與生活方式也在不知不覺中改變。一次爆賺後，你會因此滿足？還是會變得更貪心想再來一次更大的賭注？多少投資人因為貪心而將原本的家庭生活預備金投入股市中，或隨意開槓桿想撐大獲利，卻搞得自己壓力過大而成天心神不寧，甚至毀掉自己和家庭的生計。

股票市場的瞬息萬變與暴漲暴跌，豈是我們一般小散戶能承擔的壓力？一夕致富的野心與擔心、股價瞬間崩跌的壓力讓你整日心神不寧、無法踏實工作，你真以為你的生活和工作、甚至家庭幸福不會受到你投資方法的影響？這正是投資大師彼得‧林區所說的：「人人都有想在股市致富的腦袋，但不是人人都有這個胃口！」（Everyone has the brain power to make money in stocks. Not everyone has the stomach），沒有鍛鍊一個適合的心性，你就無法得到財富，迎接你的反而是個充滿更多焦慮與混亂的人生。

一個好的投資方法必須要有簡單與一致的原則，不需要耗費心力維護，當這個方法運轉得夠好後，你甚至可以丟著不管它，它自己就可以順利運轉，形成「飛輪效應」，每年為你帶來充足的被動收入，而且股息與價值還能越來越高。在實質獲利與身心靈都能彼此支持下，才有可能達到真正的飛輪效應，最後幫助你順利完成你的投資旅程，到達你要去的地方。

如果你在投資過程中老是必須疲於奔命、挫折感連連，投資績效不如預期，那你半途而廢白忙一場的可能性很高，永遠不會有形成飛輪效應的一天。所以，好的投資方法通常就是最簡單、最容易執行、越少複雜的決策越好。

在管理學上有個名詞叫做「決策疲乏」，當你需做越多的決策時，你會感到壓力與疲憊，越多的決策也代表越多的錯誤。當你可以簡化決策的數量與複雜度後，你的決策品質才能提升，投資成果也會漸入佳境，身心靈與經

濟都能因此改變。價值投資大師邁克爾·F·普萊斯（Michael F. Price）有一句著名的格言：「我要做的決策越少，我就越聰明。」。

　　普萊斯所說的正是投資時簡化決策的優勢，越簡單越不容易出錯。

圖 1.4. 決策疲勞現象，越多的決策，決策的品質越差。

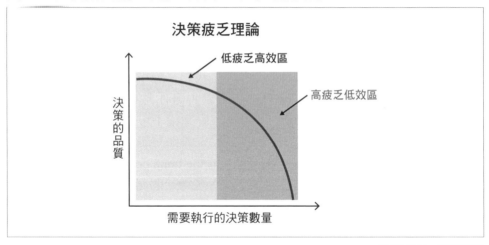

資料來源：作者整理

　　我們應將投資當作是個人生命中一段重要的旅程，用更長遠也更有計畫的方式來執行它，記得，能順利完成你的投資旅程比什麼都重要！而要完成旅程，你必須知道要去哪裡，許多投資老師只會告訴你一堆讓你眼花撩亂的分析技巧，卻沒告訴你照他的投資方式做幾年後，你的投資之旅最終會如何結束。

　　查理·蒙格這麼說：「如果知道我會死在哪裡，那我將永遠不去那個地方！」，很多投資老師沒告訴你的事，才是你開始投資時最需要關心的事。

　　投資是一個可長可久的旅程，儘早找到適合你的投資方法，可以讓你走得更順利。提醒自己，一個好的投資方法並不是只考慮賺得快與賺得多，而

是需要全面考量自己的心智能力、能力圈、長期勝率與滿足身心靈平衡等條件的,更重要的是,要能夠簡單到讓你可以反覆執行,在長期得到穩定的報酬。

圖 1.5. 讓可以自己形成飛輪效應的投資方法推動你的經濟能力,再讓你的經濟與你人生的其他層面一起推動你的人生飛輪。

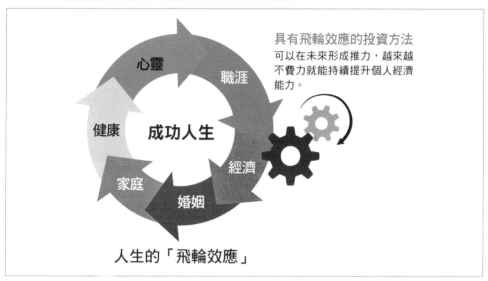

資料來源:作者整理

1-3. 好的投資旅程要像開飛機,不是開汽車

一般坊間流行的投資方法就像是要你在複雜的城市街道裡開快車,你看到的是複雜且有限的視野,你必須對眼前的街景和交通號誌做出迅速反應,看到紅燈要趕快停車、遇到障礙物要迅速避開,看到黃燈閃爍時還不時要加速減速。有的投顧老師或總經大師還要你先下車再上車,如果沒有這些大師發號施令,你還真的不知怎麼開車呢!

都市叢林開車式的投資方式不只讓你疲於奔命,還會讓你失去方向感,

就算有 GPS，你都不見得搞清楚自己現在的位置在哪裡，連你最後要去哪裡、能得到什麼都搞不清楚，這樣半途而廢的機會有多大？

一個好的投資方法像應該是像是駕駛一架飛往遠方目的地的飛機，因為有身處高空的優勢，不受障礙物影響，眼界夠遠也夠高，讓你更能想像路徑，你心裡很清楚最後會平安抵達目的點，很難偏離航道。大部分的時間內你什麼都不用作，只需微調操作系統即可。你對你的方向有信心、心情愉悅，所以更能享受你的旅程，完成旅程的機會自然高得多。

好的投資方法比你想像的更需要理念引導與系統架構作為支持。在選擇投資方法時，以下幾個條件是你必須考慮的：

1. 能有適當的期望值（知道自己會去哪裡）
2. 不困惑、原則簡單（航道簡單、不同性格與智商都容易執行）
3. 長期勝率高，經得起長期考驗（可持續性、避免倖存者偏差）
4. 容易規劃進度（可預期的報酬）
5. 輕鬆寫意（容易執行，可以享受過程）

下面這張插圖（圖 1.6）可以讓你知道一個好的投資方法（開飛機）與糟糕的投資方法（開汽車）的差異。

▶ 像駕駛飛機一樣的投資之旅

1. 視野寬廣，知道要去哪裡
2. 在高空中，不容易有障礙，可以準時到達目的地
3. 只需要微調航向，操作容易
4. 輕鬆寫意，愉悅的旅程

▶ 像駕駛汽車的投資之旅

1. 看不見全貌，無法想像終點
2. 意外狀況多，容易誤點
3. 需要複雜的臨場反應，失誤多

4. 緊張焦慮，充滿壓力的旅程

圖 1.6. 投資旅程要像開飛機，看得到遠方，只要微調方向就能到達目的地。

· 寬廣視野，知道要去哪裡
· 在空中飛行時間準時
· 只需微調航向
· 可以規劃進度
· 輕鬆寫意

· 看不到全貌
· 常誤點
· 上車下車
· 迴轉、繞道、緊急煞車
· 無法預測進度
· 慌張焦慮

資料來源：作者整理

第二章
認識容易失敗的投資

> 「市場以數字報價，但其實他們交易的是情緒。市場只是隨著時間的推移來猜測風險和回報的價格。這些風險不只包括經濟損失，還包括它們帶來的意外、恐懼和遺憾。在這些回報中，不僅僅是金錢上的收益，還有希望、貪婪和驕傲。沿著時間軸，所有這些情緒都在反覆演出，人們突然變得難以想像的富有，然後破產，從無名小卒變成天才，然後再變成傻瓜，就像幸運女神轉動她的輪子，讓最後成為第一，然後轉動它再次將第一個調降到最後。」
>
> ——傑森・茨威格（Jason Zweig），
> 價值投資人與《華爾街日報》專欄作家

　　希臘神話中有位「命運女神」，「命運女神」透過她的輪盤來決定人們會得到好運或厄運，但投資人應該要避免將自己的命運交由「命運女神」來任意擺布，而應該利用「知識」，唯有知識產生的智慧才能掌控自己的命運，避免自己讓命運女神用手中隨意旋轉的輪軸來決定你的命運。

　　首先，你要做的不是追求好運，而是先要避免厄運。查理・蒙格被廣傳的一句投資格言：「如果知道我會死在哪裡，那我將永遠不去那個地方」

　　在股市裡，賺錢的方法有很多種，投資大師都各有各的致勝之道，除了股神巴菲特與英國傳奇投資公司柏基（BG, Ballie Gifford）的價值投資與超長線投資外，還有彼得・林區或菲利浦・費雪（Philip A. Fisher）的成長股投資、也有動能投資高手如馬克・米奈爾維尼（Mark Minervini）、威廉・歐奈爾（William Oneil）之流。這些投資高手各有各的投資理念，觀念和技巧差異頗大。

資質普通如你我之輩，要搞懂所有門派的投資理念、學會所有技巧後再活用它們實在太難了，學太多不同的投資策略還可能讓自己精神錯亂，想一想你怎麼可能一下子長期投資，一下子又要靈活高拋低接停損停利的，再靈活的腦袋都難保不會出亂子。那要怎麼利用這些投資高手的經驗呢？

雖然眾多大師賺錢的方法難以歸納，但他們對如何「避免賠錢」的建議倒是挺一致的，所以先學習如何不賠錢，才是投資人開始進入成功投資的第一步。

巴菲特對投資人的第一個提醒便是：「不要賠錢！」如果能歸納出所有投資大師所提醒的那些會招致虧損的投資行為，當做自己投資時必須再三確認的投資紀律，你就會有個安全與平順許多的投資生涯。就算無法大賺特賺，也不會因為犯了原本就可以避免的嚴重錯誤而導致大幅虧損，單單這點這就能讓你棲身在股市少數的贏家之列。

這也是在股市能長久生存下來最重要的觀念，寧願賺不到，也不要虧損。**中國的價值投資人段永平也特別強調：「在紛擾複雜的投資世界裡，知道不能做什麼，比知道該做什麼更加重要。」**

避免在投資時遇到厄運，最好的方法就是要先確認哪些投資方式最容易導致厄運。讓我們從投資大師們的經驗中來瞭解一下，有哪些是投資人普遍會犯的錯誤。

2-1. 想預測股價，低買高賣

在初進股市時，大部分的投資人都會認為股票就是要用來操作和交易，以迅速獲得價差利潤，特別是台股投資人（包含投資機構）更是著迷於透過技術線型或籌碼分析來頻繁進出股市。但，在真實的股市世界裡，低買高賣其實是勝率很低的遊戲。就算投資人相信能透過技術線型、籌碼分析，或媒體上各種大小資訊來預測股價的漲跌，但實際上能持續成功重複低買高賣，累積可觀獲利的投資人卻少之又少。

擇時進出的投資人會想預測「個股」以及「大盤」的漲跌趨勢來賺取價差，但不管是個股或大盤都是難以靠反覆準確預測累積獲利的。最常出現的反而是因為反覆操作累積過多的錯誤而侵蝕到原本可以獲得的報酬，最後常常賺的還不夠賠的。

　　美國著名的波段投資高手，同時也是《超級績效》（Trade like a Stock Market Wizard）系列書籍的作者馬克‧米奈爾維尼，雖然操作績效卓越，但他承認他用了這麼多技術指標來判斷進出點的成功率只有約 50%；他靠的是在誤判進場點後立即止損減少損失，賺取的是看對方向後的漲幅，他甚至不看公司基本面，反覆累積這種勝率低的價差遊戲。

　　我自己也曾嘗試使用他的技巧來投資股票，但我得到的結論是失敗率真的太高了，而且每天緊盯著盤勢對身心是一種巨大的折磨。另外，若你能投入玩波段的本金太少時，賺到的錢實在有限，對你整體的獲利實在沒太大的幫助；但反過來當你投入夠大的資本玩短線時，帳面上瞬間產生的鉅額虧損又會影響你的情緒與冷靜判斷，一旦不能即時止損，產生的虧損就必須靠你下一次正確判斷補回來。一般投資人能承受多少次這種投資錯誤的本錢？你又能否預測下一次的押注是否會成功？成功了又能累積多少獲利？這樣靠機運、打游擊的投資方式真的不是我們一般人玩得起的。

　　巴菲特曾說過：「買一檔股票卻要時刻盯盤？那打從一開始就不應該買它！」很多短線的主動交易者，最後選擇退出市場的原因就是不管賺錢還是賠錢都感到非常痛苦，所以你的投資生涯還想靠短線操作賺取獲利嗎？

　　此外，技術指標是參考一檔股票過去的歷史數據做為預測未來價格走勢的基礎，但一家公司在未來的發展與客觀環境卻不一定跟過去一樣，這導致這些指標的準確度有限，特別是在一家持續成長的企業股票上，技術指標只會讓你錯過了長期更大的漲幅，通常是倍數的報酬。

　　一般人以為透過低買高賣可以增加報酬，減少風險，但實際上，低買高賣的投資人跟長線持有好公司的投資人比來，幾乎都是少賺了。因為這牽扯

到連續事件的勝率，決策越多，累積的失誤也越高。

1975 年諾貝爾獎得主威廉・夏普（William Sharp）發表了一個研究：《擇時進出的可能收益研究》（Likely Gains from Market Timing）。夏普利用蒙地卡羅模型（Monte Carlo）來模擬投資人在 1927 至 1972 年間在股票市場與國債的進出決策，發現投資人的決策必須要有 74% 的預測準確度，才能打敗「買進與持有」（Buy & Hold）的策略，也因此夏普做了一個著名的結論：「如果 10 次預測中，你無法猜中 7 次，你最好不要嘗試進出市場」。

在 2011 年，一個擅長應用數學於投資的部落客「精算的投資者」（The Calculating Investor）延伸了夏普的研究，將計算的回溯時間拉長到 1927 至 2010 年，重新演算的結果發現擇時進出決策的準確度必須要超過 80% 以上，績效才能勝過長期持有。不僅如此，就算有 80% 的成功率，最後績效也只僅僅勝過長期持有 2%，再看看你必須扣掉多次進進出出的手續費，你還剩下多少績效？更不要說你花了多少時間和精力做研究、或花了多少錢參加財經專家或投顧老師們的課程。頻繁進出與預測股價高低點，絕對不是我們一般市井小民能夠掌握的技術。

事實上，著名的成長股之父菲利浦・費雪的兒子肯恩・費雪（Ken Fisher），後來也是位十分成功的大型基金管理人及商學院教授，他曾針對各種買進賣出指標來檢驗績效，發現這些指標都無法勝過「買進並持有」（Buy & Hold）的簡單投資方法。

最簡單判斷技術指標是否有效的方式，就是看看你周遭那些執著於技術指標的投資朋友們的長期績效如何？如果技術指標真的很有效果，他們致富了嗎？或長期績效打敗大盤了嗎？你最常聽到的應該會是他們不小心賣掉了一支長期漲了好幾倍的股票，或在錯誤時間內進場又出場，最後累積了更多虧損。

請多看看世界級的投資大師如巴菲特或彼得・林區，他們是否是靠技術指標判斷進出致富的？如果這些進出指標真的很好用，他們為什麼不用？或為什麼不多鼓勵投資人使用呢？

圖 2.1. 長期持有優秀企業比常常要預測短期股價變化更容易執行

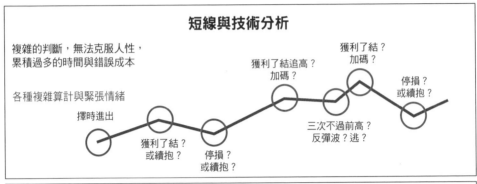

短線與技術分析

複雜的判斷，無法克服人性，
累積過多的時間與錯誤成本

各種複雜算計與緊張情緒

擇時進出

獲利了結？
或續抱？

停損？
或續抱？

獲利了結追高？
加碼？

三次不過前高？
反彈波？逃？

獲利了結？
加碼？

停損？
或續抱？

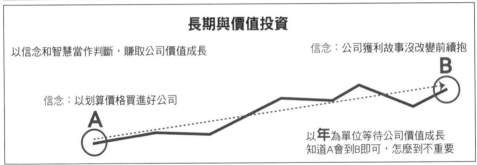

長期與價值投資

以信念和智慧當作判斷，賺取公司價值成長

信念：公司獲利故事沒改變前續抱

B

信念：以划算價格買進好公司

A

以**年**為單位等待公司價值成長
知道A會到B即可，怎麼到不重要

資料來源：作者整理

2-2. 預測總體經濟，趨吉避險

　　彼得・林區說：「如果你花了超過 13 分鐘來研究經濟和市場預測，那麼你已經浪費了 10 分鐘了。」巴菲特也曾如此說：「我對總體經濟一竅不通，匯率與利率根本無法預測，好在我作投資分析與選擇投資標的時根本不去理會它。」巴菲特認為預測經濟變化是十分困難的，而且即使你能成功預測，也很難在市場上從中獲利。

　　但就算投資大師們提醒投資人不要太在意總經，但市場的分析師和投資人卻仍十分執著於關切總經，因為「經濟好股票漲、經濟不景氣股票跌」仍是聽來非常合理與符合直覺的說法。

　　然而真正的事實是：世界經濟是非常複雜的系統，連經濟專家都無法預測實際的發展趨勢。例如從 2020 年新冠疫情後的世界，一開始經濟似乎遭受重大打擊，但各國政府馬上實施低利率政策，之後俄烏戰爭開始，美中貿易戰加劇，通膨也越演越烈，投資達人和分析師不斷猜測何時升息與降息、猜測通膨與失業率變化、估算經濟何時衰退，但這些猜測都是眾說紛紜也從來沒準確過。

　　如果你根據這些預測來做進出股市的根據，你只會落得進退兩難，錯過大反彈甚至虧損。但投資人因為喜歡聽這些似乎能洞悉國際經濟趨勢變化的資訊，所以分析師與媒體也樂得三不五時就發表他們那些對投資根本幫助不大的看法。

　　那為何用總經來預測股市會不準呢？主要有以下幾個原因：

　　1. 總經本來就很難預測，經濟除了受複雜的市場供需影響，還與更難以預期的地緣政治、戰爭有關，太多無法預期或納入的因素會干擾系統。

　　2. 許多經濟指標是落後指標，例如失業率、庫存、放款等，很多指標只能反映過去狀況，無法預測未來。當你覺得狀況變差時，其實企業內部已經產生了變化，股價會提早反應。

　　3. 市場價格是投資人恐懼與樂觀的情緒的交互作用，股市的高低點常常不是經濟最差的時刻，而是投資人心理上最樂觀與最恐懼的時刻，這個落差也會讓投資人無法抓到進出點。

　　4. 股價的暴跌與反彈通常都在一瞬間，股市常會過度反應樂觀與悲觀，當投資人離開股市後，通常還來不及反應消息，股價就已經快速反彈，「措手不及」常是擇時進出、預測總經的投資人心中最大的痛。

　　著名的經濟學大師凱恩斯（Keynes）是位充滿自信的宏觀經濟學專家，也因他非常懂貨幣、匯率、通膨，瞭解供應與需求間的關係，自然而然會透過自己對總經的專業來預測股市。他不只自己投資，還幫親友投資，大家也

相信他的專業可以帶來卓越的績效，然而結果卻不是如此。

　　凱恩斯雖然憑著他的專業努力預測總體經濟的變化，但卻常失敗栽大跟斗，後來竟然把親友的錢給賠光了，最後還破了產，並且不只一次！凱恩斯的預測能力其實不差，但他無法掌控變化和調節所需要的漫長時間，凱恩斯感慨道：「市場延續非理性狀態的時間，要比你挺著維持不破產狀態的時間還長！」

　　還好，聰明的凱恩斯從錯誤中重新學習，最後他從投機者轉變為一位堅定的長期投資人，放棄透過預測總經來做投資。在經歷了兩次世界大戰和大蕭條時期，他靠著長期持有績優股票創造了卓越的績效，他後來為劍橋大學國王學院所管理的投資基金，在 1928 至 1945 年創造了 13.06% 的年均報酬率，當時英國市場的平均回報率卻只有 - 0.11%，徹底挽救了年輕時投資績效不佳的聲譽。

　　另一位鼎鼎大名的諾貝爾經濟學獎得主保羅‧薩姆爾森（Paul Samuelson）雖然也擁有高超的市場經濟分析專業，但他誠實地承認經濟學家預測經濟走勢的低落能力，他曾揶揄自己跟其他經濟學家們的預測能力，他說「過去 5 次經濟衰退，股票市場預測到了 9 次！」他體認到自己和其他經濟學專家無法預測市場，所以乾脆放棄自己投資市場，直接投資了巴菲特的波克夏股票，而且成了波克夏的大股東，市值至今超過了一億美元。

　　巴菲特也認為，投資人應該專注於研究個別公司的內在價值，並以合理的價格買入。如果一家公司的內在價值高於其股價，那麼即使總體經濟不佳，該公司股票的價格也有可能上漲。總體經濟的變化是複雜及難以預測的，投資人很難利用總體經濟因素做出準確的投資決策。投資人應該專注在個別企業的分析上，而不需浪費時間在總體經濟的預測上。

2-3. 一檔資金反覆進出股市，想迅速累積獲利

　　我有位做短線投資的朋友跟我說，時間對他來說很重要，他不能在一檔

股票上待太久，賺不到錢就趕快換標的。因為他必須在有限的時間內累積績效，所以不能浪費時間。他投資的方式是當看到一檔有機會的股票時，就用一筆夠大的資金（通常是幾百萬）重押，並等待它能迅速上漲。

我觀察了好幾次下來，他的確偶爾可以靠著重押一兩檔股票，在短短幾週內就賺上幾十萬甚至上百萬，但也常常因為錯看進場點遭受不小的損失，虧損也常常是十幾或幾十萬，一年下來加加減減的報酬率還常常無法勝過大盤。他告訴我這樣的投資方式其實很辛苦，但他就是沒法改變這個投資習慣，因為他無法做到看到自己買進的股票股價下跌，對他來說股價下跌就是一種風險。

事實上，這種投資方式正是很多台灣股票投資人習慣的作法，一筆資金在不同股票間進進出出。他們的投資邏輯聽起來很合理，只要在一年當中找到幾檔有機會的股票，每檔賺個 10% 或 20%，幾次下來就是幾十趴的報酬。但聽起來合理，不代表就容易執行，因為時間對這類投資人來說是一位讓他感到緊張的「敵人」，在緊張的情緒中是做不好投資的。

時間對一位長線或價值投資人來說是創造複利的好朋友，因為放得越久，賺得越多；但對那些透過一筆資金反覆進出股市的短線投資人來說，時間是一位敵人，緊迫的時間感會放大很多恐懼。他們會擔心不賣出股票股價就會跌回原點，或擔心不賣出，他的虧損就會持續擴大，所以必須趕快落袋為安或儘快止損。

其實，這跟賭博行為很像，一筆資金重押，押對了固然報酬很高，但相反地，一旦押錯寶，整筆投資將遭受嚴重損失。一筆資金反覆進出股市的投資人是透過「賣出」來控制未來股價未知的波動風險，並沒有太多策略可以適當分散風險，這會讓自己常處於高壓之下，不得不盯盤看各種技術指標來決定買進賣出決策。

一筆資金反覆進出的投資人容易有以下問題：

1. 重押一檔股票所承受的風險與賭博相當，不是大賺就是大賠，也會因

為總是從「重押」來做考量，也會養大貪念，更容易做出危險的投資決策。

2. 投資時忘了要計算整體勝率，容易只想到押注成功的快感，卻沒想到若判斷錯誤時要付出的代價。

3. 過度在意短期的技術指標，對股價的判斷容易限於框架效應，無法賺到倍數。

4. 必須在不同投資標的間換來換去，很難對買進的每檔股票有夠深的研究。

5. 多做多錯，過多的買進與賣出決策也將導致更多的錯誤率。

6. 一次押注的錯誤就可能將之前累積的獲利輸掉大半。

以我這位喜歡單筆資金在一檔股票上進出的朋友的例子來看，雖然有時可以在一檔股票上賺到 20% 至 30% 的回報，但他也錯過了很多倍數股的投資機會。因為他不做空，所以他挑選的都是有不錯基本面的企業，常在他賣出這些股票的一兩年後，他看到了這些賣出的股票漲了更多，甚至股價翻了幾倍，更無法獲得每年股票發出的豐厚股息。

這也正是為什麼短線投資人的獲利常有天花板的原因之一，因為專注在瑕疵很多的短線投資技巧上，反而限制了投資人的思考與想像。

2-4. 玩高槓桿，擴大獲利

另一個投資人要避免的就是使用槓桿做股票投資。槓桿是雙面刃，可以迅速提升報酬率，但也可以讓你瞬間跌落地獄。**巴菲特曾經說過有三個 L 會讓人破產，那就是：槓桿、酒、女人（Leverage, Liquor, Ladies）。**

槓桿並非是投資人完全不能使用的工具，例如台灣國民喜歡（或不得不扛）的高額房貸。房貸通常是經過深思熟慮，考量自己或家人每個月的還款能力，並且常在專家或親友的建議下所規劃的長期投資計畫。

　　這種經過規劃的長期貸款不只能強迫你儲蓄，買進的不動產也因為經過反覆評估比較容易掌握實際價值，這種經過仔細評估來判斷長期價值的財務槓桿相對風險小，勝率與創造的價值也比較高。

　　真正要避免的危險槓桿是股市中為了短期獲利，因為貪婪，一時興起不顧後果就扛下的槓桿。這種槓桿並非基於對風險的謹慎評估，與對投資標的深思熟慮所做出的財務決策，而且券商為了讓你更容易做出決策，給盡了你一切方便，讓你不小心就扛下了你自己能力以外可以負擔的風險。

　　此外，很多玩融資融券的投資人輕忽了自己面對虧損時的心境變化，當股價朝你預期的反方向進行時，槓桿會讓虧損擴大的幅度超乎你原來的預期，投資人會想再撐撐看，等股價能否回來一些減少虧損。但常常事與願違，最後逼著你在原來沒有預期的價位賣出股票；或更慘的是，若市場沒有人要接手你暴跌的股票時，你根本無法控制虧損，導致虧損擴大到賠上身家都無法負擔。

　　我有位在研究所時期認識的學弟，他就住在我宿舍房間的隔壁。當時正值台股首次上萬點的 1998 年，宿舍裡的大學生與研究生們也忙著炒股票。在1998 年的金融風暴中，我們幾乎賠光了所有的家當，灰頭土臉的同學們從此不再談論股票了。之後我歷經出國進修、回國後輾轉在幾所大學任教，一直到 2018 年近 20 年後才跟這學弟再度聯繫上，然後他告訴了我他過去十年來悲慘的經歷。

　　他在 2008 年金融風暴中因為投資股票時過度使用槓桿，負債 400 多萬被銀行禁止投資股票。而他只是一位流浪教師，收入不高又不穩定，家庭成員又多，十年來銀行每個月強制扣掉他三分之一的薪水，讓他的生活壓力沉重到喘不過氣來，逼著他連房子都必須拍賣掉來減少經濟壓力。

　　更難以想像的是，他被銀行強制扣款十年累積繳納了近 400 萬元後，竟然只付了利息，仍欠了跟當初負債幾乎一樣的 400 萬。真的別以為銀行讓你輕鬆融資是給你的恩惠，他們讓你借得輕鬆，但絕對會在你欠錢後翻臉不認

人，成了十足冷血的吸血鬼！

雖然後來我這位學弟幸運遇到政府對債清條例做了修正，再透過法律扶助基金會的協助免除掉債務。但這悲慘的十年已經讓他的財務空轉了 10 年，沒有存款、沒有車子、也沒有房子。

很多人小看了玩槓桿要付出的代價，特別是投資股票玩槓桿很少是深思熟慮的。這個念頭常是臨時起意，看到一個可能的機會就下手，賭一把的成分很高，但你忽略了槓桿的反作用力，當事情不是照著預期發展，你會有不得不在低點賣股票的壓力。

投資股票最慘的就是你不得不斷尾求生，造成連最後的零頭都拿不回來的慘況。我們身在台灣的大部分百姓都很幸福，真的沒有窮到需要靠高槓桿來賭機率渺茫的一夕暴富。為了一個不切實際的致富美夢，讓自己和家人一起身處險境，賠掉後半輩子幸福真的一點都不值得！

2-5. 追逐趨勢，買進不熟悉的投資標的

各國的股市都一樣，投資人都喜歡追逐市場上的熱門題材股，例如過去幾年曾經出現的電動車概念股、疫情受益股、元宇宙概念股、航運股、AI 概念股等，每次一個題材被炒作起來，這產業中的個股常常是雨露均霑。

很少人認真想過，你能同時搞懂這麼多不同的產業，和這些產業下複雜的上中下游企業嗎？你的知識或專業背景真能看懂這些技術與市場？你買進一檔股票是因為真的看懂了一家公司的前景與價格，還是因為它近期很會漲？

巴菲特強調要認清自己的能力圈，別碰自己不懂的股票。巴菲特說道：「一個人的能力範圍有多廣他不知道，反而認清自己能力的界限才最重要」；他的合夥人查理・蒙格這麼說：「你必須弄清楚自己有什麼本領。如果要玩那些別人玩得很好、自己卻一竅不通的遊戲，那麼你注定一敗塗地。要認清自己的優勢，只在能力圈裡競爭。」

　　擅長從日常生活觀察中找到投資標的的彼得‧林區也再三告誡投資人，不要買進那些自己看不懂、聽不懂的科技公司股票，他給投資人的第一條原則就是：「你必須了解你持有的股票。」

　　雖然這聽起來很簡單，但是能知道自己不知道什麼的人其實少之又少。彼得‧林區認為，你應該要能夠在兩分鐘或更短的時間之內向一個 12 歲的孩子解釋你購買一支股票的原因。如果你無法做到這一點，你購買這支股票的唯一原因是你覺得它的價格將上漲，那你就不應該買入。

　　彼得‧林區認為，那些不在華爾街投資人的雷達上、沒人注意、乏味平凡、冷門的企業、從事無聊的業務，反而是更好的投資標的。但，人性的弱點就是會追逐那些正受到市場熱切關切，瘋狂上漲的熱門股票，而每個投資人在此刻瞬間變成了這間公司的專家，都能侃侃而談這些公司的優勢以及股價走勢。

　　其實大多數投資人口裡說的，還有心裡所想的鮮少是真正經過自己認真齟嚼過、獨立思考過後所產生的想法，多半是你知道、別人也知道的訊息，對投資的幫助非常有限。

　　如果理解自己不知道什麼還好，但在投資股票時比較麻煩的是一般人很難認知或誠實評估自己熟不熟悉一檔股票。我自己的經驗是，若你沒持有一家公司一兩年以上，你對它的認識大概都還停在很膚淺的階段。台灣的投資人買房子會很用心研究資料，也會實際走訪與仔細察看標的物的大小細節，對一棟房子沒研究個幾個月大概不會貿然下手。

　　但一般人卻可能看到財經新聞中對一家公司的報導後，沒幾分鐘就能決定花個十幾甚至數十萬就買進一家熱門股票，這麼輕率的決定也難怪會常常虧損，輕忽自己的「無知」終究要付出代價。

　　買進一家公司的股票很像認識一位朋友的過程，前面幾個月都處在蜜月期，認識的都是淺顯的資訊，例如長相、外顯的個性、工作職稱。要等你深入認識一個朋友後，差不多超過一年以上才會發現彼此間真正的問題，而這

些問題會給你一些痛苦的經歷，例如誤會、欺騙、陰晴不定的個性、或一些無法戒除的癮等。

當然也可能是一些好的驚喜，例如比想像中富有的家境、不為人知的才華等。這些經過深入認識後的情感經驗，才會給你刻骨銘心的領悟，經過這些考驗後才能決定這能否成為一段歷久不衰的友誼。

市場上這麼多的熱門股，雖然新聞常常提到一些公司，但你真能搞清楚這家公司的產品是什麼？能否說出你投資的企業的老闆或經理是誰？經營理念為何？企業市值多大？占產業中的份額為多少？在產業中的地位與角色是什麼？競爭對手是誰？所擁有的產品及服務有哪些？各種產品貢獻營收、影響毛利的比重為何？

以上問題，一般習慣短線進出，一檔股票再換一檔的散戶大概很難答出來。所以投資人很常發生的事就是買進一家股票後被套，然後莫名其妙地跟著這家自己不太熟的公司過著好幾個月心驚膽戰的日子，期待有天能解套出場，但最終還是失去信心停損賣出。

我在 2007 年時因為朋友的推薦開始研究當年受到媒體追捧的光洋科，做貴金屬回收的的光洋科擅長從廢棄金屬中提煉出高純度的銀，光洋科當年趁著北京奧運熱潮在各國推出紀念銀幣，大客戶 Seagate 硬碟的市占率也提高了，更研發出了砷化鉀而打進火紅的太陽能產業，EPS 從 2006 年的 5 元暴增到當年的 11 元，各種利多消息讓我相信這家公司的前途無量。

於是，在平均價位 150 元押注了近乎我當時一半的資金，而光洋科股價也沒讓我失望，短短幾個月就漲到了 367 元的歷史新高，超過兩倍的漲幅讓我跟好友笑開懷，很滿意我們獨到的眼光，但這只是短暫的紙上富貴。

沒幾個月後市場開始反轉，美國次貸風暴擴大至全球，光洋科開始暴跌。一路跌破成本，來到 80 元近乎腰斬的位置，我這才發現不對，開始比較認真計算一下公司的獲利結構。

不研究還好，一研究後竟發現新聞炒作最熱的砷化鉀根本貢獻不到 2% 的營收，而且因為原物料漲價，回收的金屬價格也高漲，提煉的各種貴金屬根本無法產生多少利潤，我這才發現提煉貴金屬根本是門低毛利的事業。至於占比最高的靶材業務，光洋科也只不過是 Seagate 靶材的其中一個供應商，Seagate 市占增加對它的營收貢獻也沒太直接的關係，更慘的是全球的電腦需求衰退後，硬碟靶材的需求也整個衰退，所以2007 年的好成績只是曇花一現。

在終於搞懂自己手上的股票到底是什麼樣的一家公司後，我在 80 多元腰斬的位置清光了光洋科，忍痛吞下了近百萬的虧損。後來光洋科的毛利一直都低於10%，稅後淨利率更都一直低於 4%，EPS 也都一直在 3 元上下波動，甚至還有兩次財務造假的紀錄。

投資光洋科的挫敗經驗給我的領悟是：**當一家公司大漲時你絕對不會懷疑公司的實力，只有當一家公司股價大跌時，人們才會認真研究這家公司值不值得繼續持有，這時的你才會認清楚它的真實面貌，但通常為時已晚。**在 2008 年的投資失利中，我學習到要遠離市場正在熱門討論的企業或產業，不管這家公司引起多少話題，股價漲了多少倍，只要是你無法完全理解，還無法參透它的核心競爭力與商業模式的企業，連碰都不要碰，你就可以躲掉很多麻煩事。

2-6. 買進高估值或無法估值的成長股股票

很多投資人可能會認為，沒買到市場上股價狂飆幾倍的飆股是個很大的遺憾，但其實這個問題並不會困擾價值投資人，因為這種飆股其實是一種偽裝的詛咒。

股市中不乏好公司，只要有耐心等待，你永遠可以在另一家好公司上賺到錢，但市場上受到投資人追捧的「好公司」卻充滿了陷阱，其中一個陷阱便是「過度樂觀的價格」。當你用過高的價格買進一家好公司時，也可能演變成一個難以彌補的錯誤。

▶ 微軟投資人煎熬的 16 年

我們以著名的微軟公司為例，微軟在 1986 年上市，到了 1993 至 1994 年時還是很便宜的股票，本益比只有 10 倍左右。但在 1995 年推出視窗 95 後，隨著科技股熱潮，到了 2000 年網路科技股泡沫化前夕，微軟股價漲了超過 18 倍，當時 PS Ratio 高達 30 倍、本益比接近 80 倍。但最終高估值還是擋不住市場必然的修正，微軟從 1999 年 12 月後一路跌到 2000 年最低的 21 元，跌幅超過 60%。

圖 2.2. 微軟投資人在 2000 年網路科技股泡沫化後煎熬的 16 年

資料來源：作者整理

你可能以為微軟當時只是剛起步的公司，其實微軟當時已上市超過十年了，而且在推出視窗 95 系統後的五年，每年都以約 30% 的速度成長；也實現了正報酬，EPS 從 1995 年的 0.15 元一路成長到 2000 年的 0.85 元，利潤在五年間成長了 5 倍，怎麼看都是很紮實的成長型企業。

　　但過高的估值一樣必須修正，而這一修正讓它直到 2016 年第二季才重新站回泡沫時的高峰。如果你是 1999 年買在微軟最高價時的投資人將情何以堪？你拿得住這 16 年嗎？

　　不要小看高估值的風險，在微軟股價泡沫化後的這 16 年間，微軟依然維持不錯的增長，營收成長了 400%，淨利也增長了 300%；但買在高點的投資人依然必須等待 16 年才能等到投資回本，如果加計歷年股息也必須等待 14 年後才能回本。

　　當年高估值股票一起做大幅度修正的不只微軟，還包括了亞馬遜和蘋果。亞馬遜花了 9 年才在 2009 年再創新高。而蘋果迎來賈伯斯回歸重啟盛世後，恢復速度快了許多，但也耗了近五年才突破互聯網泡沫時的高峰。以上我們所說的都是萬中取一的偉大企業，更多的是股價從此回不去或在市場上消失的企業。

　　你手上有多少跟當年微軟一樣從高點跌落 60% 的股票？而你有這個慧眼確定你買到的會是將來的微軟、亞馬遜或蘋果嗎？謹記歷史教訓，高估值永遠是萬惡之源，在股市要能存活下來，買進的股票除了漲得多也要跌得少！

　　你可以發現每當股市的大多頭時期，例如 1999 至 2000 年的網路股熱潮、2020 年三月以後的美股成長股狂熱，謹慎如巴菲特及賽斯‧卡拉曼（Seth Klarman）等價值投資大師都對市場敬而遠之。當市場上的分析師對那些熱門成長股不斷喊出更高的目標價時，巴菲特卻總是淡淡地回覆：「太貴了，選不到便宜的股票！」

　　分析師看到股市瘋狂飆漲，巴菲特仍按兵不動時，總是嘲諷他已經過時了，跟不上時代趨勢。但其實巴菲特已經看出當時的股市已經漲到不合理的價格了。

　　在 2020 年三月至 2022 年四月，專門追逐創新科技公司股票的木頭姐（Cathie Wood）的 ARKK 基金狂飆了超過 3 倍，木頭姐手上盡是一些仍在不斷燒錢，還未能實現帳面獲利，EPS 為負好幾元，但股價卻飆到好幾百元，

比那已經獲利多年的老牌公司的股價還貴。

最終，ARKK 基金從高點跌下，最慘時超過了 80%，還跌破了 2020 年的起漲點，風光一年的績效最終成為紙上富貴。但一直維持低估值（本益比長期在 10 倍上下遊走）的波克夏這段期間卻逆勢上漲了超過 100%。

台股中類似的例子也不勝枚舉，市場上總有熱門的題材在炒作，總會有一些公司搭上一些科技趨勢，如雙 D、被動元件、太陽能、元宇宙、AI 等；而許多熱門題材，如電商、IC 設計等股票，在市場狂熱的時候，股票本益比動輒 30 至 40 倍，甚至 50 至 60 倍也沒人嫌貴。但股價修正起來總是又快又猛，投資人在高估值時買進一套就是好幾年，甚至永遠不再有解套的一天。對企業的估值要隨時保持冷靜與謹慎，這可以讓你躲過這些暴跌，避免自己陷入萬劫不復的地步。

我自己在股市 20 多年來所犯下最多的錯誤，幾乎都是用太貴的價格買進了我所認為好公司的股票。再好的公司，用過高的價格買進都是不智之舉，飆漲的股價並不等於公司實際價值，高估值顯示的是投資人對公司獲利有過高的預期，這種情緒會讓投資人相信高成長公司的高估值是合理且可以持續多年的；但殘酷的現實是，股市長期都是一個「均值回歸」運作良好的世界。

記得，高估值是萬惡之首！價值投資的最簡單定義就是用比公司實際價值還便宜的價格買進一家公司的股票。用便宜價買進好公司股票，也許不會讓你短期致富，但絕對可以讓你躲掉資產嚴重縮水的風險。

2-7. 迷信專家說法，認為專家比較厲害

在各行各業有很多專家，這些專家對某個專業領域鑽研夠深，也有多年的實務經驗，所以說起話來總是充滿信心，專業看法也有一定的參考性。唯獨在某些領域的專家你要非常小心，例如預測職業球類比賽勝負的專家。因為他們所預測的目標的變數非常多，跟個別球員的臨場表現、教練當天的戰術息息相關。

　　股市裡的專家們也不遑多讓，不管是大盤或個股股價，都跟每日國內外政經局勢、個別企業突發狀況，還有每天不同的買進賣出籌碼相關，以致於他們的預測準確度是很差的。例如台灣投資人常揶揄的 X 國師、X 大師之類的股市專家，他們每每在媒體上侃侃而談，但所預測的結果卻常與事實相去甚遠，甚至是完全相反，這絕對不是台灣獨有的情境，歐美的投資專家的表現也是如此。

　　有接觸美股一段時間的朋友應該都知道 CNBC 的熱門財經主持人吉姆・克萊默（Jim Cramer），他充滿情緒的嗓音和誇張的表情，讓他主持的「瘋狂錢潮」（Mad Money）充滿了吸引力，每一集的節目都吸引了超過 60 萬的觀眾。

　　他對股市大小股票無所不知的形象對身處茫茫股海的投資人來說，絕對像是一盞明燈，媒體也幫他冠上了「財經專家」與「投資大師」的頭銜，小散戶們對他的專業肅然起敬，將他的建議奉為圭臬。但你有沒有想過克萊默或其他財經名嘴所說的資訊是不是真能幫助你賺到錢？他們在螢幕前說股的功力到底跟他們實際的投資績效有無關聯呢？

　　克萊默在轉行當財經節目主持人前曾是基金經理人，聲稱轉行前管理的基金年化報酬率高達 24%。而在轉入新聞業後除了擔任主持人，克萊默也經營一個名為《行動警報 +》（Action Alerts PLUS）的訂閱服務，提供選股、投資建議，以及公開他實際操盤的慈善基金的投資組合，訂閱費每月由 25 至 30 美元不等。克萊默一年在節目中推薦超過 7,000 檔股票。因為他的影響力十足，他每報一支明牌，隔天股價上漲的機率極高，美國股市因此為他取了個「克萊默漲幅」（Cramer Bounce）的專有名詞。

　　美國的《管理科學期刊》（Management Science）一篇針對克萊默所推薦股票長期績效的研究（Market Madness？The Case of Mad Money）發現，克萊默推薦買進的股票，隔日的收盤價平均能超越大盤 2.4% 的報酬率；研究還計算出克萊默的喊進動作，平均能為隔日美股拉抬出 7,700 萬美元的市值，相當於新台幣 23 億元。

但克萊默在螢幕前鏗鏘有力、充滿自信的選股與操作建議，是否真的能為他的粉絲帶來豐厚的回報？《管理科學期刊》的研究指出，若以長週期（單日以上）來計算，「克萊默明牌」並無法在具有統計意義的程度上超越大盤。而再檢視克萊默所操盤的基金，不同的研究都指出他的訂閱服務《行動警報+》（Action Alerts Plus，簡稱 AAP）的操作建議不只無法打敗大盤，績效還遠遠落後給大盤。

賓州大學沃頓商學院的研究人員強納森・哈特利（Jonathan Hartley）以及馬修・歐森（Matthew Olson）在 2016 年所發表的一份研究指出，克萊默的 AAP 所建議的投資組合與操作建議的長期表現低於 S&P 500 指數基金 SPX。雖然 AAP 在 2008 年金融危機之前的幾年裡表現得比 S&P 500 指數為佳，但哈特利解釋這不過是反映了 AAP 偏好的股票，是經濟衰退前的牛市期間表現出色的小型股與成長型股票，但這些標的在 2011 年以後便表現不佳。

研究人員採用克萊默的 AAP 給訂閱者的投資建議（包含獨家評論、投資組合的持股變化、買賣策略及推薦股票等）進行回測，發現 15 年的總回報率只有 64.5%，而 S&P 500 指數在調整股息再投資後的回報率為 70%。

2018 年，美國的《退休雜誌》（The Journal of Retirement）與沃頓商學院的兩位研究員又做了一個更全面的研究，他們將 AAP 的操作建議與 S&P 500 指數從 2001 至 2017 年長達 17 年的回報率做了詳細的比對，研究人員發現，克萊默的 AAP 的年化報酬率為 4.08%，S&P 500 指數的年化報酬率為 7.07%。

克萊默的 AAP 的績效不僅每年落後 S&P 500 指數近 3% 的報酬率，還讓投資人承受了更高的波動率。研究人員發現克萊默的選股風格，傾向於挑選那些被認為有高成長特質但盈利質量低的企業股票。

根據 CNBC 提供的數據顯示，AAP 從 2001 至 2020 年回報率為 189.97%，而 S&P 500 指數的回報率為 349.57%。投資人不如買進 S&P 500 指數型基金後什麼都不做，還能每年為自己省下近 300 美元的訂閱費，19 年

下來還能多賺 85%。

除了克萊默的例子，我在自己臉書粉絲頁上也偶爾會發表有關分析師、投資專家對股價與大盤走勢預測失靈的例子。這些例子都可以說明股市專家們不僅預測準確度差，操作績效也同樣不佳。

根據美國基金研究協會（ICI）在 2022 年的數據，美國多策略型基金的平均回報率為 11.2%，而 S&P 500 指數上漲了 15.4%，這些專業的基金經理人的績效勝過大盤的比例只有約 32%，這意味著有超過六成以上的對沖基金都無法跑贏 S&P 500 指數，更不要忘了它們還要再扣掉你 2% 至 2.4% 以上高昂的管理費。

那為什麼投資專家的預測能力這麼差呢？這些原因包括：

1. 個人偏見與特殊經驗：專家往往會受到自己的偏見和經驗的影響，從而做出不準確的預測。

2. 股市的複雜性：股票世界的運作方式非常複雜，任何人都難以做出準確的預測。

3. 不確定性：未來充滿了不確定性，隨機事件的出現讓投資預測可能完全失準。

根據以上這些原因，你要特別小心那些宣稱他們可以看懂股價未來變化的專家們，特別是那些收取昂貴會員費的投顧老師們。巴菲特說：「我們一直覺得股市預測的唯一價值，在於讓算命先生過得體面一點。」他也特別提醒投資人：「短期股市的預測是毒藥，應該把它擺在最安全的地方，遠離兒童以及那些在股市中行為像小孩般幼稚的投資人。」

從克萊默以及投資專家們的表現，我們可以得到以下結論：就算是說得一口好股票的財經名嘴或是投資專家，實際的投資表現通常不如他們的口才那麼優秀。投資人不能因為信任這些名嘴或專家，就照單全收他們的投資策略與選股標的，投資專家也是人，往往會受到自己的偏見和過去經驗的影響，

從而做出不準確的預測。對於任何投資專家的看法，都要用謹慎的態度來評估甚至質疑，千萬別讓自己的思考都外包給這些號稱的專家了。

　　以上所談的這幾個投資人常有的投資偏見，若你能謹記在心，在每次進行大小投資決策前都能提醒自己一遍，你絕對能大幅減少投資虧損的機會。**謹記巴菲特的提醒：「投資的第一條準則是不要賠錢！第二條準則是永遠不要忘記第一條：不要賠錢！」**先減少不當的投資行為，減少虧損的機會，你接下來的投資之路就會順利許多。

第三章
重新認識股票的價值

3-1. 瞭解不同事物的價值

▶ 你看得懂藝術品的價值？

義大利藝術家皮耶羅（Piero Manzoni）在 1961 年製作了 90 個罐頭藝術品，讓想收藏藝術家個人私密物品的收藏人士可以收藏。罐頭上有編號及他的親筆簽名，罐頭上的說明是：「內容物：藝術家的便便，淨重 30 克，新鮮保存，1961 年 5 月製造。」一個罐頭的標價是 37 美金，是皮耶羅根據當時等重黃金的浮動價格來訂價的，結果這 90 罐「藝術品」被收藏家搶購一空。

兩年後的 1963 年皮耶羅以 29 歲英年驟世，這些罐頭變得更炙手可熱，著名的英國泰德現代美術館在 2000 年用近兩百萬台幣搶到了一罐，被當時英國百姓痛罵根本是浪費納稅人的錢，用兩百萬買了罐臭便便。不過收藏家對皮耶羅的便便的興趣不減反增。到了 2007 年，最貴的一罐便便在拍賣會上賣到了 12 萬 4,000 歐元（相當於當時台幣 550 萬），而紐約現代藝術博物館和法國龐畢度藝術中心也都珍藏了一罐。

後來皮耶羅的好友向媒體透露了真相，其實皮耶羅當時並非真的用自己的便便裝在罐頭中，而是用石膏，他原意是要透過這個搞怪的舉動來諷刺藝術界盲目追捧現代藝術品的亂象，沒想到最後還真的被大家爭相搶購。泰德現代美術館在知道真相後還是認為當初搶到這罐便便很值得，因為它代表了藝術家作品的顛覆性幽默，也可以讓大眾反思這個瘋狂的世界。

泰德現代美術館認為花幾百萬買下一罐藝術家的便便很值得，那你怎麼認為呢？不管裡頭裝的是便便或是石膏，這大概是世界上最詭異的藝術品。藝術界人士盲目的吹捧，加上限量 90 罐，讓這罐便便價值非凡，早已遠遠超越黃金的真實價值。到了 2017 年，皮耶羅的一罐便便繼續飆漲到 24.2 萬美

元（近 700 萬台幣）。如果你知道這罐便便會有超過 6,500 倍的回報，你會不會也會拚了命去搶一罐皮耶羅的便便來珍藏呢？

▶ 鈔票、龍蝦與梵谷的向日葵

除了讓你看得霧煞煞的皮耶羅便便，你能否看懂下面這幾件東西的價值？

一張台幣 100 元的鈔票為什麼會讓你覺得它值 100 元？

餐廳裡的一隻龍蝦為什麼讓你覺得值得花掉 4 張千元大鈔享用？

梵谷畫的向日葵為什麼會讓珍藏家願意花費十幾億台幣購買呢？

我們對一張百元鈔票的價值認定是來自對政府財政的信任，人民相信 100 元就代表一個麵包或你工作一小時的代價，但若政府猛印鈔票，市場上充斥的鈔票數量遠遠多於人民實際的生產力與物資時，人們就不會信任它的價值。

辛巴威政府因為過多的負債及種種不當社會政策導致財政崩潰，從 2000 年後猛印鈔票來解決國內經濟問題卻導致惡性通膨，但人民根本不信任辛巴威鈔票的價值，因為一張由政府背書的鈔票可能在你拿到後的第二天價值就跌掉了 50%。辛巴威甚至在 2008 年出現過面值一百兆的鈔票卻只能買三顆雞蛋的離譜情景，人民不信任政府鈔票的結果是人民不用政府鈔票，辛巴威乾脆改用更穩定更值得信賴的美元當主要貨幣。

至於一隻四千元的龍蝦是餐廳要讓你相信龍蝦很難捕撈，漁民一年能捕抓的龍蝦不多，所以是珍貴食材；但餐廳不會讓你知道的是龍蝦在 19 世紀時被美國沿岸城市視為「海中蟑螂」，因為一次就可以捕撈大量龍蝦上岸，所以價格十分便宜，被民眾當作是平價蛋白質來源。當時的龍蝦甚至還大量供應給監獄的囚犯食用，還因為幾乎天天吃龍蝦，被囚犯們抗議不人道。

一直到了 19 世紀中，美國內陸居民因為取得海產不容易，便用遠高於沿岸城市的價格購買龍蝦，才慢慢讓龍蝦成為美國的高級食材。但當龍蝦成

為高級食材的印象存在後，餐廳就必須策略性地維護龍蝦是高級食材的既有印象，才能為餐廳帶來最大利益。

但實際上，自 1980 年開始，因為全球氣候變遷，海水溫度升高及龍蝦天敵被人類大量捕殺，龍蝦的產量在過去幾十年來暴增了五倍。但餐廳龍蝦的價格卻沒隨之降價，反而越來越貴，這可是餐廳業者刻意操弄的價格，讓龍蝦在已開發國家成為高級料理，龍蝦價格只會隨著人們的喜愛而越來越貴。不過這幾年因為全球暖化越來越嚴重，海水溫度越來越高，反而不適合龍蝦的繁殖，未來龍蝦的產量可能會開始減少，想必餐廳還有更正當的藉口讓龍蝦的價格越來越貴。

至於梵谷的向日葵為什麼可以價值十幾億台幣（2015 年售出的嘉舍醫生甚至高達 25 億台幣），你會說當然是因為全世界就只有這麼一幅向日葵，而梵谷又是藝術史上最著名的悲劇人物，他在那個寫實畫當道的年代堅持用自己獨特的狂野筆觸來表達情感，更奠定了他在藝術史上獨一無二的地位。

不過，除了這些一般人知道的價值外，你不會知道當時買下向日葵的日本財團正處於日本經濟大爆發的時代，手上的熱錢多到用不完，只好在全球各地瘋狂買房地產、併購國際大企業，所以花個幾千萬美元投資名畫對意氣風發的日本企業來說只是小事一件。

而大企業買辦公大樓、併購其它國家企業已經不夠展示他們的實力，如果有幅世界名畫可以放在企業總部展示，不僅可以提升國際知名度還能增加企業的藝文氣息。花越多錢代表的不只是財力的展示，更代表品味，他們會真的在意這幅畫實際價值多少嗎？當然是盡全力搶下來對自己最有利。而名畫還能當不錯的抵押品、也可以出借給博物館展示。

此外，因為畫作的稀缺性，一幅畫只需要一位買家就能成交，買家不需要太多，只要十年甚至二十年有一位買家願意用更高的價位接手就夠了。以梵谷的畫作受到世人歡迎的程度，增值的空間也很高，你說這是不是一門好生意呢？所以，當企業用了天價買進這幅畫後，一般人就算看不懂價格也不

影響它的價值，也會接受它的價格就是這麼高！

　　談完了這個世界不同事物的價值後，你對價值的意義是否有所改觀？我不知道短命的皮耶羅能否猜到他的這些「便便」後來真的成為天價藝術品，但皮耶羅生前就以創作諷刺現代藝術的作品而聞名，我相信他比一般人更知道如何去創造話題，也深知藝術界人士有喜歡不懂裝懂、盲目追捧的文化。如果你能跟皮耶羅一樣參透一件事物的未來價值，你就可能從中牟利。

　　同樣的，股票原來只是一紙企業股份的所有權證明，對許多現代投資人來說更像是螢幕上跳動的數字，連摸都摸不到，投資人怎麼去感受到它的真實價值呢？

　　我們願意花大錢買進一張股票的目的為何？投資人是如何感受到股票的價值的？其實這跟去理解百元鈔票、高級龍蝦與梵谷畫作的價值是一樣的，你能用越多元的層面去評價一家企業的價值，你就越能參透股票實際代表的意義。

　　你對股票價值的理解應該要擺脫過去過度重視財務數字的「股票分析」，而更重視一家公司以各種不同形式傳達給投資大眾的「故事」。組成這個故事的眾多資訊包含報章雜誌的報導、生活中對企業產品的實際體驗、管理階層與員工的形象、公司公布的財報，甚至是電視裡口沫橫飛的投顧老師所說的內容，一家公司的價值就是透過這些多元資訊所創造出來的「故事」。如果你能參透這個「故事」的內涵與未來可能的劇情發展，你就能比別人更能洞悉股票的實際價值。

3-2. 認識股票的真實價值

> 價格是你花的錢，價值是你實際得到的！
>
> ──巴菲特

　　傳統上我們判斷股票的價值有幾種方式，例如公司淨值、未來的現金流折現等，但這些方法不是太過簡化企業的真實價值，不然就是太難計算。像我這種數學很弱的人，連現金流折現公式都覺得太難懂，要準確估出一家公司的價值還真的不是一般散戶就能輕易做到的。

　　但看不懂這些計算公式就沒法買股票了嗎？其實不會的，試著把股價當成一種「心理價格」，不要過分看重它到底值多少錢，用長期的眼光來看股票，你就會有全新的觀點，所以在我的書裡，我只需教導你怎麼看價值，不用繁雜的公式或程序來計算股價，你就能夠透過長期持有好企業賺到豐厚的報酬。

　　當你買下一家公司的一股或一張股票，你就是法律上享有一家公司一部分資產權利的股東，簡單來說就等於擁有一家公司整體價值的一部分。但這個價值其實有點複雜，我們通常會用一般人比較能理解和想像的公司資產來說明，這些資產包含了公司所有的辦公大樓、廠房、軟硬體設施、現金、品牌與專利價值等各種有形與無形的有價財產，但這些資產其實也只能定義公司一部分的價值，只能幫助你模糊地瞭解你擁有了什麼東西。

　　有些公司擁有的品牌價值、公司聲譽，或透過特殊商業模式所建構的龐大的護城河（MOAT），例如臉書與蘋果經營的特殊生態圈，或軟體公司的軟體價值，就很難用精準的金額來定義整家公司的價值，最終我們給出的價值仍是一個模糊的價格帶。我們可以用下面的圖表 3.1. 來說明。

　　「公司淨值」是公司計算當年度所有可以計算出來的軟硬體、有形與無形資產所得出的實際價值。而「股價」則是市場投資人衡量公司的價值，包

含淨資產、獲利能力、當年度或未來期待的盈餘、可發出的股息,及未來前景所感受到的「心理價格」。這個心理價格每天都會隨著市場上的投資人的情緒而波動,有時因為樂觀而遠高於實際價值,有時也因為悲觀或恐慌而低於實際價值。

所以股價不等於公司實際價值,只是投資人「想像或感受到」的價值,是一個非常模糊與粗略的概念。計算公司的實際價值就是專業分析師或會計師的工作,但他們也一樣會受到市場上眾多資訊與自己主觀意識的影響,做出不夠精準的估值。

圖 3.1. 短線投資人與長期投資人的獲利

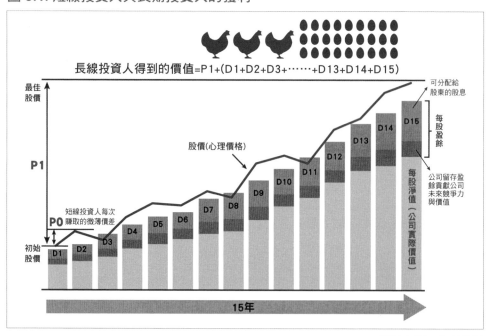

資料來源:作者整理

短線投資人透過短期,少則幾天,長則幾個月的股價變化來賺取價差,上圖中的短線投資人賺取的是一段股票短期價格變動所產生的「價差」(P0)。

　　而長線投資人呢？他賺取的是整家公司長期成長的「價差」（P1）外，還加上歷年領到的股息（D1 ＋ D2 ＋ D3⋯⋯）。哪一個投資人賺比較多呢？從圖中應該很容易瞭解。

　　我們假設長線投資人買進的是一家以每年 10% 幅度成長的企業，15 年後，這家公司的規模將成長為四倍，在淨利率不變的狀況下，股息也會以一樣的幅度增加，那長線投資人得到的價值增長會是圖中的價差 P1 外，外加每年所得到的股息：D1 ＋ D2 ＋ D3 ＋ ⋯⋯⋯ ＋ D13 ＋ D14 ＋ D15。

　　假設短線投資人以 1 萬元買進股票後，賺取了 20% 的價差後離場，他賺了 2000 元。而長線投資人也一樣以一萬元投入，那 15 年後，這一萬元包含每年股息再投入後會將成長為 41,722 元，單單股息就有 31,772 元，是原來投入資本的三倍，報酬率超過 300%。

　　不過這還是在沒考慮股價成長的狀況下的保守數字，如果股價隨著公司價值一起增長，例如淨值成長了四倍，股價也成長了四倍，單單股價就可以有 300% 的回報，再加上原來的股息，你的報酬率超過了 6 倍。如果你更聰明知道要用每年的股息買進更多的股數，你最終的報酬率將更驚人。千萬不要小看一家只是每年以 10% 速度成長的企業長期能為你帶來的報酬。

　　短線投資人為了那小小 20% 的報酬，賣出了這支每年還可以繼續成長的股票，等於是把這隻會下金雞蛋的母雞給殺了，只賺到一小根雞腿。然而長線投資人，靠著公司持續成長，把原來投入的資本隨著公司增長翻了 4 倍外，還多賺了每年越來越多的股息。這就像是原來買了一隻雞，最後竟然多出了幾隻雞還有滿滿一座小山的雞蛋。

　　這樣來看，長線投資人和短線投資人誰賺得多呢？你可能會說，短線投資人一年可以交易好幾次，每次賺 20%，一年報酬率也可能是長線投資人一兩年的報酬啊！關於這種想法，你可以好好回想一下我們在前面章節提到的，一般投資人每年的平均報酬率有多高，短線投資的低勝率基本上已經決定了這場龜兔賽跑的勝負。

3-3. 能猜出別人會怎麼想比計算公司價值更重要

既然真實公司的價值這麼難計算，我們要做那麼精準的估值做什麼？其實在投資時做太精準的估值是不太需要的，你只要能夠大概判斷出一般人或分析師怎麼想即可，知道現在的股價與公司實際的價值（或未來價值）可能差距有多大，是在相對高點或低點即可。

例如你看到投資人目前只看到一家公司未來幾個月的業績，卻小看了未來幾年的增長潛力，那現在的價格就可能就是被低估了；又或你知道分析師會用多少本益比來看股價、或年營收的倍數，來估公司應有的市值，那現在股價高出這些基本估值許多，就有很大的機會是股價過高了。

所以投資常常是在猜測除了你以外的其他人在想什麼，有沒有因為情緒做出過當的反應？這表示你必須要能把自己從眾人的高昂或悲觀情緒中抽離出來，從一個更超凡出脫的位置來看未來的股價變化。

這其實也不是簡單的工作，特別是在短期內。因為現在資訊流通非常迅速，你得到的資訊跟其他人的資訊差不多，而且大股東與分析師比你知道的訊息更早更詳細，他們跟你一樣都在做短期股價預測，你的贏面有多大？事實上，大多數的投資人都很難預測短期內投資人的情緒會如何波動，要預測短期股價的變化太難了，巴菲特告誡投資人：「**試圖預測股價、玩短線是毒藥，應該遠離那些行為像小孩般幼稚的成年人**」。

雖然評估股價變化很難，但很幸運地如果你和我一樣是個長期投資人，我們就不需要真的算出公司的實際價值來判斷股價，也不需去預測股價未來可能的波動。比較正確的思考方向是：**你對公司進行的估值或股票估價是為了幫你確定買進的價格是否夠便宜（或不會貴得太離譜），至於價格多精準其實沒那麼重要！**

大多數的時刻，我們只要知道其他人如何思考股價即可：例如分析師或比較有經驗的投資人怎麼估這家公司的價值。例如，我知道中租長期股價都在 12 至 16 倍本益比附近波動，那今天股價在 10 倍本益比附近，我當然可以

判斷這是個比較安全的價位。

3-4. 不同故事創造不同心理價值

在股票市場上，你會發現就算有兩家公司的產業類似、每股獲利數字也差不多，但股價卻可能天差地遠，例如和泰車與裕日車曾有幾年每股獲利數字很接近，但股價的差距高達 200 至 400 元。或者不同產業的公司，有的公司獲利數字不好看，但卻長期被市場追捧成高價股，例如曾漲破 700 元的生技股浩鼎，從 2015 年上市以來每年嚴重虧損，每年的 EPS 是負的 6 至 8 元之間，但至今都還有 80 至 100 多元的高價。

有些傳產股每年獲利穩健、股息大方，但本益比卻長期停留在 10 至 12 倍，例如生產油漆的永記，或生產油封和密封元件的茂順。而半導體相關、醫藥生技、電商平台等產業的股票本益比，也可能因為投資人對這些產業的樂觀預期（高毛利或有爆發性成長），而比一般傳產業高出許多的本益比。在美股中，許多已經上市多年仍未能實現帳面實質獲利的企業也常有令人咋舌的股價。

上面的現象怎麼解釋？如果你知道我們前頭說的股價是心理價，你就會比較能理解這些「不合理的現象」，股價除了企業基本的經營數字外，很多部分都必須從股市當時流行的投資文化、投資人的普遍觀念（有可能是偏見或迷信）等心理層面來解讀。

股價，常常跟這家公司的故事「性不性感」有關係，如果我們能比一般人更能瞭解形成這些性感故事的元素，提早在這些故事還沒發酵前就布局，你就會有很大的機會獲取超額利益；也可以透過破解這些熱門故事的真實性來確定這些性感尤物是不是真有實力，還是虛有其表而敗絮其中，避免跟著股市中的羊群們一起陷進股價泡沫中。

我們從各種管道中聽到的資訊會漸漸在我們的心中塑造出一支股票的故事，而這個故事最後會在我們的心中形成個股的心理價值，而心理價值就會

轉換成它每天在市場上被交易的股價。故事的好壞與否跟一支股票的價值息息相關，但什麼是一個好故事呢？

▶ 股票價值的三種層次

我自己是產品設計背景的大學老師，我們在設計領域常會使用由情感設計專家 Don Norman 所提出的「情感三層次」來評估一個好設計的層次，這三個層次分別是感官層次（Visceral level）、操作層次（Behavioral level）與反思層次（Reflective Level）。設計的最高層次「反思層次」是一種用戶在體驗過產品的各種不同價值後，深化在內心的強烈認知，它的力量最大也最牢不可破，能形成消費者心中對一件事物的偏見與信仰。

例如，我們使用小米手機可能是因為它只要一萬多或幾千元，功能也算實用，但你絕對不可能花三萬元去買小米手機。很多年輕人卻願意用三萬元去買蘋果的 iPhone 手機，因為它除了做工更精緻、介面更美觀、操作更舒適以外（注意，這些都是屬於感官和操作層次），它還會讓你感受到這是一家無與倫比的科技公司。

它的技術與設計領導潮流、賈伯斯在創辦蘋果過程中許多高潮迭起的故事、以及所創造出的許多經典產品的故事都深植在一般人的心中。你用了蘋果的產品就彷彿參與了這些傳奇的歷史，你會因為認同這些故事而願意掏出更多的鈔票買進蘋果的產品。

任何能影響用戶心理層次的產品就有一個強大的護城河，這些根深蒂固的優質形象將讓這些企業擁有品牌與訂價優勢，在市場上擁有極大的話語權，它的一舉一動都會影響產業的發展方向。

其實股票的名稱或代碼代表的就是它背後的這家企業，我們也可以把一家企業股票的各種價值做分解，從不同層次來看股票的價值。在下圖 3.2 中，我們將一家公司的價值分解成三個層次，分別為：

1. 量化價值 （經營數據）

2. 質化價值 （商業模式）

3. 情感價值（故事性）

圖 3.2. 股票價值的變化過程

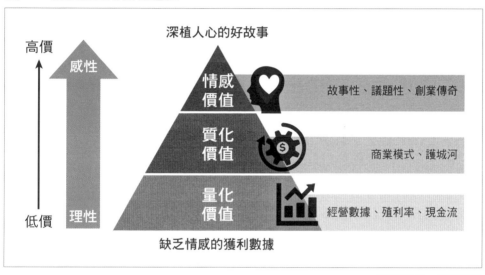

資料來源：作者整理

如圖中的三角形所顯示的，層級越往上就涉及越多的深度思考與更高層次的情感；一家公司的價值要是能從下到上橫跨越多層級，就享有越高的價值。

我將股票價值的各個層級的說明如下：

1. 量化價值

這是最顯而易見的資訊，一般人透過企業的基本資料就能看到這些可以

量化的經營數據，例如營收成長、毛利率、營業利益率、稅後淨率，與每股淨值、EPS、資本回報率等，這是股票價值的最基礎部分，也是過濾出好公司的第一個門檻。

在這一層次，我們關心的是企業是否能賺到錢，有無好的經營效率。例如一家毛利高的公司就比一家毛利低的公司更值得投資；或者營收成長數字比其他競爭對手更耀眼，這些數據是吸引你目光的第一個要素。

此外，透過觀察每年的經營數據，你可以你看到公司在獲利能力的改善或惡化趨勢，例如一家毛利不斷提升的公司，我們可以判斷它的產品組合得到了改善；或一家營業利益率不斷惡化的公司，我們可以判斷它可能面臨了人事成本或店租不斷增加的壓力。你最好能從經營數據就先過濾掉不符合標準的企業，把過去三至五年經營數據不斷惡化的企業剔除掉。

2. 質化價值

經營數據是來自經營的結果，我們要進一步瞭解這些數據是怎麼創造出來的，這時候瞭解企業是怎麼透過內部的動力引擎賺到錢就很重要了。例如是透過獨家技術或高度專業化的服務拉開與對手的差距來賺錢（台積電、KLAC）；或透過規模優勢，在訂價優勢上壓縮了對手可以獲利的機會（Walmart、小米）；或不斷複製成功獲利公式的連鎖店，例如掌握醫藥通路的大樹藥局、速食龍頭麥當勞、專攻韓式料理的連鎖餐廳豆府等，或靠著訂閱模式每月賺進大筆金流的網飛（Netflix）、Adobe、微軟（Microsoft）等企業。

商業模式是一個比表面數據更需要深入研究的領域，最好自己平時就能對產品或服務有實際體驗，才能深刻瞭解企業所屬商業模式的優勢。

台灣很多小散戶常因為一家電子公司的產品聽來很酷，看到幾個月的業績爆衝後就衝動下注，這就是憑藉著「感官刺激」下注了。常常事後再反省這些失敗的投資後才會發現，這些爆衝的業績根本不具持續性，是來自季節性或產業暫時性的需求，缺乏一個可以永續擴張的商業模式當作成長骨幹。

另外，很多台灣的代工廠賺的是產業界的整體成長**趨勢**，但其實自身缺乏強大的研發能力與具有優勢的商業模式。

在探討企業的商業模式時，要確認企業是否擁有跟其他競爭對手不同的獲利模式，有沒有更具優勢的護城河。例如：規模優勢、專利或技術、高轉換成本、通路優勢、網絡效應。具有寬廣護城河的企業才有可能在激烈競爭中取得明顯優勢，但這些常無法從表面數據中觀察得到，必須分析企業的經營與獲利模式，才能真正看到這些影響企業成長的內部引擎。

3. 情感價值

投資人最大的夢想應該就是能買到偉大的企業，例如可以買到蘋果、亞馬遜、台積電、特斯拉、迪斯尼這些舉世聞名，為投資人創造了不可思議報酬的超級企業。瞭解這些偉大的企業與一般企業的差別，可以幫助你提早識別這類企業的特色。

我們要知道股票市場上的偉大公司非常稀少，要在初期就能辨識出來難度很高；所幸，你不必在企業成長初期就買入，忍受太大的不確定性與波動。因為就這些偉大企業的成長過程很長，你可以在他們已經開始擁有卓越表現時再買入，長期持有依然可以為你創造極佳的表現。

例如巴菲特沒在 2007 年 iPhone 剛上市時買進蘋果股票，一直到 9 年後，賈伯斯都過世五年了才首度在 2016 年買入。之後巴菲特還數度增持，持有至 2023 年，不含股息就增值了五倍，依然可以創造非常優渥的回報，為巴菲特帶來超過千億美元的報酬。偉大的企業之所以偉大，在於它所創造出來的影響力可以像飛輪效應一樣，不斷為它創造新的機會、不止改變世界、還能帶動世界跟它一起向前運轉。

這些偉大的企業訴說的是能影響世人情感的偉大故事，包含：

（1）傑出的領導人：

已故的賈伯斯、特斯拉的馬斯克、亞馬遜的貝佐斯，他們都有艱辛的創

業故事，永遠讓眾人津津樂道。只要看到這個企業名字，你便會馬上想到這些擁有才華與堅忍不拔精神的創業家與領導人。

（2）世人認同的企業理念：

一家擁有與眾不同的經營理念的企業也更容易得到人們的肯定與注目，例如為兒童與家人們創造歡樂與夢想的迪斯尼；永遠有與其他科技公司不同的思考，堅持最高產品品質的蘋果；或擁有破壞性創新、創造性思考，想透過電動汽車改變世界的特斯拉。

（3）飛輪效應：

「飛輪效應」意指一間企業的業務、產品或服務，彼此組成了一個生態圈，產生了良好的化學效應，產生了魚幫水、水幫魚的效果。例如你看了迪斯尼的電影後，你會想買它的周邊玩具或可愛的 T-shirt，還想再去迪斯尼樂園。去過了迪斯尼樂園，你回家後又會想買更多的周邊商品、想看更多的迪斯尼卡通，或乾脆訂閱它的串流服務 Disney ＋。

飛輪效應也可創造出能永續成長的生態體系，例如蘋果的手機和它的周邊產品、App Store 的相輔相成，或 Google 的搜尋引擎與各種深入你生活層面的服務。飛輪效應可以說是融合了所有企業護城河後的最高境界，必須擁有品牌、規模、網絡才有辦法形成獨特與難以拷貝的生態體系。

（4）強大的品牌力：

企業的品牌力越強，消費者對其產品或服務的忠誠度，更不容易被競爭對手搶走顧客。例如，Nike、Apple、LV 等企業都具有強大的品牌力。有品牌力的企業也擁有訂價權，比較可以在競爭激烈的紅海市場上取得優勢，在不景氣中也能靠價格優勢來碾壓對手。

（5）對世界巨大的影響力：

例如特斯拉與蘋果在產品思考上的一舉一動，都牽引著整個產業的變

化，甚至能決定產品的規格，成為其他對手爭相模仿的對象。

　　一家公司在情感層次的價值往往在初期最容易被投資人忽略，因為在公司的成長初期，他們的優勢通常不會顯示在經營數據上，暴漲暴跌反而是這類還在成長初期企業的特色。如何擺脫只看表面數據，能比一般人更早參透一家公司的未來潛力，是成為優秀投資人的關鍵，也應該是投資人一輩子要持續學習的功課。

第四章
當個有願景有計畫的投資人

> 沒有異象，民就放肆。 　　　　　　　　　　　——《聖經·箴言》

4-1. 當個有計畫的投資人

大部分遇到問題尋求我幫助的投資人，多半是聽了親友的建議或看了財經媒體，胡亂買了幾家公司股票，或重押了一檔股票，而在股票表現不佳時不知是否該止損認賠。

這讓我意識到大部分的新手投資人幾乎都是一筆資金反覆進出股市，看到有興趣的股票就押注，每次進出的報酬率充滿不確定性，缺乏明確的投資策略，屬於「打帶跑」游擊戰式的投資模式；甚至很多已經在股市闖蕩多年的老投資人也還是依此模式進行投資，缺乏對投資策略的全盤認識。

一般人在所投資的股票表現不如預期時，容易心生焦慮而做出糟糕的決策，也因為資金重押少數股票，只要一檔股票出問題，整體績效就會受到牽連。這種投資方式看似勇猛善戰的梟雄，但說穿了就是遠古時代扛著弓箭到山裡打獵，看到什麼就打什麼，運氣好可能吃到一隻山豬，運氣不好可能就是一隻麻雀，或更倒楣的就是餓肚子，因為出門一整天什麼都沒遇到。

其實，我們在投資股票時應該先對「投資計畫」與「投資策略」做完整的認識，讓自己的投資生涯可以在一個有目標、有策略、有完整框架的狀況下順利前進。就如同我們一開始說的，投資生涯應該也是我們人生旅程中的一部分，你應該要有目的地，有基本的規劃，才能在遇到挫折或疑惑時能重新聚焦，調整好心態繼續前行。

《聖經·箴言》這麼說：「沒有異象，民就放肆」，句中的「異象」其

實就是英文中的「Vision」，也可以翻譯成視野、遠見或願景。猶太人若沒有上帝給的啟示與律法，就會做出許多愚蠢的行為，生活逐漸脫離正軌；而對猶太人來說，《聖經》就是他們的生活引導與規範，為什麼猶太人一直能表現得這麼突出，《聖經》給了他們明確的生活目標與各種品格及行為的規範絕對是主要原因。

哈佛大學曾經在 1979 年對它的 MBA 學生做了一個長期研究，他們先調查出有多少學生對未來做了規劃，結果有 84% 的人沒有明確的目標；13% 的人有明確的目標，但沒有寫下來：3% 的人除了有明確的目標外，還把目標和計畫寫了下來，甚至還包含詳細的執行計畫。

十年之後，哈佛大學重新對當年這些學生做追蹤後有了重大的發現。13% 有設定目標，但沒有寫下來的人的收入比沒寫目標的人，平均高出 2 倍！而那 3% 有設定目標，而且有寫下來並訂出明確執行計畫的人，他們的收入比沒寫目標的人平均高出 10 倍！

對同一所優秀學校的畢業生來說，他們的智商與專業應該都有類似水平，但卻因為有沒有設定明確的目標與具體的計畫，就會讓畢業後的生涯發展產生明顯差距，這個研究可以告訴我們目標與計畫的重要性。

同樣的，一個投資人若只是憑著感覺，每天隨性地在股市裡找機會，那這些投資人就像是風險工程學教授塔雷伯所說的「隨機漫步的傻瓜」，他們受股市的漲跌掌控，卻沒有掌控自己在股市中的命運。而「投資計畫」與「投資策略」可以避免投資人做出亂無章法的投資行為，可以對抗投資人短視近利的天性，並能持續將投資人的注意力引導到最重要的目標上。

4-2. 好計畫的幾個要素

> 願景是一個目的地 ——一個讓我們可以全力以赴的里程碑。而戰略則是一條路徑——一條適應性強的路徑，可以幫助我們到達我們想去的地方。
>
> ——勵志演講人與作家賽門·西奈克（Simon Sinek）

我認為一個好的投資計畫應該要包含以下幾個要素：

1. 一致的理念與指導原則
2. 清晰的願景
3. 明確的目標
4. 適合的策略
5. 具體的行動
6. 時間的維度

他們的關係應該要如同下圖所示：

圖 4.1. 好的投資計畫中應該要具備的要素

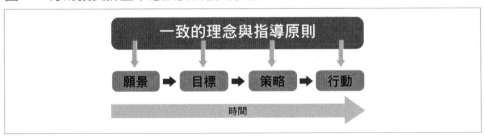

資料來源：作者整理

▶ **1. 一致的理念與指導原則**

這是投資計畫中的最高指導原則，它將貫穿整個投資計畫裡的所有層面。一致的理念與指導原則可以簡化決策與管理行為，避免投資人面對過多複雜的思考而難以做出決策。因為原則簡單而容易執行，可以穩定與持續地執行勝率高的決策與行為，最終產生正向循環。

例如，巴菲特總是苦口婆心地勸誡投資人要用長遠的眼光看人生與投資，他的名言：「不想持有十年的公司，連十分鐘都不要持有！」這種已經內化為信仰的投資理念簡化了後續的所有投資決策，投資人只要培養好正確的觀念與態度，即可順利執行投資策略。

相反的，坊間的投顧老師和總經專家們總是要你學習複雜的技術指標，要你預測市場趨勢與股價變化，還要你可以靈活操作。例如有時要你短操不留倉、有時還要你一部分長投一部分賺波動，或跟著類股輪動坐順風車。聽起來好像聰明又靈活，但請問一般投資人能有這種聰明才智根據這些指示做決策嗎？

在投資的世界，對於資質如你我一般普通的投資人，要你隨時能做出靈活的臨場反應，和應用多種投資策略絕對不是好點子，「靈活」絕對不是一個好的理念與指導原則，只會讓你精神錯亂，犯下更多錯誤。

在我的投資計畫中，什麼是我一致的理念與原則呢？那就是：簡單與容易執行、樂觀與正向、看重長期價值、專注在企業規模增長，這些投資的精神貫穿在我的整個投資計畫中。

▶ **2. 清晰的願景**

願景（Vision）是一個位於計畫最上層的方向指引，也是你對未來所勾勒出來的理想狀態。每當投資人失去方向或感到迷惑時，就需要舉頭觀望自己當初的願景，再度確認自己是否偏離正途。這是在執行投資計畫前最需要確認的內容。

願景不是冷冰冰的量化目標，而是在兼顧你的心理需求、生活形態、經濟狀況下的一個期待狀態，例如下面這段就是一幅清晰的願景：「我希望成為一個能享受投資過程，能花最少的精力在投資上，在不影響正常家庭生活與心理健康下，最終在 60 歲時完成財務自由的投資人。」

如果你對生活夠認真，你應該要把財務以外的願景，如工作、生活的期待、心理的健康也納入你的願景中。記得我們前面所說的，投資不只是投資，你在生活上的各個層面都會跟投資風格環環相扣，過一個身心靈都健康的人生，比投資致富更重要。

記得，一定要把時間的要素放進你的願景裡，願景是需要時間達成的，太短的時間會造成壓力，也缺乏合理性。給自己充分的時間來完成計畫，好的事情都需要足夠長的時間來發酵。

▶ 3. 明確的財務目標

有了願景後，必須將願景分割成更多明確的目標，例如長期與中短期目標，再針對每個目標設定出相對應的策略與計畫。例如你希望長期能實現財務自由，你就要先定義出對你來說什麼是「財務自由」？是每年完全不工作就有足夠的被動收入因應生活所需，還是可以接受部分時間從事自己喜歡的工作，但擁有的資產已經足夠讓你不會感到焦慮？你的「足夠」是多少數字呢？

明確的目標才能發展出適合的執行策略，盡量避免模稜兩可的目標，例如想「在結婚前賺到夠用的錢」，因為你可能無法確定自己何時結婚，也不知道什麼是夠用的錢，那你要如何設定具體計畫？另外，也要盡力避免掉無挑戰性、過度樂觀與無法評估的目標。

▶ 4. 適合的投資策略

在設定好目標後，我們必須找到適合的策略來達成目標。在一個好的投資計畫中，投資策略必須簡單與容易遵循，同時也要兼顧不同層面的需求，例如考慮到增長性、穩定性、抗風險性、高勝率等。

此外，在好的投資策略中，規範「什麼不可以做」應該要跟「應該要做什麼」一樣重要，特別是在投資的領域裡，守住成果和減少犯錯更勝於不斷進攻。例如「不做高風險投資行為」便是一個很好的「不應該做什麼」的投資策略。透過此策略，你可以嚴禁自己開槓桿、購買複雜的衍生性金融商品、不買入自己不懂或無法評估價值的股票。

▶ 5. 具體的行動

有了目標與策略後，便可以根據策略訂出可以執行的具體行動。例如：你的其中一個目標是五年累積 100 萬的股票資產，那你就要具體訂出每年或每個月必須買進多少價值的股票，例如每年投入 20 萬買股，或每個月定期定額扣款 15,000 元買進 ETF 或股票。而為了這多出來的 15,000 元支出，你必需有「削減開銷」或「擴張收入」的策略，而根據這個策略你可以訂出以下具體行動：例如減少 20% 的休閒旅遊開銷，每月限制生活費開銷在兩萬元以下，只准許自己一個月購買一次星巴克咖啡，或必須再斜槓一份可以帶來五千元業外收入的小差事等，以確保你能達成這個存股計畫能順利執行與完成。

▶ 6. 時間維度

最後，也別忘了將「時間維度」放進你的投資計畫中，提早確認自己這一生可以做投資的時程。其實每個人一生可以進行投資的時間比我們想像的還長。由於醫學的進步，活到 80 甚至 90 都已經不是什麼新鮮事了，我們絕對可以比我們的上一代有更充足的時間來規劃投資計畫。

投資不要只用十年，要用 20 年甚至 30 年來做規劃，將投資旅程以短期、中期與長期來區分，在人生不同的階段，要達到的財務里程碑、可以承受的風險，以及資金的充裕程度都不同。提早將投資納入整個人生計畫中，你才能不急不徐地按照計畫完成投資的階段目標，並順利走到終點。

記得，有做投資規劃的人實現財務目標的機會也越大，我們將會在書的末段再回來告訴你，怎麼透過一生的角度來規劃一個屬於你自己的投資旅程。

第五章
合理的投資期待

5-1. 投資前，先認清你是誰？

我年輕時是個籃球狂，每天不上球場打個兩三個小時渾身就不對勁，也自認球技還不錯，但有幾次籃球鬥牛經驗讓我徹底認清自己不過就是個愛打球的業餘人士。我在美國留學時，曾遇過一個小個子黑人學生找我一對一鬥牛，他運球技巧花俏，爆發力與速度更是我從沒見過的等級，隨便一晃就從我面前消失。我還記得最後的比分是 11：2，我只拿到可憐的 2 分。

那次經驗後我慢慢能理解為什麼在美國體育館的球場要分隊伍時，兩隊隊長會先選黑人、再選白人，最後才挑我們亞洲人。這是人種天生的差異，不同人種在肌力、爆發力、彈性、骨骼強度都不同，亞洲人注定在這種比賽中處於先天劣勢。

另一次，我在鬥牛時，對上了一位大學體育系的大四學生，他身材精瘦，身高也不高。練球時他告訴我他是練田徑的，籃球不是主修，技術水平連系上球隊都進不去。我聽完就放鬆了戒心，我對上他有點身高優勢，也比他多了至少十年的打球經驗，我這個老球皮電他一下應該沒問題。

結果一開始鬥牛，我猛然發現我們根本屬於不同級別，我被打爆了！他在體育系裡的籃球水平可能算是普通，但他畢竟受過籃球的專業訓練，對付我們這些業餘的球友依然遊刃有餘。從此我知道絕對不能小看那些曾受過專業訓練的對手。

一般缺乏專業訓練的市井小民，千萬不要不自量力地想挑戰不同級別的對手，只要聽到你的對手是天生體能條件出色的黑人或受過專業訓練的運動員，你最好乖乖換個球場打球，跟小學生一起投投籃都好，免得自取其辱！

　　我們對事物的看法很習慣於自我中心的「內部觀點」，常要被現實羞辱過後才會猛然醒來發覺自己也不過如此；要避免這種思考偏誤造成的窘境，你最好多聽聽客觀一點的「外部觀點」來矯正思考。

　　我的內部觀點會告訴我：「我是球技出眾的籃球高手」；而外部觀點是，你偷聽到女友跟她朋友聊起你很迷籃球這件事時這樣說：「他都說他很厲害，可是我每次去球場都看到他一直輸球。」（好吧！我承認這是真實劇情）。

　　你知道美國 NBA 是世界頂尖籃球員的殿堂，28 支球隊的球員加起來只有 400 多位，這些球員的平均水平遙遙領先世界各國的球員，更不用說是一般業餘球員，我們一般市井小民應該不會笨到要去跟他們挑戰球技吧？你也許可以到 YouTube 上搜尋一下 Professor Live 頻道，看看一般平民挑戰專業球員的下場。

　　但詭異的是，我們對自己的籃球實力比較容易有自知之明，但對於股票投資這種需要許多專業知識與豐富經驗的一門學問來說，一般人卻很少去瞭解一下世界頂尖投資高手的長期績效在什麼位置，就充滿雄心壯志地立下高不可攀的獲利目標。例如想一年賺到兩倍、每年要輕鬆獲利 30%、40 歲前財務自由等目標。

　　你知道這些標準都是在挑戰投資大師們的長年績效嗎？請看附圖所顯示的幾位著名投資大師的投資績效超越 S&P500 指數的幅度（百分比）與延續時間（年），你單單想每年獲利超過 30% 的目標就不是容易的事了。以美國 S&P500 指數平均年化約 10% 來看，股神巴菲特的平均年化報酬率也只比 20% 多一點！挑戰這些投資大師的績效就跟你想跟 400 位 NBA 職業球員中的一位單挑或比三分球準度是一樣的意思，你沒有他們的身高與體格、沒有高超的天賦與球技，更沒有每天持續數個小時的專業訓練，你真贏得了他們？

　　而在投資上，你沒有巴菲特過人的投資智慧、沒有他超過 60 年的投資經驗、沒有研究產業的專業分析能力，更沒有人家專屬的研究團隊與資金靈活度，但你卻覺得靠一己之力就能超越投資大師們的績效？

圖 5.1. 投資大師的投資績效領先美股 S&P500 指數的幅度與持續時間

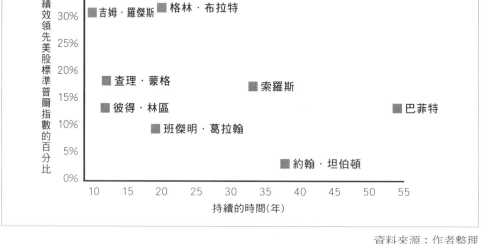

資料來源：作者整理

5-2. 過度自信的投資人

　　人們過度自我中心以及自視過高（Over Confident, Over self-esteem）的思考傾向不只出現在投資領域，而是普遍出現在我們的生活當中，這在心理學上稱為「稟賦效應」（Endowment effect）。

　　根據統計，大學教授有 94% 認為自己的工作表現在水平之上（是的，我也是這 94% 中的一位）。我有好幾年的時間一直以為自己聰明絕頂，在學術領域只要我願意用點力氣應該就能輕鬆贏過同事們。

　　一直到工作多年下來才警覺到，怎麼同事們每年都能拿到科技部計畫、國際期刊可以一年好幾篇，而我的研究績效卻近乎掛零，我才認知到自己的學術研究能力不是普普而已，還是吊車尾的。

另外，不只教授們，美國的高三學生，有 70% 認為自己的領導能力在平均水準以上；有 42% 工程師，認為自己的專業表現在前 5%。顯然不管是高學歷的大學教授、專業工程師或年輕學生，大家都很容易高估自己的能力。

同樣的，在投資的世界，「稟賦效應」也一樣存在。行為投資學專家詹姆斯・蒙蒂爾（James Montier）曾對 300 名專業基金經理進行調查，詢問他們是否認為自己的能力高於平均水平。有 74% 的基金經理人認為他們的投資能力高於平均水平，而剩下的 26% 的基金經理人，大多數人認為他們是屬於平均水平。

換言之，幾乎沒有人認為自己低於平均水平，但你知道這些數字在統計上是不可能的。很少人能逃脫過度自信的思考窠臼，不管是教授、企業家或專業基金經理人都一樣。身為人類的我們有普遍過度自我中心思考的傾向，會高估自己的能力，輕看自己的失誤與虧損。

2017 年諾貝爾經濟學獎得主、芝加哥大學布斯商學院的塞勒（Richard H. Thaler）教授，曾提出許多關於散戶投資人在投資時普遍出現的不理智行為；他透過一系列的研究成果建構出著名的「行為經濟學」理論，因此塞勒也被稱為「行為經濟學之父」。

塞勒認為「過度自信」是投資人普遍會有的思考偏誤，投資人會過度受到之前獲利成功經驗的影響，而讓自己陷於更大的風險之中；而「稟賦效應」不只是自恃過高而已，還會讓投資人把自己擁有的東西當作寶，找各種理由來合理化自己應該繼續擁有它，就算這是一筆幾乎沒有成功可能的失敗投資。這些以自我中心為出發的思考偏誤，正是讓散戶投資人投資績效低落的原因。

如果投資人不能正視自己其實只是個普通人，缺乏正確知識與專業能力，跟其他 90% 的人一樣有許多習慣性思考偏誤，那他就不會認真學習，找到更適合自己的投資方法，投資績效永遠會有個難以突破的罩頂天花板。

5-3. 散戶的平均表現

我們來看看摩根大通（JP Morgan）長達 20 年的統計數據，從 2001 至 2020 年的 20 年期間，散戶投資人的平均年化報酬率約 2.9%，比每年的通貨膨脹率 2.1% 略好一點。若運氣不好計算的年份不同，例如跳到前一年的 2019 或 2018 年之前的 20 年週期，投資人的績效更剩下 2.5% 與 1.9%，要對抗 2% 以上的平均通膨更難了！

事實上，觀察近幾年的統計數據，美國散戶的平均績效很穩定地在 2% 至 3% 之間，這代表一般散戶投資人的投資水平長期下來並沒什麼太大的變化。此外，不同機構在不同年代的研究也都符合摩根大通的長期數據，散戶投資人的績效遠遠落後大盤的平均約 7% 至 10% 的年化報酬率，因為大多數的投資人終其一生很難有足夠的自我認知，無法使用正確的投資觀念與知識來做好投資。

圖 5.2. 摩根大通將各種資產的 20 年平均年化報酬率與投資人的投資績效做比較

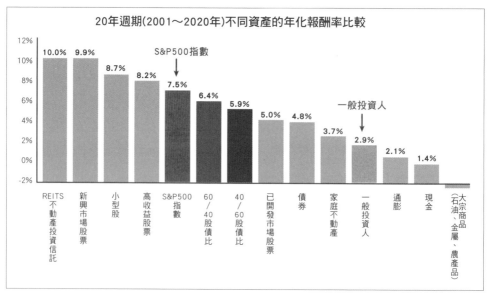

資料來源：摩根大通

　　你可能會說，我常常看到某某雜誌上有很厲害的投資人，幾年就賺到了好幾倍的財富，難道我就不能學他的投資方法致富嗎？這時，我建議你聽聽1990年諾貝爾經濟學獎得主默頓・穆勒（Merton Miller）所說的：「如果有一萬個股民在那裡選股，根據機率，其中有一個會選到漲好幾倍的股票。但這只是個機率遊戲。很多人以為他們是有目的的選股，其實根本不是！」

　　大多數的人都是凡人，連媒體上很紅的投顧老師都是，很少有人能超越長期統計數字。你要小心這些投資達人傳遞給你的知識和技巧長期是否有效，他們常常不是在吹噓，就是剛好處在錢很好賺的多頭時期，當空頭一來，他們的投資績效便會大打折扣。

　　上面文章引用的是國外的統計數據，但身為台灣投資人的你，可能會覺得自己的績效應該比美國的散戶好得多才對吧！畢竟台灣坊間的投資資訊這麼發達，投資理財雜誌或節目這麼多，隨便一個投顧老師在電視上都能說得頭頭是道，台灣投資人應該是更有訊息或技術優勢吧？但真相可能會讓你很失望。

　　根據著名的行為經濟學家布萊德・巴伯（Brad Barber）在2009年，以及輔仁大學許培基教授與交通大學葉銀華教授等人，在2016年針對台灣個人投資人的投資行為的研究發現以下數據：

　　1. 台灣投資人因為過度自信與頻繁交易，平均一年損失3.8%的報酬率，這些損失相當於台灣國內生產總值的2.2%或個人總收入的2.8%，這些交易損失幾乎都是因為進行過度激進與頻繁交易的結果。相比之下，投資機構因為更具有專業判斷能力，每年的投資績效比散戶多了1.5%。

　　2. 台灣投資人賣掉賺錢股票的機率遠高過賣掉賠錢股票兩倍，台灣投資人習慣賣掉小賺的股票留下越賠越多的股票，讓投資呈現「大賠小賺」。台灣投資人在股市中實現獲利的交易筆數，是實現損失的2.5倍，比美國投資人的1.5倍更多。但這並非意味台灣投資人「命中率」比較高，而是台灣投資人缺乏對投資的正確觀念，更傾向留下賠錢股票，反而把賺錢的股票賣掉，

想透過落袋為安來平衡心理感受到的損失。

3. 台灣投資人中有很高的當沖交易者，在 2009 年時當沖交易高達 23%（到了 2021 年更高達 34%），除了因為台灣投資人本身就喜歡短進短出，政府也因為稅收考量以交易稅減半來鼓勵當沖。台股 2023 年上半年當沖交易量，當沖交易收益金額年成長 4.72%。但扣除手續費與稅等成本之後，上半年當沖客仍賠掉 101.7 億元，平均一位當沖戶賠掉 10.9 萬元。

4. 在 2016 年的數據顯示，台灣個人投資者每月買入 73.4% 股票，賣出 64.5% 的股票組合，周轉率遠高於美國投資人，是美國同行統計數據的十多倍。台灣投資人本來可以透過買入並長期持有的策略獲得更高的回報，但錯誤的觀念導致高周轉率和低回報率。

5. 布萊德・巴柏還從歷史數據中意外發現台灣散戶的「賭性堅強」，在 2002 年台灣政府推出樂透後，台灣散戶的股票周轉率平均少了 22.6%，巧合的是，這跟投入樂透的資金流量差不多。

布萊德・巴柏根據他的研究結果對台灣投資人做了以下結論：「從資料來看，台灣的散戶不是把投資當成娛樂，不然就是普遍存在『過度自信』的毛病。」布萊德・巴柏認為導致台灣散戶明明長年虧損但仍熱衷頻繁交易的原因，是因為過度自信與沉溺於交易的娛樂效果（entertainment）。

此外，根據 2023 年施羅德全球投資人的調查顯示，台灣投資人對自己未來五年每年的平均年化回報率的期待值是 14.5%，而美國人則是 11.3%，更接近美股大盤長期平均年化 10% 的數字。這代表美國投資人對股市的期待相對理性，而台灣投資人因為缺乏正確觀念，普遍對自己的能力與股市抱持過度樂觀的幻想。

在美國，散戶投資人只占交易量的一成左右，但在台灣，台股散戶占比卻長期在六成甚至高達七成以上。美國人主要透過退休金系統投資美股的指數基金，所以投資機構是美股中的主要投資者；而台灣人則喜歡「自己來」，短進短出賭博化與娛樂化的投資行為成為了台股的主要特色，連年輕大學生、

路邊的大媽們都將股市當作賺外快的好地方。

這種特殊股市文化也讓喜歡強調線型與籌碼分析的技術派投顧老師當道，投資詐騙也特別多。所以，你還會覺得台灣投資人會比美國投資人強？台灣投資人在股市裡賠得更多應該才是最可能的事實。

5-4. 先瞭解投資人該有的合理的績效 / 打不過，就加入！

▶ NBA 明星凱文‧杜蘭特的抱團事件

2016 年美國 NBA 發生了一件極具爭議的事件。當年的西區冠軍賽，由當紅球星凱文‧杜蘭特（Kevin Durant）率領的雷霆隊對上由史蒂芬‧柯瑞（Stephen Curry）率領的勇士隊。在苦戰七場後最後由勇士隊勝出，勇士隊則在總冠軍賽中對上了當時如日中天的小皇帝詹姆士（Lebron James）率領的騎士隊。最後小皇帝戲劇化地帶領騎士隊在 1：3 落後的情況下連勝三場，硬是翻轉了戰局拿下當年的 NBA 總冠軍。這年戲劇化的故事情節一直讓球迷津津樂道，但精彩的故事還沒結束.....

在總冠軍賽結束後沒多久，原來在西區冠軍中落敗的雷霆隊主將凱文‧杜蘭特竟然宣布加入西區冠軍賽中擊敗自己的對手勇士隊的陣營，凱文‧杜蘭特這個背叛自己球隊加入對手陣營的決定震撼了籃壇。

雷霆隊在西區的實力本來就和勇士隊相差不遠，不然是無法在西區冠軍賽中和勇士隊纏鬥七場才落敗。在 2016 年就只差西區冠軍這個臨門一腳，以球隊原有的堅強實力，凱文‧杜蘭特如果繼續待在雷霆隊，難道不能在日後擊敗勇士隊，進而挑戰總冠軍？

顯然凱文‧杜蘭特的想法和對他充滿期待的雷霆隊球迷們想的不同，他要的是 NBA 球員夢寐以求的冠軍戒指，他不想再苦苦等待與再冒失敗的風險。

雷霆隊在 2016 年對上勇士隊之前已經多年在季後賽鎩羽而歸，在主力

球員不可能大幅更動下，要靠補強二線球員讓球隊實力再上一層樓的空間很有限。而且就算打敗了勇士隊，總冠軍賽還必須對上當時主宰 NBA 的小皇帝詹姆士，變數如此多，結局會如何發展完全不是凱文·杜蘭特當時可以預期的；但若凱文·杜蘭特這種頂級球星加入原本就是頂級球隊的勇士隊（早在 2015 年就拿下總冠軍），那勇士隊的戰力絕對爆表，不只能拿下西區冠軍，也絕對能打敗小皇帝詹姆斯率領的騎士隊。

從勝算來看，凱文·杜蘭特的這個思考邏輯是百分之百正確的。於是，在眾球迷的質疑與嘲諷中，凱文·杜蘭特加入勇士隊後順利在後來兩年跟著勇士隊拿下兩次 NBA 冠軍，完成了心願。

凱文·杜蘭特受爭議的行為在於不重視忠誠，只求結果而不在意過程，但這樣的行徑完全合法，頂多能批評他實在有點偷懶，不想靠自己的努力在原來所屬球隊繼續打拚拿下冠軍。但若以球員生涯能夠「奪冠」這個夢寐以求的目標當作思考，挑選奪冠的勝率更高的隊伍是完全正確的決策。

▶ 放下自尊，優先選擇勝率比自己高的投資方法

凱文·杜蘭特抱團奪冠軍的例子在 NBA 雖然是個充滿爭議性的事件，但這正是一般投資人需要學習的邏輯思考。投資人沒有面子問題，不必在意別人的眼光，更應該學習凱文·杜蘭特這種能勇於承認單靠自己的實力與有限資源，無法達成理想目標的思考方式。

在有更確定與更好的選擇時，我們應該要勇於擺脫過去偏好的投資模式，挑選勝算高的投資方法，而不是在原來的思考框架下幻想自己有朝一日投資功力會突然大增，或會碰到好運氣可以一夕改變投資績效。

在不違反法律規定的前提下，凱文·杜蘭特思考的是最高的勝率，哪個路徑能讓他最快拿到冠軍戒指。而投資人也應該這麼想，有沒有什麼方式可以有最高的成功率取得超越一般投資人的績效？

那到底什麼樣的績效才算是好呢？是 10%、30%，還是 50% ？其實這是

一般投資人很少思考的問題。很多人覺得有賺就好，或者某年的幾筆投資獲得不小的回報就得意洋洋，但這種只憑感覺而沒有確切標準的模糊想法，會讓你的財務長期下來陷入停滯不前或增長性不足的窘境。

俗話說：「不比較就沒傷害」，但我要告訴你：不要逃避問題，要認真比較才能認清事實。

如我們在前面所提到的，大部分投資人，包含專業的基金經理人，因為過度自信與頻繁操作，他們的長期投資績效都是輸給大盤的，所以你應該比較的是每年以及長期大盤的績效。最能代表大盤績效的就是追蹤大盤指數的「被動指數基金」，例如美國的先鋒投資的 VOO 與台股元大的台灣 50（投資界常說的 0050）。會用「被動」（Passive）來命名這些指數基金，就是當你買進這些基金後，什麼都不用做就可以賺到跟大盤近似的漲幅。

不管是美國道瓊指數、S&P500 指數、納斯達克工業指數，或是台股加權指數，長年下來都是持續增長的。美國道瓊工業指數從 1896 年上市以來，從 40 點成長到現在超過三萬點，漲了超過 750 倍，年化報酬率約 7%；S&P500 指數從 1926 年創立以來至今漲了 45 倍，年化報酬率約 9.8%；納斯達克綜合指數從 1971 年創立至今漲了超過 100 倍，年化報酬率約 10%；而台股加權指數從 1966 年上市時的 100 點成長到 2022 年最高達 18,526 點，成長了超過 160 倍，年化報酬率約 7% 至 10%（根據不同計算週期與高低點來計算）。

基本上，你可以把各國股市當作是當地人民的主要商業活動，與各種技術與服務商業化後的價值。只要人類文明存在的一天，代表全世界主要股市的 MSCI 全球指數（MSCI World Index, Morgan Stanley Capital International World Index）就會持續成長。自 MSCI 全球指數從 1969 年創立至 2023 年成長了超過 150 倍，平均年化報酬率約 10%。

巴菲特在年輕時成立過自己的投資公司，主要是幫親友鄰居們做投資賺取佣金；當時巴菲特訂下抽取佣金的前提，是要每年報酬率要超過 6% 以上

才會收取佣金。

如此佛心的原因是他很早就知道他如果什麼都不做，大盤指數每年就可以漲超過 6%，所以他的績效必須超過 6% 才能證明他的操作是有效果的；反觀現在的基金經理人或是投顧老師們，投資績效遠遠落後大盤卻毫無內疚感，依然開心地收進可憐投資人的佣金與會員費。

過去十年的大多頭行情讓美股近十年有超過 10% 的年化報酬率，元大的台灣 50 自 2003 年成立以來至 2020 年也有 7% 的年化報酬率（含息再投入可以高達 10%）。所以綜合國內外所歸納的數據，你可以用 7% 至 10% 當作你過去十年長期投資下來應該要達到的年化報酬率標準。如果你的長期績效遠遠落後這個水平，那你就應該要認真考慮仿效 Kevin Durant 務實的精神：「**打不過，就加入！**」，放棄自己辛苦地選股與來回操作，直接加入被動指數基金的投資陣營。

投資是件非常務實的活動，沒必要跟眾人證明什麼，扎扎實實的獲利比什麼都重要，你完全不必像 NBA 的大明星要考慮到球迷的感受，也不必擔心新聞報導或親友們會把你貶得一文不值，這完全是一個依據科學數據所做出的理智決策。

對了，你知道股神巴菲特也買 VOO 嗎？巴菲特在 2020 年初買進了 2,600 萬美元的 VOO 與 SPY（兩者都是追蹤美國前 500 大企業的被動指數基金），這可是連股神都認證過最省事、效果也最好的投資方式。

而根據長期統計數據顯示，世界各國的各種對沖與主動式基金，90% 是落後給大盤的，更何況是沒有足夠投資知識與操作技巧的個人投資人？也難怪摩根史坦利所做的長期統計數據中，一般散戶的平均年化報酬率連 3% 都不到。現在，你已經知道市場上多數的投資機構與投資人長期無法打敗大盤的這個基本觀念了。

大盤長期的平均年化報酬率，應該就是你進入股市至少要達到的獲利水平。不過，很幸運的，這是非常容易就可以實踐的標準，因為你只要找到幾

個手續費低廉、能完美追蹤大盤指數變化的基金即可。例如：VOO、VT、SPY、 QQQ 等被動指數基金。

第六章
打敗大盤需有的心性

6-1. 個人投資者的挑戰

相信很多人一開始學投資都是從投資個股開始，不然就是買些由基金經理人操盤的熱門主題基金，如半導體、新興國家、電動車等主題式 ETF 來分散風險，但多年下來你賺到錢了嗎？

我從 1993 年開始我的台股投資生涯，從 1993 至 2007 年的 14 年間，我買過一檔又一檔的熱門飆股，如台積電、聯電、日月光、力山、喬山、鴻海、光洋科等。入手後股價都飆漲超過一倍甚至兩倍以上，但我最終都沒能從它們身上賺到錢，反而是虧損收場，真的符合所謂：「一年十倍者眾，十年一倍者寥寥。」。

為何會如此？其實這是個人投資人的普遍情況，我誠實告訴大家，我投資生涯的前十多年的投資績效慘不忍睹，不只沒賺到錢，還賠掉了幾乎一半以上的資金。十多年的投資經歷怎麼可能這麼慘呢？難道都沒學到技巧？沒學到新觀念？

事實上，這正是許多個人投資者的困境，我們有限的投資知識以及充滿偏差觀念的投資行為，注定了我們無法在這種只有少數贏家的賽局中獲勝。你無法賺到你無法認知的財富，受到偏見與情緒影響的思維決定了你的獲利天花板。

我們以為自己在做投資，以為自己在做投資思考，其實我們只是羊群裡的一隻羊。我們所聽到的和所做的跟其他投資人沒什麼不同，我們的心智能力跟其他投資人也沒什麼不同。我們對股市週期沒有完整的認識，也沒有對企業的長期優勢有深刻的認識，我們以為自己知道的，其實都是其他人如媒體、分析師、投資討論區的網友告訴我們的，我們不過是複誦這些資訊，沒

有經過自己的認真思考。

　　這些資訊多半無助於你的投資判斷，只是讓你的心思與操作更加混亂，無法讓你在股市存活下來。有多少散戶們能在一次又一次的失敗後，痛定思痛，在實戰中悟出一番道理，或有幸能得到貴人相助，在思考上得到啟發，最終找到致勝之道？想必是少之又少。

▶ 選股的難度及失敗率高的投資方法

　　為什麼個人投資者的失敗率如此高？首要的原因在於忽略「選股的難度」，選股遠比一般人想像的困難，研究企業需要耗費大量時間與精力，相比之下散戶們所做的投資決策都過於情緒化與草率，缺少深層思考，忽略了選股是門需要智慧與經驗的學問。巴菲特和彼得‧林區是主動投資中的佼佼者，但我們不是！選到對的股票的難度有多高呢？以下是一些研究數據：

　　長板資產管理公司（Longboard Asset Management）對 1983 至 2007 年的前 3,000 大股票（羅素 3000）進行的一項為期 25 年的研究發現：有 18.5% 的股票損失了至少 75% 的價值，有 2.39% 的股票在此期間呈現虧損，有 64% 的股票跑輸羅素 3000 指數，只有 25% 的股票對市場貢獻了收益。

　　亞利桑納大學財經系教授亨德里克‧貝森賓德 （Hendrik Bessembinder）在 2017 年所發表的研究顯示：從 1926 至 2015 年的 90 年間的 25,782 支股票中，有 58% 的股票落後於同期美國的公債回報率，有超過 50% 的股票是呈現負報酬。

　　這 90 年間，股市增值了 32 兆美元的財富，但卻是由當中 3.8%（983 支）的股票所貢獻。而不只是美國，貝森賓德教授針對 1990 至 2018 年間，全球共 61,000 支股票的研究也顯示類似的結果，甚至還更糟糕！超過 60% 的股票表現落後於同期的美國公債回報率，只有約 1% 的公司創造了全球股市的財富，股票市場中大部分的財富都是由極少數的股票所創造的。

　　從以上數據來看，投資人長期要抱對賺錢股票的難度很高，那短期

呢？根據英國傳奇投資公司柏基（BG, Ballie Gifford）在 2022 年的研究，每年只有 5% 的股票能超越大盤。根據 2021 年《投資期刊》（《Journal of Investing》）裡一篇針對 1926 至 2019 年的回溯資料顯示，單一股票的投資策略中，你的投資績效只有 28% 的機率會比放在定存好一點，而有 96% 的機率，你的報酬率會低於整體市場。

此外，不只選股的難度很高，一般小散戶們就算選到了好股票，也會因為缺乏足夠的知識以正確的方式持有它們來獲取超額利潤，常常這些股票只是散戶無數次買賣中的過客。大部分投資人的投資方式都是機遇戰、游擊戰，沒有系統化與有效策略，最終無法通過時間的考驗，績效也無法勝過大盤。「錯誤的選股」加上錯誤的「操作策略」，注定了散戶坎坷的命運。

▶ **短線投資的輸家多，連機構也不例外**

一般人都是短線投資的輸家，連專業的基金經理人也是。根據晨星在 2022 年所做的統計，2022 年美國股票基金的平均表現為 − 5.56% 至 − 31.71% 之間，其中對沖基金的平均表現為 − 17.35%，而 S&P500 指數在 2022 年的跌幅為 16.51%。這數據說明了這些號稱專業的基金經理人操作來操作去，績效卻比完全不操作而直接買被動指數基金的投資人還差。

根據晨星的數據，在所有美國股票基金中，只有約 10% 的基金在 2022 年勝過大盤。事實上，不止 2022 年，幾乎每年的數據都差不多，市場上不管是專業機構或散戶，只有極少數的投資人可以贏過大盤。

根據摩根史坦利長期的統計數據顯示，散戶投資人的長期投資年化報酬率一直約在 2% 至 3% 之間，而美股 S&P500 指數的長期年化報酬率一直穩定在 7% 至 10% 之間（根據不同長週期回溯的結果），投資人自己操作的結果是每年落後大盤 4% 至 8%，這個差距可以讓你的股票資產在十年後，遠遠落後那些什麼都不用做的被動指數投資人，連他們一半報酬都達不到。

2022 年另一個有趣的數據顯示，針對「大型價值型股票」所設計的基金的平均報酬率為 − 1.66 %，遠遠勝過對沖基金的 − 17.35% 與大盤的 −

16.51%。這是不是已經告訴你價值投資的優勢了？此外，2020 年叱吒風雲的木頭姐旗下的 ARKK 基金，在過去三年已經遠遠落後給巴菲特的波克夏股票超過 100%，也輸給了同期的各種指數，包含 S&P500 指數、納斯達克指數、羅素 2000（美股小型股指數），以及台灣加權指數，而且落後都超過 65% 以上。

　　過去三年，這些指數的報酬在 25% 至 35% 之間，而 ARKK 基金為－40%，也就是說在過去三年，仍執迷於忙進忙出，瘋狂抄底，低買高賣的 ARKK 基金，輸給了什麼都不做的被動指數超過至少 65%。木頭姐的投資成果會不會就是你過去投資的寫照呢？

圖 6.1. 從 **2021** 至 **2023** 年間，巴菲特的波克夏、**Cathie Wood** 的 **ARKK** 基金，與其它主要股市指數的績效變化。

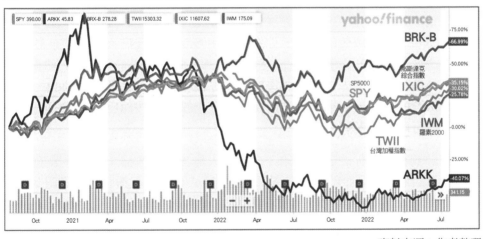

資料來源：作者整理

6-2. 勝過大盤是不可能的任務？

對股市投資人來說，投資被動指數基金的確應該是你的優先選擇。畢竟過去的統計結果都一致顯示，市場上大部分的投資人，包含專業基金經理人的績效都輸給大盤。也因此很多支持被動指數投資理念的專家學者會告訴你：「你無法打敗大盤，不要試圖去打敗大盤！」但這個過度武斷的「結論」，卻可能讓你錯過另一個美好的投資世界。

打敗大盤並非難如登天，事實上有很多投資大師都已經告訴過你打敗大盤的祕訣，只是大多數的投資人對他們的建言充耳不聞，仍想透過市面上一堆投資網紅及投顧老師的各種投資偏方，想靠著獨門或高超靈活的投資技巧找出完美的進出場點，然後高拋低買，這一檔賺 20%，下一檔賺 40%，一檔接著一檔賺，在幾年內迅速致富達成財富自由的夢想。

但這些投資偏方，就像是你從一位江湖郎中買了他一堆成分古怪複雜、無法透過科學驗證療效的草藥，你連續服用多年後發現病不但沒好，最後還搞到要洗腎。殊不知最好的藥，就是你身邊那些唾手可得最便宜的天然食材。**彼得·林區這麼說：「你的投資優勢不是你從華爾街專家那裡得到的，而是你已經擁有的東西。如果你能利用自己的優勢投資那些你已經了解的公司或行業，你可以超越專家！」**

統計資料告訴你的數據沒錯，大多數人無法打敗大盤，但這些表面數據沒告訴你的是，如果你用對了方法，一般投資人要打敗大盤是絕對做得到的，而且遠比你想的簡單得多。彼得·林區在他的著作《征服股海》（Beating the Street）中說了兩個有趣的例子。

▶ 輕鬆打敗大盤的中學生與業餘投資者俱樂部

其中一個例子是「聖艾格尼斯中學」的一群年輕學生。彼得·林區有次在華盛頓演講，一位來自波士頓聖艾格尼斯中學的女老師茉莉絲問彼得·林區：

「如果投資人沒有專業的股票報價與分析系統、也沒有專業投資人的高級金融學位與高超的投資技巧，這樣能做投資嗎？」

彼得・林區回答她：「投資只需要小學五年級的數學程度即可，人人只要按照我所說的原則就能做好投資。」

於是這位女老師回學校後便帶起她的七年級學生做起投資。這些年輕學生以四人一組的方式進行合作，他們從《投資人商業日報》中挑選出數家潛力公司，再分別分析他們的盈餘與經營狀況。相互比較後汰弱換強，再選出值得投資的公司。茉莉絲老師遵照林區的原則指導學生，投資組合中至少要有 10 家企業，其中幾家必須要有高一點的股息；再加進投資組合前學生必須要能清楚說明這家企業是做什麼的，如果不知道它能提供何種服務或生產哪些產品就不投資。重點就是：「只買你知道的！」。

聖艾格尼斯中學的學生將他們所挑出的 14 家股票的投資組合寄給了彼得・林區，投資組合中的每一家都是美國人耳熟能詳的企業，例如迪斯尼、麥當勞、家樂氏、沃爾瑪（wallmart）、孩之寶玩具公司（Hasbro）、Topps（糖果、口香糖、棒球卡的生產廠）等。

學生們還把他們用蠟筆畫出來的圖表寄給林區，說明他們選擇這些投資組合的理由；彼得・林區追蹤了學生們投資組合的績效，發現它們在兩年中上漲了 69%，打敗了大盤的 26%，超過了兩倍以上的報酬，更打敗了全美99% 的基金經理人所管理的基金績效。這也正是彼得・林區在他的書上所列「彼得・林區投資定律」的第三條：「任何蠟筆畫不出來的鬼玩意兒，就不要投資！」

另外，彼得・林區統計了從 80 年代十年間由美國業餘投資人組成的社群「全國投資者協會」（NAIC, National Association of Investors Corp.）裡近一萬個投資人社團的投資表現，意外地發現他們的投資組合有 62% 的表現都勝過了 S&P 500 指數和 75% 的共同基金。彼得・林區認為這些業餘投資人能勝出的關鍵，在於他們執行定期投資策略，因此消除了擇時進出市場的誘惑，

避免衝動買賣。

彼得・林區所提出的這兩個例子證實了任何人，包括成年人和兒童都可以通過紀律嚴明的方式超越市場平均水平。

▶ 在股市要成功靠的是心性，而不是智商與專業

在電影《阿甘正傳》裡，每當有人問阿甘是不是傻子時，阿甘總會告訴他們媽媽給他的教導：「真正的傻是做蠢事」（Stupid is as stupid does）；阿甘的人生信念是完全正確的，就算他天生智商不如他人，但來評價他是不是傻子的標準不應該是智商，而是他是不是常做蠢事。同樣的，評斷一個投資人優不優秀的標準並不是亮麗的學歷，也不是他所擁有的專業金融知識與擁有的操作技巧，而是他是不是常做蠢事。

專業投資人之所以績效不佳，在於這些專業金融知識並不能幫助他減少錯誤的投資行為，他們的金融碩士學位及在金融機構裡的職業訓練，並不能減少他們在投資行為上所犯下的錯誤。**投資比較像是一門藝術而不是高深的專業知識與複雜的技能，彼得・林區認為，挑選股票時，哲學和邏輯比數學和金融知識更重要。**

一般散戶在專業金融知識與消息來源上的確比不上專業投資經理人，但很幸運地，在投資的世界裡，決定你投資績效的不是專業知識，而是你的投資心性與表現出來的投資行為。**巴菲特這麼說：「一旦你超過 25 歲，投資的成功便與智商沒有關係了。一旦你擁有普通的智商，你需要的是控制那些讓人陷入困境的投資性格。」**

▶ 葛瑞絲老太太的傳奇

摩根・豪賽爾（Morgan Housel）是暢銷書《致富心態》（The Psychology of Money）的作者，他曾舉了兩個例子來說明一般人也可以勝過專業投資人。這兩個例子都是 2010 年刊登在媒體上的新聞，第一則是 2010 年 3 月刊登在《芝加哥論壇報》的新聞。一位叫做葛瑞絲（Grace Groner）的

101 歲女士過世了，她在過世時捐出 700 萬美元（將近兩億台幣）的資產，給她的母校作為貧寒學生的獎學金，這些資產全部都是亞培公司的股票。葛瑞絲是如此的低調，一直到她去世前，沒有人知道她竟然是位億萬富婆。

葛瑞絲並不是含著金湯匙出身的富家千金，相反地她有個坎坷的身世。葛瑞絲在 12 歲時成為孤兒，被好心的鄰居收養。她一輩子都生活在伊利諾州的小鎮裡，她沒有汽車、喜歡買二手衣，住在一棟只有一間房間的小房子裡。葛瑞絲一生只做過一份工作：擔任亞培藥廠的研究室秘書。

她在 26 歲時用 180 美元（相當於今天的 3000 美元）買進了三股亞培股票，之後用股票所發的股息不斷再買進更多的亞培股票，最後累積了超過 12 萬股。葛瑞絲在持有亞培股票的 75 年期間，完全沒有售出或嘗試操作任何一股亞培股票。在這段時間，世界歷經了 13 次經濟衰退、反覆的通膨與升息、多次的股市大幅修正，甚至還有第二次世界大戰。她沒有因為市場劇烈的變化或令人擔憂的新聞賣出任何股票；她只著眼於未來，堅定地持有這筆投資。

豪賽爾舉的第二個例子是 2010 年，也就是葛瑞絲過世的同一年的 4 月刊登於《華爾街日報》的新聞。一位叫做查德·福斯科（Richard Fuscone）的前基金經理在 2010 年宣告破產，新聞報導說到福斯科正在想辦法出售他那價值 1,400 萬美元、面積有 1 萬 8,000 平方英呎、11 個房間、兩個游泳池、兩座電梯、7 個車庫的紐約豪宅，以避免他喪失他的投資抵押品贖回權。

當時，沒有人願意用這麼高價買下這棟豪宅，而在這之前他另一間位於棕櫚灘價值 460 萬美元的豪宅也已經為了籌錢拍賣掉了。福斯科畢業於著名的達特茅斯學院，還擁有芝加哥大學的 MBA 碩士，曾經是美林證券美洲區的執行長，更曾被公司選為 40 歲以下的成功商業人士之一。

美林前首席執行長大衛·柯曼斯基（David Komansky）曾讚譽過福斯科是一位「充滿商業頭腦、領導能力及良好判斷力」的成功人士。福斯科在破產申明中說：「我的背景是金融服務業，我的個人財務被 2008 年的金融危機摧毀了，目前已經沒有收入可以支付這些債務！」這一位擁有高學歷的金融

主管，最後在理財上一敗塗地。

摩根‧豪賽爾為上面這兩個例子作註解：一位 100 歲的小鎮老太太不可能在高爾夫球場上打敗老虎伍茲，也不可能在腦外科手術上做得比腦外科醫師好；但是，這一位老太太卻可以在投資上持續打敗華爾街的專業投資人。投資的世界就是這麼奇妙！

6-3. 散戶獲勝的關鍵：不要像專業投資人一樣投資

美國在 2008 年金融危機後，專家們都呼籲美國應該要重視提升國民的金融知識水平。美國總統歐巴馬在 2011 年說道：「我們必須努力確保所有美國人都具備有效管理其財產的能力，以避免欺騙或掠奪行為，我們應該制訂一個新的『金融知識月』。」事實上，美國自 2004 年小布希時代開始就已經將每年四月訂為金融知識月（Financial Literacy Month），只是這用意良好的政策看來效果非常有限。從歐巴馬卸任至今，歷次的金融風暴仍幾乎都還是由金融界眾多專業機構的貪婪與愚蠢所導致。

2014 年由美國利茲商學院、維吉尼亞大學及葡萄牙天主教大學的跨國研究發現：通過 168 份探討金融教育對投資人投資行為的影響的研究指出，提高金融知識和執行金融教育並無法有效影響投資行為。研究人員發現，即使透過大量的教學時間來影響投資行為，但在 20 個月以後就無法再對投資行為產生影響。

另一份由美國加州洛約拉法學院所做的研究更發現，若你是低收入族群，擁有這些金融知識甚至會帶給你更多的財務問題，因為空有金融知識不代表你就能在股市如魚得水，更可能因為操作危險的金融工具與偏差的投資行為導致財務問題。

▶ **小散戶致勝的關鍵："Don't Invest Like A Pro!"**

《聖經》這麼說：「知識叫人自高自大。」；還說：「驕傲在敗壞以先，

狂心在跌倒之前。」《華爾街日報》著名的專欄作家兼基金經理傑森・茨威格（Jason Zweig）評論到：「金融教育似乎提高了投資人的信心，而不是能力，導致投資人做出更糟糕的決定。」如果人們只瞭解複利的力量，卻沒有瞭解市場下跌時恐慌會讓你付出什麼代價，或承擔大量債務會對生活造成什麼樣的影響，那有再多的金融知識都不能防止你犯錯。

　　亞培的女秘書葛瑞絲與專業經理人福斯科的投資生涯的差別在於：葛瑞絲清楚知道耐心的重要，她懂得簡樸的智慧，她了解長遠視野的價值以及如何處變不驚，這些是都是心性，都是在財經老師的課上不會強調的心理素質。這些剛好是福斯科在上課時沒學到的，也許到現在他都還不清楚自己的專業知識是怎麼導致他破產的。巴菲特在 2022 年的股東大會上說道，華爾街正在把股市變成賭場，他寧願選擇射飛鏢但不收管理費的猴子，也不會選擇理財顧問。

　　小散戶可不可以做好投資，甚至勝過專業人士？上面的這些例子都告訴你答案是肯定的。只要能掌握投資的祕訣，善用散戶自身的優勢，例如簡化投資思考及十足的耐心，不論是中小學生、業餘投資社團、鄉村裡的老太太都可以勝過那些有著高等學位、頭銜響亮的專業經理人的績效。因為真實世界的投資，跟投資人的專業知識與對金融世界的理解能力無關，而跟是不是過度自信、缺乏耐性、職業侷限所造成的錯誤行為有關。

　　散戶要贏過專業投資專家不難，只要你能避免像投資專家那樣投資：Don't invest like a pro!

第七章
不落後大盤的投資方法

> 兩個朋友在森林裡旅行，突然出現了一隻大灰熊向他們迎面撲來。
> 一位朋友冷靜地蹲下來，脫掉登山鞋，穿上從背包裡拿出的運動鞋。
> 他的朋友看到後困惑地問他：「難道你認為自己可以跑贏一隻熊？」
> 他冷靜地回答：「誰說我要跑贏熊？我只要跑贏你就夠了！」

在瞭解了一般投資人會有的問題後，我們就要開始進入挑選適合的投資方法的階段。在開始前，我還是要先提醒你，先擬定合理的投資目標，再挑選適合你的投資方法。什麼是合理的投資目標？舉例來說，如果你只是一個領死薪水而且相貌平平的上班族，以你的條件能娶到電視或電影明星嗎？你的身家背景、學歷與外貌應該是落在一般水平，對你最合理的對象應該不是找到一位電視明星或超級模特兒，而是想辦法在你能力所及的範圍內找到最佳的選擇。

巴菲特說：「在投資方面我們之所以能做得非常成功，是因為我們全神貫注於尋找我們可以輕鬆跳過的一呎欄杆，而避開那些我們沒有能力跨越的七呎欄杆。」對巴菲特這種前無古人後無來者的股神來說，他的一呎欄杆就是年化報酬率 20%。剛開始我跟很多人一樣認為 20% 有什麼難的？覺得以自己的聰明才智，一年的報酬率應該可以輕鬆超越 20% 甚至 30% 吧？！

但在股市打滾多年後我才知道，每年可以有年化 20% 報酬率真的是一個超高難度的標準。不要說挑戰十年，你自己可以試試看能否連續三年的績效可以達到平均年化 10%。你的績效的確有可能一年 30%，但更可能的是第一年 30%、第二年 – 20%，第三年 5%、這樣你的平均年化報酬率就是 3%，連大盤平均年化報酬率 7% 的一半都不到，這個才是一般投資人最可能的真實績效。

你只要知道一般散戶投資人長期投資的平均年化報酬率只有約 2% 至 3%，還有 80% 的基金經理人的績效輸給大盤，你就知道每年報酬率要有 20% 是個超高難度的任務了。

巴菲特擁有過人的智慧與心性，更有超過五十年的股市成功經驗、有實力堅強的研究團隊，以及他所說比他更聰明的合夥人蒙格，而你呢？有顆容易衝動的腦袋，也沒有太多的金融與產業知識、只有網路討論區跟你程度半斤八兩的網友可以討論，也沒太多資金可以無限攤平，若要訂下跟巴菲特一樣的投資績效也太難為你了。

其實，在知道真實統計數據及認識自己的條件後，你可以採取跟我一樣溫和也更合理的目標，只要能先「打敗或等於大盤即可」。老一代的讀者可能還記得小時候常聽到的五洲製藥的廣告詞：「先研究不傷身體，再講求效果！」既然要做投資，那這個投資方法至少要讓你不能輸給大盤吧？

7-1. 永遠不會輸給大盤的策略／買進被動指數基金

> 如果你無法擊敗大盤，那就把自己變成為大盤。
>
> ——價值投資大師，塞思・卡拉曼（Seth Klarman）

我們可以把各國的股市簡化為一個概念：「一個國家的人民所創造出的科技、產品與服務，在商業化後所創造出來的價值。」而一個成熟國家的科技技術、各種建設及文明是不斷成長的，所以市場隨著時間也會不斷增長。只要直接買進追蹤整個市場中主要成分股的被動指數基金，即可吃到整個市場的增長。

被動指數基金的概念就是認為選股和管理投資組合太難了，乾脆不用費力預測哪些公司表現不佳或哪些公司表現高於一般水平，你只要將整個市場買下來你就會得到整個市場長期增長的的複利。雖然股市每年的漲跌幅都不

同，但長期下來平均的年化報酬率卻都很穩定。以美股和台股為例，過去 25 年的每年平均年化報酬率都能在 7% 至 10% 以上，也就是說你只要耐心等上 10 年，你的資本就能翻倍，若更耐心等待 25 年，你將能翻到 5.42 倍。

如我們之前章節提到的研究資料所說的，從機率的角度來看，選擇單一股票的成功機率很低，投資人如果沒有足夠的選股能力，也沒有完整的投資策略來管控風險，自行選股的失敗率就會很高。所以為了保險起見，買下整個市場就不會有失誤，而好的股票市場長期都是增長的，直接買下被動指數型基金就能確保自己的投資是緊緊跟著大盤的主要成分股。

因為充分地分散風險，當被動指數基金中的少數企業獲利不如預期時，對整個投資組合的影響很有限，而你也不會錯過優秀企業對整個投資組合的巨大貢獻。

如果決定要執行被動指數投資（或稱指數化投資），市面上有很多相關的投資書籍供你參考，網路上也有很多推廣被動指數基金投資的臉書粉絲頁及部落格可以參考，在這裡我推薦「綠角大的部落格」及「小資 yp 投資理財筆記」，他們是我認為在被動指數投資上有非常紮實觀念的專家。

指數化投資也是我推薦剛進入股市的新手一定要優先考慮的投資方法，不僅手續費低、勝率高，也不必自己費心盯盤和維護投資組合，很適合長期投資績效不佳，或對股價波動與帳面損失敏感的投資人。

7-2. 挑戰打敗大盤

> 假如你只投資被動指數，你永遠無法打敗它！
>
> ——彼得・林區

對於被動指數投資的支持者來說，勸導投資人不要自己冒險選股幾乎是

他們一致的信念。但我的看法卻不太一樣，我覺得在建設好正確的投資觀念後，投資人也可以挑戰「打敗大盤」這個具有挑戰性的目標。一位導師若只是告訴學生這一生最好當個不要承受風險、收入穩當的公務員，而不告訴他人生還有很多不同的發展途徑，他也有可能擁有一個更豐富，收入更高的人生，這樣會是一位好導師嗎？

雖然有些決定要承受的風險比較大，但卻可能帶來更豐富的回報。我覺得告訴投資朋友不同投資哲學的優缺點，讓投資人自己思考可能的風險與可能的回報，才是一個更好的引導方式。

其實，一般投資人的績效會輸給大盤是因為沒有建立基本的投資觀念，用了錯誤的觀念和方法在股市裡討生活，例如只想靠一筆資金反覆進出股市、短進短出、想高拋低買，或跟著股市老師、分析師的建議追逐熱門股與頻繁操作股票，那結果當然會不如預期。

如果你能建立正確的觀念，你要打敗大盤其實沒想像中那麼難！就如我們在前面幾章提到彼得·林區所說的那群十幾歲的中學生、近萬家的美國投資人社團，以及存到上億資產的百歲老太太葛瑞斯，他們都做到了！而在股市沉浮多年，好好學習投資大師們的投資哲學與經驗後，我也做到了。我的經驗可以告訴你，只要有對的心性與觀念，你有很大的機會可以打敗大盤！

只是，想打敗大盤，你就不能再像過去一樣用機遇戰或打游擊戰的方式來「玩」股票，你必須要投入時間以及精力學習完整的投資觀念，以系統化的方式建構自己的投資組合，並培養自己選股的能力，而且要一輩子持續學習精進自己的能力。如果你願意，以下這兩個打敗大盤的投資策略就能幫助你打敗大盤。

▶ 方法一：追蹤大盤的變形組合

第一個我要分享給你可以打敗大盤的投資策略其實非常簡單，只要比投資被動指數基金多費一點心思就有機會打敗大盤，而且就算結果不如預期，你也不會輸給大盤太多，可以保持一定的獲利表現。

這個方法其實是由成長股投資大師菲利浦・費雪的兒子肯・費雪所建議的。他稱這個方法叫做「衡量標竿風險」，所謂的標竿（benchmark）就是指投資人想要參考並挑戰的大盤指數，可能是台灣50，也可能是S&P500，甚至是世界指數。肯・費雪本身也是位成功的投資人，掌管了超過千億美元的基金，他也是大學商學院的教授，對投資有很多精彩的學術研究與著作。

　　肯・費雪所提出來的這個投資方法，是以被動指數當作個人投資組合的參考原型，然後以這個原型當做基礎進行彈性調整，調整成比原來的投資組合更有彈性、也更具成長性的個人投資組合。

　　肯・費雪這個方法的主要概念，是將投資組合更集中在投資人認為成長性更強的產業板塊上，並縮減（並非全部去除）貢獻度較小也較弱的成分股。例如我們可以挑選S&P500作為參考標竿，找出主要的產業類別以及占投資組合的比重。S&P500的前五大板塊為科技業（27%）、可選擇性消費品（11%）、醫療保健（14%）、通訊服務（11%）、金融業（9%）。

　　如果你預期科技業未來三到五年的複合成長率會高過其他產業，你就將科技業板塊中的主要持股加大比重，例如把原來科技業的27%提升到30%甚至35%，也減碼其他成長性普通的板塊，例如通訊服務與金融業。

　　這種投資的方式，可以讓你在有大盤績效為參考基礎的狀況下做點彈性的調整，如果挑得好就有勝過大盤的機會。因為所挑選的個股都是已經透過被動指數基金篩選機制下挑出的成分股，所以企業的基本面會有一定的水平，加上已經適度分散投資風險，不會因為預測錯誤造成績效嚴重落後大盤的狀況。

　　不過，畢竟是加入投資人個人主觀意識的選股，有了偏見與猜測就會有風險。肯・費雪自己所管理的基金（Fisher Asset Management Holdings）的投資組合就是以此概念來配置股票，他自己也承認，因為押錯寶所以有時多年績效反而落後大盤。但也確實如他所說，他的投資績效沒有落後大盤太多。可見，只要牽扯到主觀意識選股就必定有落後大盤的風險，這是投資人決定做主動投資前必須要有的認知。如果不願意花時間研究，或完全不想冒可能

輸給大盤的風險，還是乖乖選擇投資被動指數基金樂得輕鬆。

▶ 方法二、個人能力圈選股

這個方法就是我過去多年來一直在使用的投資方法。這是一個完全擺脫現有股票市場結構的概念，依照自己的專業與熟悉的產業來選股，並透過多樣化的投資策略形成自己的投資體系。

如我在前面章節所說的，打敗大盤並非遙不可及的目標，現實生活中許多優秀的投資人也確實做到了長期打敗大盤的目標。如果你確定自己對股票投資充滿研究的熱誠，被動指數的報酬率無法滿足你，希望透過主動選股更快地累積財富，那我很願意分享我自己的投資經驗給你。

我相信我的方法不難複製也不難執行，我將我的投資方式稱為「個人能力圈選股」，代表你可以透過你個人的特質及擅長的領域來建構自己的投資組合，而且我相信使用這個方法打敗大盤的機率很高，只要你願意有紀律地執行我說的方法來選股並堅持長期持有。

我所敬佩的傳奇投資大師彼得・林區這麼說過：「**華爾街專家的意見及看法，絕不能帶給散戶任何優勢，你的投資利器就在你自己身上，投資你瞭解的產業和企業，才能發揮自身的優勢。**」我過去長期累積的投資經驗所得到的心得跟彼得・林區的看法一樣，我認為一般投資人是可以透過特定的投資策略來打敗大盤的，而且我認為主動投資是一個值得投入時間來學習的投資方式，只是投資人要能善用自己的優勢，選對股票、並用對方法持有它們，你就會有很高的勝率。

我認為投資人可以勝過大盤與專業投資人的關鍵有下列原因：

1. 全世界的優秀公司其實夠多，多到足夠我們可以建構出一個好的投資組合。

2. 好公司的特質其實不難辨認，而且一般人其實有很多不同的生活經驗，比坐在辦公室埋頭寫分析報告的分析師更能透過自己的能力圈，敏銳地

察覺到這些被市場冷落的好公司。

3. 投資人沒有短期績效壓力，更能透過長期持有好公司股票享受複利的好處。

4. 82 法則在股市一樣存在，投資人不需要做對所有決策，投資組合中只要少數幾家公司表現出色就能帶來豐碩回報

雖然透過許多研究數據證實股票市場上的報酬主要是由非常少數的企業來提供，但一個成熟市場上有動輒數千家、上萬家的企業，如果投資人可以用對方法來尋找，甚至願意擴大視野在各國股市中尋找，這些少數的優秀企業加總起來還是有非常可觀的數目。只是池子這麼大，你必須向有經驗的投資人請教，要在池子的哪個位置才能捕到大魚，要捕哪些魚才能賺最多的錢，讓你可以提早收工下班。

能力圈選股的主要精神在於透過自己的能力圈，最大化自己找到規模正在倍數成長的企業的機會。能力圈選股主要透過以下策略來建構成功的投資組合：

1. 辨認與善用自己的能力圈，只找自己懂也有把握的企業，不懂的不碰。

2. 在贏家多的地方尋找長期贏家，並透過具體的量化與質化指標找到優質企業。

3. 專注尋找正處於規模增長、且成長性勝過產業平均的企業，兼顧成長速度與增長空間。

4. 找到數家優秀企業，適當分散又能集中持股，用投資組合賺取整體報酬率。

5. 用心於不交易，除非公司失去成長性，不然就繼續堅持只賺取規模增長的複利。

6. 相信 82 法則，投資組合中只要有少數幾家公司有優異的表現，就能

帶來巨大的回報。

　　另外要提醒的是，在決定使用能力圈選股進行主動投資後，就表示你的投資組合跟大盤會有很大的差異，手中的這些企業的成長節奏也將與大盤截然不同，這跟前面肯・費雪所建議的透過被動指數做彈性調整的投資方法截然不同。你的投資組合將與大盤的主要成分股有很大的差異，所以每個月甚至每年的績效會與大盤脫節，所以你的心理素質必須夠強大，要能習慣投資組合的市值有較大幅度的波動，並且忍受有時你的績效會暫時落後大盤，亦即有較高的「標竿風險」（Bench Mark Risk）。

　　如果你知道價值投資人將波動視為機會，而不是風險，你將能欣然接受這些波動的過程，並且在最終獲得豐富的回報。

　　「個人能力圈選股」正是這本書最精華的重點，也正是我最擅長的投資方式，集結了我多年的投資思考與投資經驗，我會在之後的章節告訴你怎麼做好「能力圈選股」，並建構專屬於你自己，不會輸給大盤的優質投資組合。

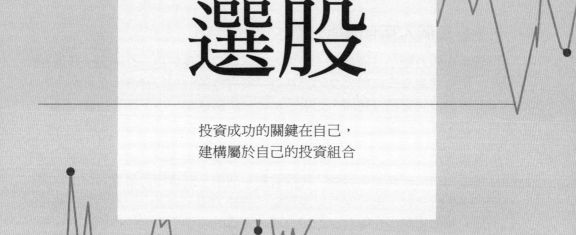

第二部

能力圈

選股

投資成功的關鍵在自己，
建構屬於自己的投資組合

第八章
認識自己的能力圈

在能力圈內行動，在舒適圈外學習。

——巴菲特

8-1. 每個人都有的能力圈

聽到「能力圈」三個字時，很多人可能會認為我只是一介平民，我懂什麼呢？我只是個每天處理公文的公務員，沒有專業的工程背景，也沒有會計專業，連看個財報都沒辦法，如果不參考分析師建議，也不跟著投顧老師，靠自己怎能做好投資呢？

其實我們說的能力圈並不只是指高深的專業知識而已，還包含每個人在生活中所累積的不同生活經驗。每個人對生活中不同事物的察覺力與敏銳度不同，如果認真找，你一定可以發現自己的能力圈。而且，一般人常忽略自己的能力圈的優勢，在屬於你的能力圈，還真的沒多少人能比你強。不只如此，透過認真學習，你還能持續擴展新的能力圈與強化原有的能力圈。

以下是我對能力圈的三個定義：

1. 由自己專業背景衍生出來的知識與分析能力
2. 由個人長期生活經驗所累積對某些事物的豐富知識與敏銳度
3. 對一種事物或議題長期鑽研後累積的豐富知識與特殊見解

我常有機會跟一些年輕朋友在網路上聊投資，他們最常問我的是手上的投資標的是否適合繼續持有；我很訝異有這麼多的投資人對自己手上的企業股票是如此沒有信心，沒有信心通常因為他們對這些企業的認識十分淺薄。他們會買進這些股票的原因通常是因為親友推薦或報章雜誌上的介紹，這些

推薦內容可能只是短短幾百個字就讓投資人買單了。

我的投資經驗告訴我，對一家公司或產業沒有經過一兩年的研究或追蹤，你對這公司的瞭解只是非常表面的，你不會真正瞭解它的優勢，也不會熟悉它一年四季業績的變化，更不會知道它在遇到不景氣時公司會如何應變，或是否能在未來幾年持續成長。

在現實的投資世界中，很多投資人往往連公司最重要的核心競爭力與獲利模式都還搞不清楚，就先下手買進了，也難怪大部分台灣投資人都習慣短進短出，有賺就跑，跌了也跑！

其實，要搞懂一個產業與一家公司是有很高難度的。為什麼不試試從自己熟悉的事物中發掘一些好企業呢？如果你是從你熟悉的領域中找到的投資標的，將可以加速你在這家企業上建構所需知識的過程。你想，一位醫師或藥師在認識醫藥業的研發過程與病患的需求上，是不是比一般人更具優勢？一位美術設計師研究一家繪圖軟體公司的優劣勢，難道不會比一般人更具優勢？

▶ 一般人容易忽略自己已經擁有的能力圈，熟悉不代表有「智慧」

我有一對親戚，夫妻倆都喜歡玩股票，但習慣看新聞和雜誌買股票，又習慣短進短出追逐熱門股，數十年下來在股市輸多贏少賠掉不少錢。我偶爾會關心一下他們買的標的是什麼，發現他們買的都是一些市場最熱門的股票，還常常是一些我都看不懂技術的電子零件廠。

這對老夫妻其實經營著一家窗簾店，已經經營數十年了，對自己的窗簾業務非常純熟。跟他們聊天時，他們常會不經意地提到窗簾業其實是個很不錯的生意，需求穩定，利潤也不錯，也不會太辛苦，這家窗簾店不僅讓他們養大了孩子，還讓他們買下了一間價值不菲的店鋪。

我的老屋在做裝潢時，我請他們來安裝窗簾，還特別請他們幫我的主臥房安裝我很喜歡的 Norman 木百葉窗。他們跟我說這是賣得很好的木百葉窗，

客人常常指定要這個品牌。我問他們知不知道做 Norman 這品牌的台灣上市公司億豐，他們告訴我聽過，但卻從來沒研究過。

這真的是很有趣的情境，兩夫妻身在自己很熟悉也覺得好賺錢的窗簾產業，卻每天追逐著技術與產業供需難以瞭解的電子零件公司股票，這樣的投資方式會有任何優勢嗎？如果他們能敏銳點發掘身邊的機會，例如他們常幫客戶安裝的 Norman 百葉窗，他們就可能發現億豐這家好公司。

億豐是全球窗簾產業的龍頭，擁有許多國際知名的窗簾品牌，有一條龍式的研發、製造與行銷能力，產品也有高毛利與良好的營業利益率，每年幾乎都能持續成長，絕對是一家可以長期投資的績優價值股。但，他們從來沒有想過要投資自己熟悉的領域，甚至連常常出現在他們周邊的產品生產商，他們卻連一點好奇與敏感度都沒有。

這樣的情況絕非少見，我也看過一些醫師朋友，投資的反而不是自己熟悉的生技製藥產業，盡是一些台灣股市最熱門的電子股、航運股之類的。我甚至有畢業學生因為喜歡星巴克，在星巴克工作了好幾年，卻從來沒想過要投資星巴克的股票。也有很多設計界的朋友用蘋果手機，卻從沒想到過要投資蘋果股票，或每天都在使用設計或影像處理軟體，卻從沒想到要投資 Adobe（ADBE）或 Autodesk（ADSK），沒能從自己的優勢中再賺到更高的「知識溢價」。

▶ 靠能力圈開始賺進第一桶金

我在大學時期就投入股市，我其實不熱衷短線進出，一直希望能透過長期持有好公司累積財富，無奈前十年因為沒有明確的選股策略，選股亂無章法，每次買到的股票不是表現不如預期，就是大漲後又全部跌回來變成虧損。一直到我偶然遇見了精華光學這家公司後，才改變了我的投資命運，瞭解到原來有這麼簡單又有趣的投資方式，只要靠著自己的生活經驗，不用看報章雜誌或專書也可以找到好公司，而且更值得信任。

我發現精華光學這家公司是在一次很偶然的機會。年輕時常會在便利商

店翻閱常會放在雜誌架上的《股市總覽》，這是一本定期介紹台灣上市櫃公司的業務及最新的經營數據的雜誌。時間回到 2006 年，我已經開始工作了四年，有天我在家附近的便利商店翻閱最新的《股市總覽》，想看看不同公司的簡介與它們過去幾季的業績表現，翻著翻著就翻到了介紹精華光學的頁面。

瀏覽了一下，發現原來我從大學時期就開始戴的隱形眼鏡品牌「帝康」，就是精華光學自行生產與設計的自有品牌。而在這天之前，我完全沒想到要投資隱形眼鏡公司，壓根兒也沒想到我每天戴的隱形眼鏡竟然是一家這麼優質的企業，而且我已經戴著這家公司的產品好幾年了。

我很清楚會長期使用帝康這個品牌的原因。因為我很喜歡打籃球，幾乎天天在球場上打三對三鬥牛，在常撞壞眼鏡架和常傷到眼睛的困擾下，在大學時期開始就使用隱形眼鏡了。讀研究所和工作後，我仍持續著天天打籃球的習慣，所以隱形眼鏡的消耗量很大。因為經濟的考量，我必須在眾多隱形眼鏡品牌中找到價格負擔得起，品質和舒適度也有一定水準的產品。

我用過嬌生，很薄很舒服，但價格對我來說太貴了，而且因為鏡片太薄，我常拔不下來，甚至有過幾次不小心把隱形眼鏡卡在眼睛裡幾天的意外狀況。而博士倫價格雖然比嬌生便宜些，但用起來的舒適度跟精華光學的帝康沒差太多，我後來才知道原來博士倫在亞洲的代工廠就是精華光學，難怪戴起來的舒適度與帝康很接近。而且，在國產品牌中帝康的市占率是第一名，當時隨便去家眼鏡行問老闆推薦哪個隱形眼鏡品牌，老闆幾乎都是直接推薦帝康，不只是因為品質，也因為精華給眼鏡行的分潤也比其他廠牌高。

當時隱形眼鏡的領導品牌除了知名國際大廠品牌外，再來就是帝康了，帝康在台灣有超過 20% 的市占率，其餘都是名不見經傳的小品牌。除了知道精華的產品很不錯外，我也發現它的經營數據非常亮眼，產品毛利接近 60%、稅後淨利率高達 28.9%。

精華光學不只本土市占穩健，它為日本、美國與歐洲品牌廠的代工業務也能維持每年穩定地增長，全球市占率高達 5%。另外，它對股東也很慷慨，

每年都能將盈餘的 85% 以上發放給股東，是家能兼顧營收成長與股息成長的成長型企業。於是，我便在股價大約 98 至 100 元時開始買進精華光學股票。

其實這是我第一次買進這種市場無人討論、本益比低、成交量少到可憐（一天成交量大約 10 至 20 張）的冷門股票，但買進後心裡卻覺得格外踏實，因為非常清楚這家公司的業務，產品簡單容易瞭解，而且我自己幾乎每天使用。要做市場調查也很容易，只要偶爾到討論區看一下女孩子們網路上的推薦文和使用心得，或偶爾到眼鏡行時跟老闆打聽一下帝康賣得如何就能做好基本研究了。

買進精華光學後，隨著公司獲利不斷成長，股價每年緩步爬升。在 2008 年全球的金融風暴中，精華和鈊象更成為了我當時「唯二」的兩檔重倉股，後來精華光學在 2017 年年底創下了 1,025 元的歷史價位。不含股價增長，單單十年來領到的股息就是當初買進成本的兩倍了。

因為精華光學的成功投資經驗，我對透過自己能力圈選股的興趣大幅提升，精華光學讓我真正瞭解到什麼是能力圈。有了能力圈的助力，我可以不必靠一堆半調子分析師們寫的研究報告做投資決策，只需要靠著自己的實際使用經驗與基礎研究能力就能做好投資！

▶ 一般人對產品的體驗比分析師更敏銳

投資人只要有足夠的生活經驗，甚至能比分析師更懂得公司的競爭優勢。例如 2019 年五月時，特斯拉因為財務問題瀕臨破產，加上中國市場的不確定性而讓股價暴跌 40%。當時摩根史坦利專門研究汽車產業的分析師 Adam Jonas 給出特斯拉 10 元的空前目標價，但許多熱愛特斯拉電動車並堅定相信 Elon Musk 的毅力的散戶投資人，仍勇敢買進特斯拉股票。結果特斯拉連 100 元都沒跌破，隨後股價一路不回飆破 400 元，到了 2020 年 2 月更飆至 780 元的新高，而且從此股價一飛衝天，再也沒有回頭的機會。在 2023 年底，特斯拉股票被修正到約 250 元，但若計算這段時間的兩次分割，一股相當於未分割前的 3,750 元。在 2019 年特斯拉股價低迷時勇敢買進特斯拉股票

的投資人至今都是十倍以上的報酬。

其實投資機構中的分析師很多都只有 30 至 40 歲，一個人可能被公司要求要研究幾十家公司，以他們的時間和精力能深入研究多少家公司呢？他們也很少是這些企業的產品或服務的實際用戶，除了蒐集表面經營數據，他們很難觀察到在冷冰冰的數字以外的企業優勢或隱藏的問題，所做出的投資判斷甚至遠不如對這些企業產品與服務有豐富經驗的用戶。

難怪巴菲特會說：「如果必須在投飛鏢選股票而不用收管理費的猴子，與華爾街人士之間選一個幫忙挑股票的顧問，我一直都會選猴子！」

8-2. 兩種不同方式培養出的能力圈

▶ 由自己的專業衍生出來的能力圈

除了因為自己的生活經驗找到精華光學這支長線成長股，我也因為自身的專業背景發掘了鈊象這家很會賺錢的遊戲公司。

除了原有的產品設計的專業，也因為自己很喜歡 3D 電腦動畫，所以我在台灣拿到設計碩士後，再到美國讀了 3 年的電腦動畫 MFA 學位。在美國學習的 3 年時間，我沉浸在有趣的電腦動畫世界中，不管是學習，還是閒暇時間，我幾乎都在瀏覽與吸收有關動畫、特效、電影，與遊戲等相關領域的資訊。對我來說動畫與遊戲不只是專業知識而已，更像是我每天很自然都會想接觸的嗜好。

我取得學位後回台灣任教，在大學教的就是我自己擅長的 3D 動畫與多媒體設計。教書之餘我也會接些動畫相關的產學案，或與老師及學生們組隊參加遊戲設計競賽。基本上，我的前 10 年教學生涯就是沉浸在動畫與遊戲的世界裡。

在 2006 年，有一家長期與系上合作的書商幫老師們安排了一個參訪企業的行程，當時北上參訪的企業就是鈊象，這是一家我以前沒聽過名字的遊

戲公司。其實我對台灣的遊戲公司的認識不外乎就是規模小、開發能力不強；也因為缺乏長期理念與國際視野，喜歡省時省力代理國外遊戲公司的產品，所以獲利能力非常不穩定，通常不是很好的投資標的。

到達鈊象後，經理用 PPT 很認真地跟我們介紹自家公司，其實台下就只有四、五個人，但經理依然充滿熱情且非常自信地介紹自家公司的實力，經理特別強調鈊象最強的就是軟硬體的整合能力。我的眼睛為之一亮，原來台灣竟然還有這種從研發到行銷都可以獨立自主的遊戲公司。鈊象當時的主要營收有 80% 來自遊戲機，再來就是常聽到的明星三缺一之類的線上遊戲。

報告完，鈊象經理還帶我們參觀公司，我赫然發現台灣竟然有這麼大的遊戲公司，而且軟硬體真的都是自己獨立研發。而經理也透露了最重要的資訊：公司在大陸發展得很好，業績有爆炸性的成長。經理都這麼說了，我怎麼會錯過這個好機會呢？於是，回到家我馬上開始研究這家公司，發現它真的是一家很會賺錢的遊戲公司。

鈊象當時的毛利率就已經高達 70% 了，營業利益率也有 40% 以上的水準，淨利率也在 30% 以上，代表它的產品除了利潤很高外，企業內部的經營績效也非常高。因為平常就很關心遊戲領域，所以我知道休閒與博弈遊戲的潛力，這是比一般遊戲更穩定、利潤也更高的產業。

於是我在確定這是家成長性極佳的公司後，在參訪後的隔週星期一就馬上賣掉我其他的股票，直接在 120 元買進了三張放著。沒多久鈊象的股價果然因為超乎市場預期的業績而狂飆，最高漲到 440 元。在之後幾年，我長線持有並繼續加碼，把鈊象買成了投資組合中持股最多的股票，而鈊象的表現也一直沒讓我失望，股價都能在兩百至三百間，每年發放的股息股子也讓人非常滿意。

我持有鈊象並繼續加碼，一直到 2012 年中國突然全面管制電玩業才不得不脫手。這長達 6 至 7 年的投資雖然最後獲利因為環境的突然改變而不如預期，但因為對鈊象的熟悉度與對手遊市場的敏感度，讓我在 2017 年後可以

再度買回鈊象,再度把鈊象買成了我的最大持股。

鈊象在 2012 至 2016 年這四年低迷的時期,因著自己深厚的開發能力,成功將自己轉型成手遊公司,最後成了浴火鳳凰重返榮耀。EPS 從 2013 年最慘時的 1.7 元開始高速成長,2016 年馬上回到之前正常的 12 元水平。之後,鈊象再進一步將新的 AI 技術導入其幾個主力遊戲中,刺激用戶付費率超過一倍,產品毛利率從過去遊戲機時期的 75% 上下,提升至 2018 年以後的 90% 以上。到了 2023 年後更提升至高達 96% 的超高毛利,營業利益率升到 50% 以上,淨利率高達 45%。EPS 最後在 2021 年創下稅前 80 元、稅後 67.21 元的紀錄,股價最高來到 995 元的歷史高位,從 2019 至 2023 年五年間的回報率高達 10 倍,年化報酬率超過 60%,終於讓我一吐從 2006 至 2012 年間空等鈊象多年的委屈。

對很多投資人來說,鈊象的成長過程是很戲劇化的,業績從高處墜落,再從谷底扶搖直上,業績再創高峰,公司的競爭力還比原來更強大。對一般人來說要發掘像鈊象這種公司很難,也的確是可遇不可求。當然,我承認能投資到鈊象有很大一部分原因是機運,因為自己的專業領域而意外地認識這家公司,而且賣出後又能幸運買回,掌握到了第二次契機。

但這也是因為我對鈊象的瞭解與追蹤過程比一般人更深入也更長久,雖然從 2006 至 2012 年看似浪費了許多時間,但其實這些累積的經驗與對產業的敏感度並沒有因此消失,也讓我比其他人更能看懂這家公司的蛻變,更因為我對鈊象有強烈的信心,得以讓我能在 2017 至 2019 年間年再次掌握難得的買進契機。好好利用與發展你的能力圈,知識就是力量,你的能力圈最終會貢獻到你的回報中。

▶ **靠持續研究累積的知識與資源**

我投資精華超過 14 年,鈊象前後長達 10 年,另外投資中租與裕融也超過 5 至 7 年,我深刻瞭解到能力圈對投資人的重要性。若能善用能力圈,不只研究時能比一般人有更豐富的知識基礎來理解投資的企業,也更容易有自

己的獨到見解，避免被市場雜音影響。此外，若持續投資與研究一個領域，你還能持續累積比一般人甚至分析師更多的資源，這也會成為你贏過他人的優勢。

例如，我因為長期投資精華、鈊象，中租、裕融，在投資討論區陸續認識了不少跟我一樣長期研究這幾家公司的朋友，有些朋友還認識公司內部人士，我甚至還有指導的研究生在這些公司工作，所以在投資時我比一般投資人能掌握更多豐富的資源，這些資源其實都是靠著長期專注研究幾家企業所慢慢累積起來的。隨著時間的累積，自己在這些產業的能力圈也會越來越強大。

我個人的經驗，當你持續 2 到 3 年以上在一家公司或產業上認真研究，在討論區裡能比你更瞭解這家公司的人就真的寥寥無幾了，因為大多數的散戶都是短線投資人，對公司的瞭解真的非常淺顯。如果你已經研究一家公司多年，你會很容易就能發現許多市場上由年輕分析師寫出來的研究報告，或年輕投資網紅所做的分析，常沒抓到核心問題，甚至充滿許多錯誤資訊。大部分的投資人很少能長期追蹤與研究一檔股票超過 2 到 3 年，多半還停留在看報章雜誌或討論區的階段，還無法形成自己獨到的見解。

例如，我曾在 2020 年 7 月時與一位年輕的 Gartner 分析師談蘋果股票，當時他提到他們公司不看好蘋果在疫情後的發展，特別是在中國推出的低價機種 SE 會拖累整體毛利，他們認為蘋果要有表現得等蘋果推出 AR 眼鏡。但當時，我的看法跟他相反，我認為蘋果的優勢是蘋果多年所創造的生態體系，低價的 SE 能幫助蘋果在中國迅速吸引到潛在用戶，而將他們轉換成蘋果的實際用戶後，就能開始貢獻訂閱服務與購買周邊商品的收入。反而是 AR 眼鏡只聞其聲不見其影，就算推出也無法成為重要營收來源。

結果，蘋果在 2020 年第四季創下了破紀錄的佳績，國際銷售部分就貢獻了 59% 的營收比重，更因為 7 月底宣布 1 拆 4 的拆股，股價在年底狂飆，最後在 2020 年全年創造了 78% 的漲幅。雖然我不是專業分析師，甚至也不是科技領域專業，但也能憑藉著自己長期持有與觀察一家企業，得到更貼近

事實的推論。

因此，不要妄自菲薄，除了自己的專業領域，你也可以擴展自己更多的能力圈的，只是你必須清楚自己是否已經下過功夫研究了，魔鬼常常就在細節上，很多忽略的細節最後會幫助你做出重要的投資判斷。巴菲特對能力圈這麼說：「在能力圈內行動，在舒適圈外學習。」這正是我們對能力圈該有的態度，誠實面對自己的能力圈，但也願意在舒適圈以外持續學習新的能力。

8-3. 認識能力圈裡需要培養的幾種能力

關於能力圈，我覺得我需要花多點篇幅來介紹，因為我的經驗告訴我，能力圈是投資致勝的關鍵。能力圈不只是對一個產業擁有豐富的經驗與知識，還要願意誠實面對自己能力的界線在哪裡，「知道自己不知道什麼」比「以為自己知道什麼」更難被感知。

▶ 承認自己不知道的能力

在投資時，知道自己不知道什麼，比知道自己知道什麼難度更高。也因此，能認知並承認自己不知道其實是個很重要的能力，承認自己不知道並不代表你的智商或知識不如人。反而，你能靠著自己的「謙卑」與「誠實」避開許多不必要的投資風險。如果你能養成常說「不知道」的習慣，這個習慣可以幫你避免很多的風險。

我覺得認知自己能力圈最大的困難是：你以為自己知道，但其實你知道的跟其他人知道的沒什麼不同，所以你也不知道自己在某個自信滿滿的投資決策上並不具有任何特別優勢。

我在很多股票的投資上失敗過，原因都是沒搞懂它們的產品優勢與它們在市場中處於什麼位置。特別是剛開始研究一些公司，買進公司股票後沒多久股價便大漲，你會很得意自己看懂了。但常常這只是投資一檔股票的蜜月期，股價的短期漲跌只是情緒，跟你看懂公司的競爭力與前景無絕對關係。

常要等到業績不如預期，股票大跌了，你才會真正開始認真研究，才能抓到問題核心。但遺憾的是，投資人通常要等到股價跌掉一大段後才能領悟到這個事實。

蒙格說過，在波克夏他們將股票分成三種：1. Yes；2.No；3. 太難理解（Too hard to understand），而大部分的股票都要進到第三類。你會發現巴菲特與蒙格對股票的研究態度是非常小心謹慎的，堅持不懂的不碰，就算沒買的股票大漲了好幾倍，他們也無動於衷。蒙格與巴菲特這兩位聰明絕頂的投資大師能很客觀與輕鬆地承認自己對很多領域的無知。

一般投資人反而可以對市場上正在發生的熱門議題或當紅個股侃侃而談，說得頭頭是道，但你會發現其實他們說的跟分析師說的，跟媒體說的都差不多，大部分的人的「投資思考」只不過是「複誦」。你真以為小散戶們看得懂什麼叫做被動元件、驅動 IC、UPC、AOI、ESD 等技術？投資人高估了自己對這些科技技術與市場需求的理解能力，太輕易就做出投資決策，當然也很容易做出讓自己後悔的決定。

大部分投資人都要小心自己是不是只是重複分析師觀點的仿聲鳥（Mockingbird），雖然說起來頭頭是道，但可能沒有一句話是經過自己大腦認真思考過的。

你會發現投資人特別崇拜那些在媒體前對任何股票或產業都能侃侃而談的分析師或投資達人，他們似乎無所不知無所不曉，這些人是股票市場的意見領袖與風向球，但他們絕對不會是投資大師。事後檢驗，你會發現其實他們所說的內容錯誤連連，常常只是漲時看漲、跌時看跌的牆頭草。專心理解一個產業，跟走馬看花涉獵十個產業所花的時間和效果會一樣嗎？

在股市裡沒有全才的存在，要小心那些看起來什麼都懂的投資達人，也要避免自己落入這種什麼都懂、卻樣樣都不精的投資陷阱中。巴菲特曾說過：「投資最嚴重的錯誤，是認為自己必須了解所有的產業。」其實，你只需要瞭解其中幾個就好了，很多產業巴菲特也完全不了解，重點是他可以從了解

的企業得知自己的勝算有多少。

▶ 專注在自己能掌握的領域，不三心二意

巴菲特曾跟學生們說過一個打洞機的概念，他建議學生在畢業時用一張可以容納 20 個孔的卡片當記錄，這 20 個孔代表他們一生中會做的投資決策數量，這些決策不用每個都對，即使只有 4 到 5 個是正確的，就已經足以讓他們致富，因為他們會慎重認真思考所作每一個決定。巴菲特做結論時說道：「你一生只要能掌握幾個好決定就夠了！」

你應該有很多這樣的經驗，在跟一個人相處過很長一段時間後，才真正瞭解他最真實的性格，這個真實性格與一開始認識他時所認為的相去甚遠。同樣的，認識一家公司一個月與認識超過一年是截然不同的感受。讓我損失慘重的投資標的都是我在認識沒久就買進的股票，我自以為看懂了這家公司，其實這時期你對這家公司的理解，和媒體與分析師所說的差不多；對於這家公司，你還沒有足夠的知識基礎形成獨到的見解，你知道的和其他人知道的都一樣。你對一家公司還沒有完整且清晰的論述前，絕對不應該太早投入過多的資金在它身上。

在你的整個投資生涯中，不需每個投資決策都成功，決定你投資命運的通常就是少數幾家企業。它們都是你已經搞透，不管市場有多少雜音，你都能因為掌握了對這些企業的優勢而能堅持持有它，最後為你帶來豐富的回報。例如我從 2008 年改變投資觀念後至今的 15 年，影響我的財富樣貌最大的就兩家企業，精華光學和鈊象。如巴菲特所說的，只要少數的成功就能帶來勝利。

▶ 願意果斷放手的能力

我從投資牧德這家 AOI 檢測設備公司的過程中，學習到不少有關能力圈的寶貴經驗，有時你以為自己懂了，其實並沒有真正理解透徹。我身為基督徒，從媒體上知道了同樣有基督教信仰的牧德董事長汪董，在知道他透過基督教信仰來管理公司，讓公司營收在短短 6 年便翻了 6 倍，EPS 更從 4 元一

舉衝上 30 元，將公司帶到一個截然不同的規模與水平。

我對汪董欽佩不已，欣賞他是一位虔誠的基督徒，能用信仰來管理企業外，還能用很多簡單的概念就將公司未來發展說明得很清楚。此外，我也很看好 AOI 技術未來的發展與應用廣度，花了點時間研究後我發現這技術根本是明日之星，可以大幅減少人力成本，也能顯著提升生產效率，於是我在牧德上市前約 350 至 400 元的價格就買進幾張，並且預備長期持有。

但，在我買進牧德股票後，卻產生越來越多困惑，許多公司在媒體上所說看好未來將貢獻營收的新產品例如智慧攝影機、封測端終檢設備，到底是什麼我都搞不清楚，也無法瞭解不同產品的營收貢獻度與毛利差別。而公司說已經打入台積電供應鏈認證的利多也一直都沒發酵。在接連好幾次營收不如預期後，我對這家公司的獲利能力感到越來越困惑，為什麼公司的說法和營收表現有這麼大的差距？到底是這個市場競爭很激烈、新產品反應不佳，還是大環境的影響呢？

這時，我覺得最應該要瞭解的一個問題是：「牧德在 AOI 領域的優勢到底是什麼？」我發現我答不太出來，雖然我知道它的毛利很高，但我真的不知道它在產業中的優勢是什麼。我甚至請一位跟我一起投資牧德的科技界友人幫我去 AOI 產業打聽一下牧德的優勢是什麼，結果得到的答案竟然是：他們也不知道它們公司的產品優勢是什麼。

如果這家公司的優勢對一個產業界人士來說都這麼難理解，那對我這個科技白癡來說更像是一個謎團了，我等於投資了一家我自己都不知道優勢是什麼的公司，這樣投資下去不就等於賭博嗎？你不知道手裡的公司的優勢是什麼，怎麼看得懂它未來的發展？我最後決定停損所有持股。

投資一家公司不能只憑粗略的資訊或對它大概的感覺就下手，如果你對公司的產品以及其在產業界的優勢所知有限，最好的投資方式就是別折騰，遠離它。後來，牧德的股價也隨著業績逐漸下滑，到了 2022 年只剩下一百多元，是當初上市價格的四分之一。我相信牧德仍是一家優秀的企業，只是我

沒法看懂它獨特的優勢，所以我無法判斷它要如何面對市場上激烈的競爭，連它的商業模式我都無法歸納出來，像這樣謎樣的公司就只能果斷放手了。

怎麼確認你是真的瞭解一家公司？我建議你先看自己能否輕易地回答以下問題：

1. 你是否使用過這家公司的產品？產品的優勢為何？競爭產品有哪些？

2. 你的專業領域或生活圈跟這家公司的產品與服務是否有密切關係？

3. 老闆叫什麼名字？他的個性、品格與成長過程？公司管理階層的思考與願景為何？

4. 這家公司的營收、每月、每季、每年的數字大約多少，增長率為何？淡旺季變化為何？來自世界不同區域的營收占比及變化趨勢？

5. 這家公司過去至少五年的營收變化為何？拉長到十年的變化趨勢為何？為何有這些變化？它的營收與獲利受到景氣的影響為何？

6. 你是否清楚這家公司的股本、市值大小、毛利率、營業利益率、淨利率、資本回報率、平均本益比、董監持股與外資持股比率？它們長期的變化為何？

7. 這家公司的歷史股價、一開始上市的股價、歷史高低點、本益比的長期變化趨勢為何？

8. 這家公司的產品組成，不同產品的毛利率與變化趨勢、每項產品或營收區域對業績的貢獻程度，成長最強和最弱的商品分別是什麼？

9. 它的競爭對手是誰？第一和第二大對手是誰？他們怎麼威脅這家企業的地位？

10. 它的商業模式是什麼？是否有足夠的護城河保護它未來五至十年的地位？

11. 公司未來可能的危機和挑戰是什麼？你能透過什麼數據或資料來預測這家公司與其所屬產業未來的成長性？

12. 公司未來的成長動能是什麼？影響這些成長預期的因素是什麼？你認為公司有多少機率能實現這些增長？

以上這些問題，你要是能如數家珍地回答，那你基本上已經具備了對這家公司的「基本認識」，請繼續保持下去，並持續做研究。但，若你對這家公司的認識仍處於迷迷糊糊的階段，或花了時間研究仍無法確認這些答案，請你一定要花時間檢討自己是否真的已能掌握這家公司的業務與前景，再三確認這家公司是否真的適合自己的能力圈。

▶ 能辨認出優秀企業的能力

能比別人更容易辨識出一家好企業也是投資人的重要能力之一，但很少人天生就是選股高手；幸運的是，辨別好公司的能力是可以訓練的，而且這個能力可以經過不斷磨練與學習越來越強。這就跟一位熟練的獵人一樣，經過日積月累的狩獵經驗後，他能比別人更清楚路旁折斷的樹枝代表什麼，或路邊吃剩的果實代表什麼，他總是能根據有限的線索比別人更快找到獵物。

優秀企業的特徵很多，舉凡產品的設計與品質、產品的毛利、經營的效率、領導人卓越的能力與魅力等。但關於優秀企業，我們最常談的還是企業的「護城河」。投資人要熟讀護城河相關的投資與理財書籍，讓護城河的種種概念深植在心裡，這樣，當一家優秀企業偶然出現在你的面前，你便能很快地辨別它。

例如，在護城河的觀念裡，連鎖店模式的企業可以輕易複製它過去在品牌、管理與成本的優勢來擴大企業版圖，所以投資人可以比較容易在連鎖店模式的企業中找到潛力股。當一般人只看到連鎖店型企業初期不漂亮的營業利益率數字時，有經驗的投資人卻知道這個數據將會隨著新店的成長慢慢擺脫初期的虧損、進入損益平衡後進而獲利，而這些優秀企業也常常就在我們的生活周遭，例如大樹藥局、寶雅、杏一、豆府、大學光、麥當勞等都是容

易觀察到的優秀企業。

又或者，你若在電商平台上購物或自己做過電商事業，你便可能發現怎麼大家都在使用「綠界」這家公司提供的支付與物流整合服務，而且因為轉換平台很麻煩，所以一旦使用過後，你很難再換第二個系統服務商。當你瞭解到綠界科技擁有護城河中的平台優勢，而且沒有太多競爭對手。此外以軟體與管理為主的業務，不用太多硬體成本就可以持續擴張版圖，所以同時擁有高毛利、高營業利益率的財務數字特徵。

要強化自己辨識優秀企業的能力，個人投資人就應該努力培養自己對企業護城河的知識、也要能看懂公司的基礎財務數字，讓這些能力慢慢成為必備的基礎能力。

辨識優秀企業的能力需要持續學習，這個能力需要透過持續閱讀專書與文章來學習，我會在之後的章節跟大家介紹這些知識。但學到這些知識後，仍需要持續培養敏銳度，這種能力在你長期專注尋找優秀企業的過程中也會逐漸被強化。

▶ 持續培養正確的投資觀念與知識

另外一個容易被忽略的能力圈則是完整與正確的投資概念。很多投資人長期使用偏差的投資觀念進行投資而不自知，從沒檢視自己的投資方法是否有效，也從沒檢討自己是否有完整的投資策略，是否應用了系統性的投資架構幫助自己長期在投資世界裡取得合理報酬。

大部分的個人投資人無法取得理想的報酬，通常都是因為使用了具有偏見的思考、過度隨性地選股、對長期勝率沒有充足的認識下所造成的不良投資行為；或認為投資需要很多複雜的分析與靈活的技巧，結果學了一堆花拳繡腿式的技術，卻對長期績效百害而無一利。

做為一位價值投資人，我們所需要的觀念其實非常簡單，例如要盡力避免不良的投資行為以減少投資的失誤、瞭解長期投資的勝率遠高過短進短出、

合理報酬的重要、規劃兼顧安全與成長性的投資組合，以及企業規模成長的複利遠高過賺短期價差。諸如此類的投資觀念都可以在許多行為經濟學、價值投資、以及投資大師的經典書籍中找到答案。

在投資的世界裡，觀念勝過技巧、耐心勝過投機、具有正確的觀念與具備良好心性的投資人才會是最後的贏家。有關能力圈選股的投資觀念與策略，我將在後面的章節作更詳細的說明。

第九章
瞭解股價與企業成長間的關係

9-1. 每年績效只要多 5%，10 年報酬多出 100%

　　既然要自己做主動投資，我們的目標當然是打敗大盤，而且還要贏得夠多，不然耗掉的大把時間與精力就沒有意義了。輸給大盤或只贏一丁點的話還不如直接投資被動指數基金，不用費力做個股投資，也不需要過度關心企業或產業的前景，好好享受生活更單純與時間更充裕的人生。但到底要贏大盤多少才合理呢？

　　我認為如果主動投資要像巴菲特一樣長期的年化報酬率可以超過 20%，也就是平均年化勝過大盤 10% 以上，真的不切實際，也會給自己太大的壓力。但若只贏大盤 1% 或 2% 也會讓自己辛苦做投資的代價與成果不成比例。所以，我自己設定的標準是年化報酬率可以贏過大盤 5% 左右。如果以大盤每年平均年化報酬率在 7% 至 10% 來評估，主動投資在年化報酬率 12% 至 15% 附近是可以接受的。

　　有人可能會認為這個數字不夠高，但其實每年若能多這 5% 的報酬，在 10 年後和大盤的差距仍會讓你覺得自己的努力是很值得的。反而去訂一個超越大盤 10% 甚至 20% 的報酬率會讓你「用力過猛」，在不合理的預期下精疲力盡。不要試圖在一場馬拉松賽跑中去挑戰肯亞的長跑高手，只要做到比平均值好一點即可。

　　我們用 100 萬的本金來計算不同年化報酬率的回報，如果你的股票資產是以大盤平均年化的低標 7% 來成長，十年後你的 100 萬會變成 196 萬，報酬率為 96%。而將每年的年化報酬率提升到 12%。一樣是 10 年，你的 100 萬將變成 310 萬，報酬率將達到 210%；若提升到 15%，你的 100 萬會增長到 404 萬，報酬率更將拉高到 304%，每年這些「小小」的差距，長期下來可是非常有感的差距喔！

當然，也別小看為了多這 5% 的年化報酬率要多付出的心力，你必須付出足夠的努力，還必須忍受比被動指數投資人更大的市值波動，但成果就是多了這十年超過 100% 以上的報酬率，這難道不值得你嘗試與努力學習嗎？如果你洞悉了主動投資的祕訣，你的報酬率甚至可以超越年化 12%，當然這也取決於你的努力與耐性。

如果你是比較保守或仍缺少自信的投資人，你也可以透過更彈性的投資組合來達成主被動兼顧的投資模式，例如 70% 的資金仍是以被動指數基金為投資核心，剩下的 30% 做主動投資，等到已經抓到訣竅後再以更大的比重做主動投資。若幾年後發現自己的投資成效依然不理想時，也不至於拖累太多績效。

9-2. 主動投資不等同隨機選股，在容易有大魚的地方找魚

很多被動指數的投資人會告訴你，選股難度很高，一般投資人很難挑選到可以勝過大盤的好股票。如同我們在之前章節所提到的幾個研究所表明，市場大多數的回報只集中在極少數的股票上，在單押一檔股票的投資策略中，有高達九成的機率會失敗。而根據柏基（Baillie Gifford）的數據，就算從 2016 至 2021 年的五年美股大多頭期間，只有 5% 的股票能上漲至少五倍。

但，你不需要為這些數據感到沮喪，因為這些統計數據都是假設投資人是以「隨機選股」的狀況下來計算的數據。一位聰明的投資人當然知道不能漫無目的地選股，他一定會努力研究要在池子的哪一邊捕魚才能捕到最多，也知道要避免在池塘的哪邊捕魚以免徒勞無功。例如，雖然柏基所統計的數據顯示只有 5% 的股票能在五年內上漲 5 倍，但柏基正是專精於找出這些大牛股的高手。他們的績效證明，是有方法可以挑出這些成長性超越大盤甚多的優秀企業的。

圖 9.1. 智慧的主動投資人會在勝率高的目標區選股，避免一般散戶亂槍打鳥、打游擊戰的投資方式

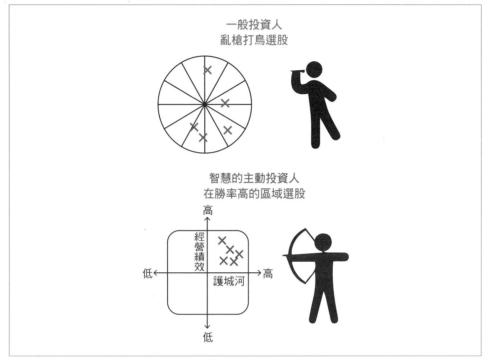

資料來源：作者整理

9-3. 研究成功案例可以大幅增加我們成功的機會

任何偉大的成就，都需要透過努力來獲得，但你不需要從零開始，你可以站在成功者的肩膀上來學習他們成功的路徑，加速自己成功的速度，與加大自己成功的可能性。

著名的好萊塢明星威爾·史密斯，年輕時是南加州一位名氣不大的嘻哈歌手。他初到好萊塢發展時就立志要當個成功的演員，於是他和經紀人研究了歷史上十大賣座巨片有哪些特徵，他們發現這些賣座電影中：

· 10 部中有 10 部有「特效」
· 10 中有 9 部有「特效＋怪物」
· 10 部中有 8 部有「特效＋怪物＋愛情故事」

於是他開始複製這個成功的路徑。他透過「有計畫地選片」，盡可能挑選那些同時具有特效、怪物與愛情故事三個元素的電影。他愛護羽毛，不像那些見錢眼開、對片商與劇本來者不拒的二流演員，賺到了快錢卻一輩子只能拍爛片，甚至最後淪落到無片可拍的地步。威爾·史密斯盡可能地透過這些賣座巨片的成功法則來挑選主演的電影，結果他真的靠這個方法成為了家喻戶曉的好萊塢巨星，在 25 年內演出了 6 座賣座大片，包括：

· ID4 星際終結者（特效＋怪物＋愛情故事）
· 自殺突擊隊（特效＋怪物＋愛情故事）
· 全民超人（特效）
· MIB 星際戰警（特效＋怪物＋愛情故事）
· MIB 星際戰警 2（特效＋怪物＋愛情故事）
· 我是傳奇（特效＋怪物）

是的，「有計畫的成功」就是威爾·史密斯成功的關鍵！透過研究與歸納成功的案例，可以幫助我們找到成功的關鍵因素，我們可以省掉很多時間，並擴大成功的機會。我們當然不可能每個投資標的最後都能成功，就像威爾·史密斯不會每部電影都賣座一樣。但有計畫地邁向成功，會比你亂槍打鳥更有機會成功。所以，別浪費時間在平庸的投資標的上，好好研究那些表現出色的企業有哪些特質，然後將這些企業納入你的投資組合中，你就能擴大自己成功的機率。

9-4. 股價持續成長的關鍵

如果要如我們前面所說，長期年化報酬率要能贏過大盤 5%，代表我們挑選的投資標的也要比一般企業更加優秀，那要優秀到何種程度呢？不能直

接挑選成長率最高的公司就好了嗎？要開始挑選好的潛力股之前，讓我們先瞭解以下幾個觀念。

▸ 股價 vs 價值

我們要先瞭解一個觀念，每支股票代號所代表的並不是一個價格而已，它真正代表的是一家企業。股價反應的是投資人認為值得用多少錢來擁有這家企業的股份，但這只是一個理想的定義，股價反映更多的是市場投資人的短期情緒。

德國股神科斯托蘭尼（Andre Kostolany）曾說過的「遛狗理論」，能很貼切地說明「股價」與「企業價值」間的關係。溜狗時，主人代表的是企業基本面或總體經濟狀況，而狗兒通常跑在主人前面，但有時會往東、有時會往西，也可能一下往前一下又往後，但不管跑得多遠，最後狗狗還是會回到主人的身邊。與其研究起伏不定的股價（過動的狗狗），研究企業的基本面變化（主人的路徑）是一個更容易判斷未來股價會往哪個方向發展的方式。

企業的基本面通常可以從營收、淨利、每股盈餘等「量化品質」，以及公司目前的經營狀態及未來的展望等「質化品質」來衡量。只要我們能確定企業的基本面的方向，不管股價現在會如何波動，在未來股價仍會慢慢反映公司該有的價值。

▸ 股價跟著營收與淨利成長

> 決定股票命運的，最終還是盈餘走勢。
>
> ——彼得‧林區

若股價最終會反映公司的價值，那只要所投資的公司能持續成長，公司價值就能隨著時間持續增長，理所當然最後股價也一定會跟著成長。所以，我們只要選擇會成長的企業，我們就有很大的機會得到相對應的回報。有沒

有簡單的指標可以做參考？有的，我們只要觀察幾個基本經營數據，就能找出一家正處於成長中的公司。最簡單的指標就是看公司每年的營收與營利表現有沒有比前一年好。

營收是企業每天、每季、每年從市場上賺進來的錢，可以看出企業的規模有沒有持續擴大；而淨利則是公司將賺進來的錢扣掉所有經營成本後，可以留在口袋裡的錢，淨利代表的是公司是不是真的可以營利。

根據摩根史坦利針對美股 S&P500 中的企業從 1990 至 2009 年 20 年間的回溯研究發現，長期（超過三年以上）影響股票回報率最大的影響因子是營收，而營收成長所占的比重超過 50% 至 74% 以上，時間越長影響越大，而毛利（公司銷售額扣掉生產成本後的數字）則為第二大影響因子，但影響力為 15% 至 20%，遠不如營收持續擴張的貢獻大。

所以，只要一家公司的營收長期能持續擴張，這家公司的股票回報率也會持續成長。而這個研究的思考重點在於，若要從一家公司得到好的回報，這家公司的營收與營利成長就要能持續得夠長，而非曇花一現的爆發式增長。

我們拿中租和蘋果為例：

中租在 2011 年上市時，營收為 168 億台幣，淨利為 24 億，股價為 26 元（當年平均）；十年後到了 2021 年，營收成為 722 億，成長為 4.29 倍，淨利為 216 億成長了 9 倍，股價為 218 元（2021 年全年平均價格），成長為 8.38 倍，但台股必須加計權值才能較忠實反映價值成長，中租在還原權值後成為 13.38 倍，同期台股含息的回報為 201%。

蘋果在 2011 年時，年營收為 1082 億美元，淨利為 259 億美元，股價為 11 美元（計算分拆後）；而十年後的 2021 年，蘋果的營收成長為 3,658 億美元，成長為 3.38 倍；淨利成為 947 億美元，成長為 3.65 倍；股價增長到 140 美元，成長為 12.72 倍。同期美股 S&P500 不含股息的回報只有 279%。

觀察中租和蘋果的經營數據後，你可以發現它們的營收成長都在 17% 至

圖 9.2. 摩根史坦利針對美股 S&P 500 中的企業從 1990 至 2009 年的 20 年間的回溯研究，長期影響股票回報率最大的影響因子是營收

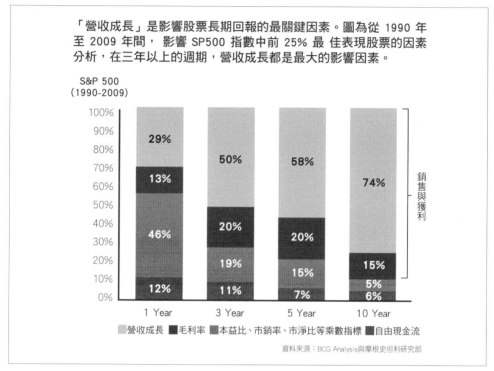

資料來源：BCG Analysis 與摩根史坦利研究部

18% 之間，淨利增長每年平均大約在 23% 至 25% 間（可以特別觀察近五年較穩定的數字），其實跟很多媒體上報導的那些動輒成長 50% 甚至 100% 的高成長股比來並不是特別亮眼，但這種「溫和」的成長數字長期下來卻創造了十幾倍的價值增長，這關鍵就在於長期穩定的增長能力。

　　反而那些成長數據驚人動輒 30% 甚至 100% 的熱門高成長股票，最後的回報率常不如預期，「高期待」代表的就是「高失望」。你要期待一家公司每年以 50% 以上的速度增長，　那代表它每一年要維持跟前一年一樣增長的

難度會越來越高，因為它每二到三年的規模就會成長超過一倍，這樣的高成長很難持續，最後常會因為成長遇到挑戰而表現不如預期。

原來因為過度樂觀，用了太高的價格買進這家公司股票的的投資人最後會因為失望而賣出股票，股價因此大幅修正，最後導致股票的回報率不佳。這個常見的現象稱為「價值陷阱」（value trap）。例如在 2020 年三月後的美股破壞式創新成長股的暴漲暴跌，或 2000 年的美國網路科技股的泡沫化，都是典型的「價值陷阱」例子。

價值投資的觀念中，用划算價格買進被低估的優質企業是最基本的思考，但在高成長型的股票上很難找到物超所值的投資機會。所以這也是巴菲特為什麼老是挑那些成長性看來不怎麼樣的企業，成長率多半在 10% 上下，又有極低的本益比，這些都是一般投資人沒太大興趣的牛皮股，但只要你有耐性，這些公司長期帶來的成長複利效果還遠勝過高本益比的成長股呢！

所以，請記住：**企業成長的穩定性與確定性才是複利的最重要條件，沒有了確定性，再高的成長預期最後都沒有意義。**

表 9.1. 中租 2010 至 2022 年獲利表現與股價關係

12 年期間	2010	2011	2012	2013	2014	2015	2016	2017	2018	2019	2020	2021	2022	年均成長率	總成長
營收（億）	129	168	214	304	346	368	380	415	505	591	595	722	866		571%
年成長率		30%	27%	42%	14%	6%	3%	9%	23%	17%	1%	21%	20%	17%	
稅後淨利（億）	21	24	38	59	68	69	72	97	134	155	169	216	272		1,195%
年成長率		15%	55%	55%	17%	0.45%	5.5%	33%	39%	16%	9%	28%	26%	25%	
EPS	2.7	3.4	4.3	5.9	6.2	6	6.3	8.3	10.4	11.7	12.2	14.8	17.2		537%
成長率		26%	26%	37%	5%	-3%	5%	3%	25%	13%	4%	21%	16%	15%	
股價（當年平均）		26	47.1	76.7	75.6	68	53.8	77.1	100	127	128	218	216		730%
股價年增率			81%	63%	-1.4%	-10%	-21%	43%	30%	27%	0.8%	70%	-1%	25%	
還原權值價值		26	51	88	99	96	81	114	149	193	205	348	374		1,338%

資料來源：作者整理

表 9.2. 蘋果 2011 至 2021 年獲利與股價關係（2010 至 2022 年）

13 年期間	2011	2012	2013	2014	2015	2016	2017	2018	2019	2020	2021	2022	年均增長率	總成長
營收（億美元）	1,082	1,565	1,709	1,828	2,337	2,156	2,292	2,656	2,602	2,745	3,658	3,943		461%
年成長率	66%	45%	9%	7%	28%	-8%	6%	12%	-2%	5.5%	33%	7%	18%	
稅後淨利（億美元）	259	417	370	395	534	457	484	595	553	574	947	998		612%
年成長率	85%	61%	-12%	7%	35%	-14%	6%	23%	-7%	4%	65%	5%	23%	
EPS	0.99	1.58	1.42	1.61	2.31	2.08	2.3	2.98	2.97	3.28	5.61	6.11		
年成長率	83%	59%	-10%	13%	43%	-10%	10%	30%	0	10%	70%	9%	25%	
股價（當年平均及計算拆分後）	11	17.6	14.7	20.6	27.3	24.3	35.6	45.3	50.8	94	140	153		1,836%
年成長率		59%	16%	40%	32%	-11%	47%	27%	12%	85%	49%	9%	28%	

資料來源：作者整理

9-5. 高成長不等於高報酬？避開價值陷阱

你可能會認為，既然要找股價有爆發力的公司，直接找市場上成長速度最快的公司不就好了？我也希望投資有這麼簡單就好了，但很可惜天不從人願。投資股票其實是投資一家企業的未來性，所以成長數字很亮眼的企業很難不被報章雜誌做大幅報導；然而當一家公司的利多訊息都被大部分投資人和投資機構知道了，這些利多和期待早已反映在股價上了，你要買到便宜划算的價格也很難。好公司如果買在不好的價格，投資人也很難獲利，甚至可能會因為後來股價的大幅修正招致虧損！

總括來說，高成長型企業容易有以下問題：

1. 是媒體與投資人的注目焦點，股價早已反映或過度激情：

股價容易受到投資人情緒的影響而被推漲到不合理的價位，投資人因過度樂觀買到不合理價位的機會大。

2. 高期望也代表著容易高失望：

高成長率會讓投資人對企業的未來成長充滿期待，但高成長率也代表著未來要維持一樣成長水平的難度很高，一旦不如預期，股價就會被市場大幅修正。

3. 高成長常常是曇花一現：

高成長通常是短期市場上商品或服務供需不平衡下的短暫需求爆發，突如其來的需求很快就會回歸均值，很少產業會在需求突然爆發後還能持續保持高需求的。例如疫情時期的口罩、防護衣、貨櫃海運需求暴發，這些並非穩定的長期需求，常常在股價暴漲後，在你還無法判斷市場變化時又迅速墜落。

4. 高成長型企業的商業模式未經長期市場考驗：

成長型企業所涉及的商業領域通常是媒體爭相報導的熱門題材，本身常常是十分年輕的成長型企業。然而這些年輕的企業與新興的產業還未經過市

場長期與嚴厲的考驗，非常有可能因為後來激烈的市場競爭而敗下陣來。

2020 年三月疫情爆發後的美股成長股熱潮中，有很多漲了幾倍的未營利成長股後來都成了「價值陷阱」的絕佳範例。例如美國在疫情期間很火紅的高級健身器材品牌派樂騰（Peloton），讓疫情期間無法到戶外或健身房健身的人士，可以在家與線上的教練或運動同好一起運動。創新的商業模式讓派樂騰的跑步機在疫情期間大賣，股價從疫情前約 20 元一路飆漲到 162 元。

市場原來預測這種內容訂閱制的健身設備將是未來運動的新趨勢，就算在疫情後仍能維持一定的增長水平。但沒想到疫情結束後，人們還是慢慢回到戶外以及健身館中做運動，派樂騰的業績一路下滑，連疫情前的訂閱人數都無法維持，到了 2022 年底幾乎瀕臨破產，股價從 162 元崩跌到剩下 6.93 元。

這便是因為特殊事件所激發的短期需求，派樂騰最終還是無法通過市場的考驗。其它類似的例子還有做植物肉的 Beyond Meat、線上課程的 Chegg、遠端醫療的 TelaDoc 等，業績和股價都曾因為疫情而暴升，但最終股價都崩跌超過 80% 甚至超過 90%。

高成長型股票不代表就有高回報，剛好相反，它們有更高的風險，是股票市場上包裹著美麗糖衣的陷阱。有著讓人血脈賁張的成長數據，不代表就是一個划算的投資，我們需要在成長率與合理價格間找到一個平衡。

9-6. 細水長流勝過短暫激情

如上節所說，要在高成長股中找到價格划算、收益安全又穩定的投資標的難度很高，所以我們必須找到更安全的選擇，這個選擇就是挑選成長性比較溫和的企業。這類企業像個中等美女，也許一開始沒有像好萊塢明星亮麗的外表吸引世人目光，但當你越深入瞭解她，你越能體驗她的美好，最後深深愛上她，期待與她建立一個可以細水長流、可長可久的關係。

那麼，要挑選成長性如何的股票呢？我自己偏愛的企業是每年營收或淨

利成長率在 15% 上下的企業。這不是說只能剛好挑選 15% 成長率的公司，這是一個粗略的參考數值，因為公司每月和每年的營收很少是穩定的，有時高有時低是常態。我盡量以 15% 當做一個長期參考基準，最差不要小於 10%，最高也盡量不要超過 20% 太多。雖然你投資的這家公司在未來可能有大幅成長的機會，但那是它未來的造化，絕對不要在公司業績正火熱、市場情緒正高昂的時候追高買進。

我們繼續拿 2011 到 2016 年剛上市初期的中租來做例子。公司初期因為規模小，營收增長很快，從 2011 到 2013 年的三年間每年營收成長都超過或接近 30%，股價於是從 2011 年的 26 元迅速成長到 2013 年的 76.7 元近三倍的增幅。但在 2014 年後營收成長率開始放緩到剩下 14%，2014 年的股價馬上就停滯不前了，一直到 2016 年的三年間中租的業績都停留在差不多的位置，股價到了 2016 年被修正到剩下 53.8 元。

若你不是在剛上市就買進，而是等到 2012 年看業績爆發後以平均價格 47.1 元買進，那等到 2016 年股價也只有 53.8 元，五年股價只微幅增加 14.22%。如果你是在 2013 年中租營收成長率最高達 42% 時，以當年的平均價格 76 元買進，你在後面三年都無法獲得理想報酬，因為股價營收成長趨緩，導致投資人就算加上股息股子都還會虧損。

中租的例子告訴我們，在高營收成長的狀況下，因投資人對前景過度樂觀，在此時進場買進股票，你能賺錢的機會反而變小了。營收成長率過高對未來幾年的回報率來說反而是風險。這也是為什麼我會喜歡尋找每年營收成長率在 15% 左右的企業，這是一個根據我的長期投資經驗得到的數字。以這個速度成長的企業，比較能在未來幾年持續維持類似的增長率，而且這個成長數字又足以打敗大盤的年均成長率，也不會讓投資人感到過度興奮。

表 9.3. 中租歷年成長率與股價間的關係

 營收高成長
投資人過度樂觀

 營收趨緩
股價大幅修正

12 年期間	2010	2011	2012	2013	2014	2015	2016	2017	2018	2019	2020	2021	2022
營收（億）	129	168	214	304	346	368	380	415	505	591	595	722	866
年成長率		30%	27%	42%	14%	6%	3%	9%	23%	17%	1%	21%	20%
稅後淨利（億）	21	24	38	59	68	69	72	97	134	155	169	216	272
年成長率		15%	55%	55%	17%	0.45%	5.5%	33%	39%	16%	9%	28%	26%
EPS	2.7	3.4	4.3	5.9	6.2	6	6.3	8.3	10.4	11.7	12.2	14.8	17.2
成長率		26%	26%	37%	5%	-3%	5%	3%	25%	13%	4%	21%	16%
股價（當年平均）		26	47.1	76.7	75.6	68	53.8	77.1	100	127	128	218	216
股價年增率			81%	63%	-1.4%	-10%	-21%	43%	30%	27%	0.8%	70%	-1%

資料來源：作者整理

第十章
找到市場上的贏家

> 「我和我的長期伙伴蒙格不是『股票挑選者』，我們是『生意挑選者』。」
>
> ——巴菲特 2021 年寫給股東的信

10-1. 在風口上的豬也會飛，注意在高成長產業中的領先企業

各國的股票市場都有幾千家甚至上萬家大小企業供投資人選擇，投資人挑股票就像在大海撈針一樣，如果沒有發展出自己的選股策略，選股就會像在亂槍打鳥。

新聞媒體上的熱門股票往往吸引著散戶的目光，市場上每個時期流行的投資主題都不同，投資標的換來換去進進出出，這樣的投資像是打機遇戰，不會有穩定的收穫。漁夫打魚一定會先想好去哪個地方可能比較有機會遇到魚群，去錯了地方不只捕不到魚還消耗掉寶貴的時間與精力。同樣的，做投資也要先找到贏家多的地方來找贏家。

我根據自己長期投資的經驗會透過以下方式來找適合的標的，在這些地方找到大魚的機會比亂槍打鳥的勝率更高，而且省時省力。

▶ **1. 產業中的龍頭企業**

第一個最輕鬆省事的方式就是直接挑選已經在產業中獨占鰲頭的企業。如果你把股市當作一座森林，行業中的龍頭老大就是森林中那些最高大的參天大樹（或中國人常說的大白馬股），你遠遠站在森林遠方的山谷便能清楚看到那些高人一等的神木與巨樹。這些企業已經在產業中屹立不搖，名氣響亮、經過長期市場考驗後，已經幾乎沒有什麼能夠威脅它的對手了。例如美

股中的 Amazon、Apple、Meta，或 Microsoft、Nvidia 等，以及台股中的台積電、台達電、統一等。

這些公司經過長期的增長，業績已經十分穩定，規模也大到沒有太多同等級的對手，它們基本上也都是追蹤大盤的被動指數中的重要成分股，選擇它們也代表你長期投資成功的機會也大，也不用承受業績不穩定股價大幅波動的壓力。在你還不能掌握更多元的選股技巧時，先將這些公司納入你的投資組合是最簡單的方法。

為了能讓投資績效勝過大盤，我們挑選參天大樹的原則仍需將公司的成長率訂在 15% 上下（10% 至 20%），但產業中的龍頭企業多半身處很成熟的產業市場中，這些產業也許仍在擴張中，但增長速度有限。特別是台灣的大型股，受限於代工模式以及國際市場競爭，在公司規模越來越大，產業越來越成熟的狀況下，要能維持優秀成長數據的公司也越來越不容易了。所以，我們必須再幫自己擴展更多的投資機會。

▶ 2. 在成長率高的產業板塊中找尋贏家

不同產業板塊的平均資本回報率不同，而長期下來不同產業的資本回報率也會呈現強者恆強、弱者恆弱，很少產業能突破原來的侷限。例如：下圖是美國 1963 至 2004 年以及 1995 至 2004 年兩個長短時期不同產業板塊的投資資本回報率（ROIC, Return On Invested Capital）的年化表現。不管是比較近的 10 年或拉長 40 年的表現，各板塊的表現很少會出現暴增或暴跌的表現，特別是前三名與後三名的排名都十分穩定，而成長率維持高檔的產業，在未來的成長率也仍能維持優於其他產業的水準。

美股的產業板塊中資本回報率最高的前三名為：1. 生技與製藥；2. 家庭與個人用品；3. 軟體服務。它們的回報率都在 15% 至 20% 以上。而資本回報率最差的後三名為：1. 公共事業；2. 電信服務；3. 交通運輸。回報率約在 6% 至 7%。所以投資人若能從這些產業板塊中選擇投資標的，成功率與回報率都能提升。

圖 10.1. 美股各產業板塊的投資資本回報率（ROIC, Return on invested capital）在不同長週期依然維持穩定；隨著時間的推移，過去低回報率的行業未來仍是低回報率；價格低廉與評級較低的企業不代表它們更具投資價值

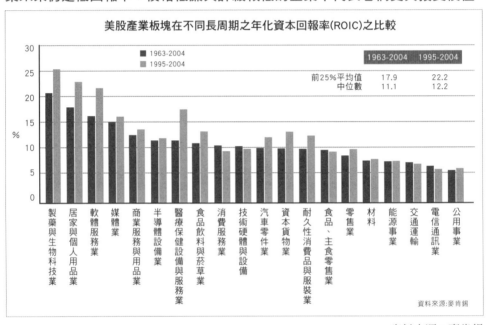

資料來源：麥肯錫

值得注意的是，台灣與美國的產業結構不同，但大體上長期表現好的族群應該也能在未來繼續領跑，而表現差的產業長期要翻身也不容易。例如，你在台股中投資水泥業，不管是台泥或亞泥，長期下來年化報酬率差距都不會太大，若考慮每年股息再投入的效果，年化報酬率都在 8% 上下，長期都會輸給大盤含息平均的 10%。但若你投資租賃業中的中租或裕融，長期年化報酬率都能超過 20%，也都能超越大盤。

投資時找到「在風口上的豬」可以讓你事半功倍，先找成長性佳的產業板塊，再從中挑選領頭羊會比隨機挑選投資標的更有優勢。

10-2. 新興產業中的優秀企業

此外，人類的文明永遠都在不斷進步中，永遠都有新的技術、新的商業模式與新需求正在快速成長中。如果一個新興產業正在高速發展，身處這個產業中的企業就可以享有雨露均霑的好處，成長性也相對比一般傳統企業更高一些。這些新興產業散布在各個領域中，如果你願意用心察覺並深入做研究，你會發現很多優秀的成長型企業就在裡頭。

例如以下幾個產業目前都以很快的速度增長，不難發現有些是正在高速成長中的優秀企業。這些企業大部分都很年輕，所以活力十足；規模尚小，所以成長潛力大。以下是根據各種不同機構與媒體針對高成長產業在未來 5 至 10 年的年化成長率預測數字：

- 全球遊戲業：9% 至 13%
- 東南亞手遊業：15% 至 25%
- 線上博弈類：12% 至 15%
- 亞洲隱形眼鏡代工：10% 至 15%
- 行動數位支付（新金融）：23% 至 42%
- 寵物電商：全球 5% 至 11%、中國 27%
- 全球租賃業：20%
- 線上電商：20% 至 29%
- 電動車：25% 至 30%
- 鋰電池：30% 至 40%
- 再生能源：13.4%
- 供電與儲電技術：22%
- 生技醫療：20% 至 30%
- 學名藥代工：9% 至 12%
- 連網電視廣告（CTV Ads）：29%

10-3. 不同成長率的股票的機會與風險

不同成長率的公司在股票的各種屬性上也會不同，我將不同成長率的企業股票的各種特質分類如表 10.1 所示，並對它們做說明。

表 10.1. 不同成長率的公司的各種屬性

	營收或淨利成長率	投資定位	殖利率	波動性	穩定性
高成長股	20% 以上	攻擊型	低	極高	低
穩健成長股	10% 至 20%	攻擊兼防守 （攻擊 > 防守）	中等	高	中等
緩慢成長股	7% 至 10%	攻擊兼防守 （防守 > 為主）	中等	中等	高
績優股息股	7% 以下	純防守	高	溫和	高

資料來源：作者整理

▶ 1. 市值增長快速的「高成長股」（成長率 20% 以上）

這類企業通常是規模較小，處於規模擴張的初期，具有營收快速成長的優勢，但股價容易因為市場情緒的波動而大起大落，股價上下超過 30% 的波動是常有的，在市值增長快速的同時，投資人也在心理上承受了很大的負擔。而這類企業為了快速擴張，股息部分可能低於 60%，甚至常必須增資擴張股本，股價的波動也讓投資人不好判斷相對高低點，例如常透過併購擴張規模的保瑞、快速增加連鎖店的大樹、不斷擴大規模與業務種類的晶碩、洋基工程等，或在 2019 至 2021 年間成長強勁的鈊象。

▶ 2. 成長性佳的「穩健成長股」（成長率 10% 至 20%）

這類股票通常是美股中的科技巨擘，或是身處在成長性較佳的產業中的龍頭企業。雖沒有動輒數十趴的驚人成長數字，但成長的穩定性更佳，能以穩定的增長速度維持很長的一段時間，能長期提供極佳的報酬率，也兼具股息與股價的成長性。例如博弈遊戲的鈊象、租賃業的中租、裕融、網通業的普萊德、美股中的微軟、Adobe、Perion、Inmode 等企業。

▶ 3. 成長性溫和的「緩慢成長股」（成長率 7% 至 10%）

這類企業所屬的產業屬擴張較為溫和，但依然能每年穩定成長，並且配出不錯的股息，股息也能每年持續成長，每年的殖利率可以穩定在4%至6%。這類股票的代表如金融業的玉山金、供應烘焙業原料的德麥、IC 電子通路商豐藝、美股中的 DIY 汽車零件連鎖店 AutoZone、星巴克、麥當勞等企業。

▶ 4. 業績穩定成熟的「績優股息股」（成長率低於 7%）

這類企業通常因為規模大，所屬產業也十分成熟，要再有大幅成長已經不容易，但也因為業務十分穩定，盈餘變動不大，企業每年都能發出不錯的股息，甚至可以達 5% 至 8%。缺點是長期缺乏成長性，長期報酬率常會輸給大盤。挑選這類股票的投資人通常對股價波動較為敏感，在意每年領到的現金股息更勝於市值的增長，適合保守型的投資人。這類股票例如大型的金融股、電信類股，或大型傳產業例如：中信金、兆豐金、中華電、台塑、統一超等大型企業。

如果投資的目標是像我一樣追求超越大盤的成長性，就必須專注挑選成長率在20%以上的高成長型企業，以及 10% 至 20% 以上的穩健成長型股票。我的主要持股幾乎都是集中在這兩類成長股中，但占比最多的還是穩健成長型企業的股票。對我來說成長率超過20%以上的股票風險就高許多了，股價的本益比常動輒 20 到 30 倍，成長的穩定性與股價波動性都較難以預測。

如果要放入攻擊型的高成長股，就必須嚴格透過投資組合來控管。我的方式是盡量不讓這類高成長股占比超過投資組合的 20%。至於成長率在 7%以下的企業，因為成長性已不如大盤，除非考慮的是其它功能，例如擁有穩定的高股息，不然我現階段並不會選擇績優股息股。

若你是追求市值穩定又能收到穩定股息的投資人，就可以適當分配一部分績優股息股來穩定投資組合的波動，並賺取更多的股息。例如台灣投資人喜歡存的金融股，很多都屬於這類業務已經非常穩定，成長性不明顯，但每年都能穩定配出高股息的績優股息型股。

第十一章

選股漏斗／善用檢核表篩選股票

> 再聰明的飛行員即使才華過人、經驗豐富，也絕不會不使用檢查清單。
>
> ——查理‧蒙格

11-1. 善用程序化檢核表的優點

飛機是一種非常安全的交通工具，1,100 萬次飛行才會出現一次空難，若再加上空難中人員可能存活的機率，因乘坐飛機而意外死亡的機率是「2,900 萬分之一」，這機率有多低呢？遠比你走在路上被雷打到的機率還要低 40 倍，而平時我們最常搭乘的汽車的事故死亡率則是飛機的 2,570 倍；在 911 後，美國人因為不敢搭飛機而改開汽車，結果在 911 後的 12 個月，美國道路上因為交通事故而死亡的人數比平均值多了 1,600 人。

為什麼操作介面與駕駛技巧這麼複雜的飛機的事故率反而會遠低於汽車呢？因為一旦發生飛航事故，一架飛機上常都是上百名的乘客，這種損失是誰都承擔不起的，所以安全措施必須非常完備。飛機失事的原因有超過 70% 都是來自人為疏失，主要來自於機師對重要訊息的疏忽、輕率與錯誤的判斷，而人為疏忽多半是可以透過提醒與訓練避免的。

因此，為了提高安全性，航空界發展出嚴謹的操作程序，將駕駛飛機的程序分解成可以記住的細部程序。駕駛員必須遵照既定程序，一個動作接著一個動作按表操課，並且在執行程序時複誦出來，由副機師確認指令是否正確，這便是「檢核表」（Check List）的概念。

另外，在主駕駛員做出重要的決策前，也必須兩位機師都同意後才能執行。航空業在發展出這樣的操作模式後，飛安事件便大幅降低。但一樣是開飛機，只有單人駕駛的小飛機就沒這麼幸運了，小飛機的事故率是民航機的

150 倍，問題就在於小飛機的駕駛無法嚴謹地執行飛行程序，無法像民航機一般透過嚴謹的管理規則來減少人為疏失。

總結航空業發展出來的安全程序有下面兩個關鍵程序：

· 將複雜的任務拆解成數個程序，避免靠感覺與直覺操作，將操作程序化。
· 避免個人做出主觀決策，透過共同決策避免偏見與情緒。

除了駕駛飛機，投資股票也一樣，我們應該將安全放在首位，透過有紀律與嚴謹的方式執行投資決策，避免偏見與情緒的影響。股票投資也一樣可以運用航空業的安全標準程序來執行選股。我將我投資的選股過程分解與程序化，轉化成一個「選股漏斗」（圖 11.1.）來篩選好公司。

11-2. 選股漏斗

「選股漏斗」跟真實漏斗一樣有個寬大的入口，再靠著逐漸縮窄的瓶身與最後的瓶口篩選出最後的投資標的。投資股票時，千萬不要一聽到好公司就腦充血馬上買進。而應該先廣納有潛力的好公司，再透過「量化」與「質化」等篩選機制找出最佳的投資標的，這些程序可以確保你是透過嚴謹的篩選標準、剔除掉高風險與不良的投資標的，大幅提升你的投資成功率。我將我的「選股漏斗」分成四個階段來篩選股票，以下分別說明。

▶ 1. 首先蒐集在自己能力圈內的產業

如前面章節所談的，人的能力圈有限。你優先要考慮的投資標的應該是你非常熟悉的領域，或已經做過長期追蹤與研究的企業。你平時就應該將這些優秀企業放在你的「觀察股池」中，持續做紀錄與追蹤。但切記不要在一聽到這家公司後就急著入手，特別是那些常出現在媒體頭版上的企業更要小心，通常這正是它們股價最熱的時候。如果真的忍不住想馬上擁有它，你可以學我一樣一開始只買進 1 股美股或 10 股台股當作「觀察倉」。買進後你就會更認真地做研究與追蹤。

圖 11.1. 透過選股漏斗選出優秀與偉大的企業

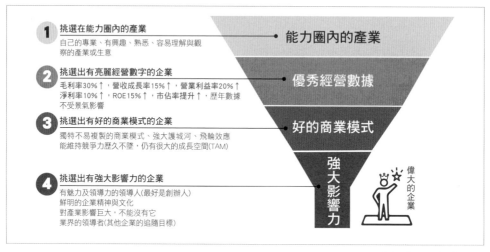

如果在還沒大舉買進前股價就漲了，你不會覺得錯過了，因為你已經上車了，並沒完全錯過它；但如果不幸股價大跌，你也不會難過，因為你才擁有幾股，如果確認這是家好企業，這時你反而可以開心地以更便宜的價格入手。總之，別太快和你有興趣的股票談戀愛，先花足夠的時間確認它到底是虛有其表的花瓶，還是值得你和她經營一段細水長流關係的好企業。

▶ **2. 挑選出有亮麗經營績效的企業**

接下來我會使用「量化標準」來檢驗這家公司的經營數字是否夠好。將量化標準放在質性研究之前，是為了避免讓個人情感與偏見過度影響判斷。

在剛進入投資生涯的初期，投資人很容易因為一家企業令人印象深刻的成長故事所吸引，例如在 2000 年網路科技股泡沫時期，任何公司只要沾上網路（Dot Com）兩個字，也不管它是否有營利、商業模式是否可行，投資人就會對它寄以厚望，期望這公司的營收可以因為網路的逐漸普及而呈現爆炸性的成長。

同樣的在 2020 年新冠疫情爆發後，市場投資人也開始追逐具有破壞式創新主題的企業股票，但這些吸引人的企業往往沒有長期的經營數字可供參考，因為它們還處於成長的非常早期，需要大筆資金進行規模擴張、研發與行銷，帳面上甚至還無法實現正現金流與營利。也因為還沒有營利能力，所以連每股盈餘、營業利益率都還是負的，連本益比也算不出來。

沒有上述這些參考數據，股價就會過度倚賴投資人對它的「感覺」，無法準確估值，一旦市場風向改變，或企業獲利不如預期，股價就會因為失去信心而讓股價崩跌。所以不管一家企業的成長故事聽起來如何吸引人，投資人都必須把經營數字當作是評估企業獲利能力的基礎。

我對一家公司經營績效的判斷主要透過以下幾個指標，如果不符合，基本上就直接排除在外。

優秀的內部經營績效：

- **產品與服務毛利率**：30% 以上：
  毛利率佳代表產品或服務的價值高，消費者願意用更高的價格購買產品與服務，這通常是具有寬廣護城河企業的特徵之一。

- **營業利益率**：20% 以上
  營業利益佳代表企業內部的經營非常有效率，在人事、店租、研發與行銷上不用花太多費用即能運作。

- **稅後淨利潤**：10% 以上
  在產生營業利益後，企業會再加計投資項目的損益，及各種資產買進或賣出後之所得，再扣繳稅務之後的最後利潤就是稅後淨利潤。

- **股東權益報酬率（ROE, Return on Equity）**：15% 以上
  公司以當年度期初股東所擁有的每股淨資產再去賺取更多利潤的回報率，代表公司使用原有資產再獲利的能力，所以也稱「資本回報率」。巴菲特在 1987 年致波克夏股東信中提到：在 1977 至 1986 年

期間，美國一千大公司之中，只有 25 家公司能符合兩項營運績效標準：ROE 十年平均大於 20%，並且沒有任一年的 ROE 小於 15%。這 25 家公司不但是產業巨星，也是績優成長股。在這 10 年期間，其中 24 家公司股票的投資報酬率，都超越 S&P 500 指數。所以我對 ROE 的標準長期就以 15% 為低標。

過去優異的成長數據：

在過去至少五年中，營收的成長率必須平均在 15% 以上；其他如毛利率、營業利益率、淨利率、ROE、每股盈餘這些數字長期也都必須是持續成長的，或至少沒有明顯衰退。這些數據的成長代表公司仍在成長期，或持續努力優化自己的經營績效，能做到這樣持續優化自己經營數據的公司，也代表其在產業中有能力不斷強化自己的優勢。

<u>每年盈餘能配發至少 60% 以上</u>

盈餘能配發成現金股息發給股東是一家公司財務健全的特徵之一。如果能發出 60% 以上的現金股息，代表公司不需要太多的現金再投資，即能維持成長。如果股息不到 60%，但能適度的透過盈餘轉增資配發股票股利也可以接受，但你一定要確認一下這家公司在配發股票股利使得股本膨脹後，每股盈餘是否長期仍能維持增長趨勢。

圖 11.2. 優秀成長型企業的經營績效

資料來源：作者整理

例如，中租雖然股息率不高，但每年發放一定額度的股票股利，長期下來每股盈餘依然能持續創新高，代表其獲利能力大於股本膨脹的幅度，長期在還原權值後依然可以取得非常不錯的報酬。

我們以中租為例，中租的基本經營數據如下表 。中租在基本經營數字上完全符合我的選股標準。毛利率近年約 70%（至少 30% 以上）、營業利益率近年約 45%（至少 20% 以上）、淨利率近年約 30%（至少約 10% 以上）、ROE 近年 20%（15% 以上），是基本經營數字非常漂亮的一家公司。近年營收的成長也平均在 15% 以上，各項經營數字都能在過去十年中持續增長。

唯一比較不理想的是配發的股息率不高，發放的現金只有大約盈餘的 40%。然而，中租在發放現金之餘，也發放股票股利，控制在每年 30 至 50 股之間，適當的膨脹成本，加上優異的財務槓桿能力，過去 10 年只有在 2015 年略微衰退，長期依然能實現每股盈餘每年增長的能力。有這麼出色的經營數據，中租的股價在過去十年也反映了它的優異成長績效。

當然，你一定會遇到有些你認為的優秀企業，在過去幾年的經營績效中的幾個數據並不符合我列的標準，這時你就必須再參考「選股漏斗」後面的兩個「質性指標」作為整體判斷依據，確認是家好企業再入手。若無法很確定，建議你先把它丟在你的觀察股池中，或先用零股購買少量當觀察倉，待更確認後再補進更多的股份。

但以我過去的投資經驗，透過量化指標可以避免你踩到地雷，把它當作篩選的第一關，當作一種選股紀律，雖然可能會錯過一些好機會，但以安全當作優先考量可以讓你少掉很多煩惱。

▶ **3. 挑選出有好的商業模式的企業**

> 一匹能數到十的馬是一匹非凡的馬，而不是一位非凡的數學家。
>
> ——英國作家和語言學家塞繆爾・約翰遜（Samuel Johnson）

表 11.1. 中租的各項經營績效與股價變化

年度	股本（億）	年度股價（元）		獲利金額（億）					獲利率（%）				ROE（%）	EPS（元）	
		收盤	平均	營業收入	營業毛利	營業利益	業外損益	稅後淨利	營業毛利	營業利益	業外損益	稅後淨利		稅後EPS	年增（元）
2022	158	217	216	866	611	370	23.5	272	70.5	42.7	2.72	32.9	21.3	17.17	2.37
2021	145	263.5	218	722	527	335	11.7	216	73	46.4	1.62	31.5	21	14.8	2.6
2020	138	168	128	595	427	237	9.9	169	71.8	39.8	1.66	29.5	20.2	12.2	0.55
2019	133	138	127	591	356	208	9.86	155	60.3	35.1	1.67	27.2	23.3	11.65	1.28
2018	129	96.9	100	505	311	181	7.81	134	61.6	35.8	1.55	27.5	23.1	10.37	2.08
2017	126	86.6	77.1	415	257	129	6.96	96.6	62	31	1.68	24.1	20.5	8.29	1.93
2016	114	55.1	53.8	380	237	88.3	12.2	72.4	62.3	23.2	3.22	20	18.6	6.36	0.34
2015	114	56.9	68.1	368	219	88.8	7.55	68.6	59.6	24.1	2.05	19.5	18.8	6.02	-0.21
2014	110	78.8	75.6	346	201	87.6	9.2	68.3	58.1	25.3	2.66	20.7	21.4	6.23	0.32
2013	99.6	78.4	76.7	304	170	80.4	5.34	58.8	56	26.4	1.76	20.4	22.4	5.91	1.66
2012	90.5	66.6	47.1	214	119	50.4	8.35	37.9	55.6	23.5	3.9	18.8	19	4.25	0.9
2011	78.5	27.5	26	168	86.6	37.3	1.06	24.5	51.6	22.3	1.63	15.7	17.2	3.35	0.7

資料來源：台灣股市資訊網

　　通過我們的量化標準後，接下來我們需使用質化標準來評估企業。在這個階段我們要檢視這家企業的商業模式是否與眾不同，商業模式是一家公司的獲利骨幹。什麼是好的商業模式？我們先來看一些例子。

　　全台灣有超過兩萬家的手搖飲連鎖店，競爭激烈到一小排店鋪街可能就擠了四、五家不同品牌的手搖飲店，你其實也分不太出來他們的價格和特色有何差別，多數人只是憑著感覺就順手買了一杯。其實這些店所賣的飲料價格差不了多少，風味也不會特別到你只願意買其中一家。這些店彼此競爭，瓜分經過這些商店街的顧客流量，競爭的店越多，能分到的營收就越少。

　　你身為其中一家店的店長，付了加盟金（100 至 300 萬）、扣掉店租、人事成本、水電和原料費後，一家店能賺的很有限，更因為規模限制，如果營收和利潤要繼續成長，你能做的大概就是開更多的分店來刺激成長。但要開更多的分店代表要繳更多的加盟金，要找更多的全職員工與兼職工讀生，人手不夠的時候還得親自上陣，更不用說如果其中一家店生意不好時，對你造成的身心困擾與財務影響。這種單店的獲利模式是低門檻、低技術、是大家都能做的獲利模式，不同的手搖飲店彼此的競爭力不會有太大的差別。

　　但如果你是手搖飲的品牌商，你在產業中的位置就不同了，你獲利的來源不是直接面對消費者，而是面對這些想加盟的經營者。你可以向加盟主收取加盟金，向他們銷售設備、裝潢等費用，每個月還能穩定地向他們收取原物料費用，甚至若店家經營不善想提早解約，你還能再拿一筆解約金，你省掉了直接開店的成本與風險。另外，若經營的一個品牌在市場上已經過度飽和了，品牌商還可以再規劃另一個新品牌，再玩一次新品牌的擴張遊戲。

　　在手搖飲業品牌商的獲利模式比起這些辛苦工作的加盟店更具優勢，毛利更高，也面對更少的風險。如果你是投資人，你會選擇投資一家手搖飲店還是手搖飲的品牌商？這就是獲利模式的重要，它可以幫助你搞懂企業在獲利模式上的優勢，知道它在產業中所處的戰略地位。我們可以說，一家企業的商業模式就是它的獲利引擎，只要獲利方式能持續不斷地成功運轉，這家企業就能繼續成長並賺進大把鈔票。

觀察一家公司的商業模式有兩個重點，第一：這家公司與競爭對手在商業模式上是否有明顯差異以及優勢；第二：這個商業模式是否已經經過市場的長期考驗了？

　　如果你說不出一家公司與競爭對手間的明顯優勢，也說不出它在商業模式上的特殊之處，除了有可能你研究不夠深入外，也要非常小心有可能它還不具備明顯的護城河，非常有可能只是剛好在景氣循環的風頭上，賺取的是機會財而不是靠它本身的優勢所創造出的亮麗績效。例如，一樣是做咖啡，你分得出來路易莎咖啡及星巴克咖啡在經營模式上的差異？如果有差異，你會投資哪一家呢？

　　很多企業的業績在成長初期或景氣火熱時期看來都很不錯，但時間久了你會發現它們只是在產業中的一家普通的企業，可以賺錢不代表獲利有持續性與穩定性，也不代表它們是靠腦袋在賺錢，非常可能賺的是辛苦錢。當景氣開始轉變或競爭變得越來越激烈時，競爭力不足的問題就會顯示出來。

　　例如，在 2020 年三月疫情爆發後，各國政府救市資金氾濫，很多科技新創公司因為財經媒體及投資名人吹捧它們的創新與成長故事，而受到投資人追捧。但到了 2021 年開始出現高通膨及經濟衰退風險後，這些公司的商業模式的邏輯開始出現問題，它們不斷燒錢來擴張規模或透過高額補貼來吸引用戶的策略，並無法幫助它們在景氣轉變後維持原來亮眼的數字，股價因此遭遇大幅修正。

　　反觀一些有寬大護城河的優秀企業，例如：美股中的蘋果、微軟、麥當勞、汽車特區等，或台股中的台積電、中租、鈊象、德麥等企業、就能因為具備比對手更具優勢的商業模式，在困境中依然維持不錯的成長。要瞭解商業模式，可以多閱讀有關企業護城河的相關知識，例如：企業的規模優勢、專利或技術、高轉換成本、通路優勢、網絡效應等。這些特殊的商業模式才是一家企業亮麗經營數據背後的動力引擎，才是經得起時間考驗，讓其競爭力能超越競爭對手的關鍵。

▶ 4. 挑選出有強大影響力的公司

第四點是一家好企業所能達到的最高境界：「**一家對世界與產業具有影響力的企業**」。有生之年，若有機會找到這樣的一家公司，你能做的就是緊緊抱住它，享受它的企業價值與規模以指數性的曲線持續增長的過程。

市場上有很多好公司，有不錯的經營績效，也有很好的名聲。但他們多半只是還不錯的公司，還沒能達到偉大企業的境界（Great Company）。一家偉大的企業代表其在市場上占有重要的地位，不只是經營數字與規模上的領先，更因為其具有其他企業所沒有的影響力（Impact），這個影響力除了商業模式的特殊性以外，它還改變了世人對一種產品、技術與服務的觀念，影響了產業的發展，甚至改變了世界。

而且這家企業的優勢可以讓它持續增長超過一個世代，甚至數十年，長期下來規模可以有十倍、數十倍甚至百倍的增長，也因此能讓投資人享受到驚人的成長複利。這種偉大的企業是投資人夢寐以求的投資標的，它們是全球數萬家企業中極少數的標竿。

若投資人願意認真尋找，一生中可能有幾次的機會可以遇到，雖然要在它們成長初期就辨識它們的難度很高，但你依然可以在辨識出它們後堅定地持有，在它們仍持續在對世界發揮強大影響力時，享受股票價值繼續成長的愉悅感。

一家有強大影響力的偉大企業有許多特質，而這些特質幾乎都是在「營利能力以外」的特質，所以這類偉大的企業在初期很容易被一般分析師忽略，甚至不被認同。綜合許多投資大師對一家偉大企業的定義後，我整理出以下偉大企業的幾個特點供大家參考：

理念一致與意志堅定（Stubborn）的執行長兼創辦人

一家企業的執行長若剛好又是創辦人，例如賈伯斯、馬斯克，這些創業家的意志力及權力將能貫穿公司，這些創業者的創業初衷常不只是賺錢，更

多是想透過他研發的技術、新的產品概念，或商業模式來改變社會與世界。從創業初期開始，他的理念與自信、所言所行也創造了這家企業的特殊文化，這類的領導者比那些因為高薪禮聘、從天而降的 CEO 更能秉持創業初衷，將視野放在更遠的未來。例如：Tesla 與 Space X 老闆馬斯克，他所有的努力都在完成他想讓人類有天可以移居火星的偉大夢想。

改變世界的產品與技術，與產品規格的制訂者，所作所為都是對手模仿的對象（蘋果、微軟、特斯拉）

真正偉大的企業所影響的不只是區域的產業生態，它所開發出來的產品或技術更影響了人們的生活或工作的方式。例如，蘋果一創立就發展的圖形介面（GUI, Graphic User Interface），後來再發展出來的 iPod、iPhone、iPad、AirPod 等產品，每一個都重新定義了這些產品的功能與規格，並成為其他企業爭相追隨和仿效的目標。或像特斯拉將電動汽車結合 AI 及自動駕駛技術，或麥當勞將食品的品質管理與出餐速度發揮到極致，並將產品形象連結到快樂的家庭時光等。上面這些企業都是業界的領先者，並且遙遙領先對手。

企業的理念與眼界勝過短期獲利（亞馬遜、特斯拉）

偉大的企業專注於它即將為這個世界所創造的美好未來，但他們知道這個未來需要他們持續灌注極大的心力、時間與資金。能否迅速獲利從來不是他們在意的重點。

以 Amazon 為例，Amazon 從 1994 年創立，在 1997 年以每股 18 元正式上市，但一直等到 2014 年才終止其虧損的命運。

為了給客戶最佳的購物體驗，Amazon 不惜成本，每年投入鉅資改善服務、建構自己龐大的物流系統以及雲端服務，Amazon 忍受了媒體給他的「虧損之神」封號長達 17 年。Amazon 在上市的第一年收入為 1.478 億美元，如今 Amazon 一年的營收是驚人的 4,698 億美元（2021 年數據），是剛上市時的三千倍，淨利為 334 億美元，現在一年的淨利就足夠還上市前的虧損 330 次。

同樣的，特斯拉的馬斯克為了改變世界對電動車的概念，不斷投入資源研發各種車型，在世界各地建構超級充電站以及超級工廠，虧損了超過 16 年（2003 年創立至 2019 年）才開始獲利。如今特斯拉一年的營收就超過 538 億美元，淨利為 55 億美元（約 1,600 億台幣），相當於鴻海一年的淨利。而特斯拉的淨利在 2023 年即可超過成立 80 年、年銷售近千萬台汽車的豐田汽車。忍受長期虧損與世人的嘲笑，都是這些偉大的企業為了實現理想所做出的犧牲，他們的眼光超越了市場分析師與投資人的想像。

以前所未有的商業模式推動少見的飛輪效應（谷歌、臉書、迪斯尼、蘋果、亞馬遜）

「飛輪效應」是只有極少數企業能達到的企業營運優勢。飛輪效應是指一家企業的不同業務之間一開始看起來沒有直接的關連，但實際上卻彼此互相依賴。一開始它們對公司的營運沒有太明顯的影響力，但隨著時間過去，它們開始彼此推動彼此的業績，創造出一加一大於二的化學效應。飛輪效應通常需要企業長期經營，不斷注入資源，初期很難看到成果。但一旦這個豐富的生態系統被創造出來後，飛輪效應會越來越明顯，成長速度也會越來越快，而且這個優勢很難被打破與被複製。

例如迪斯尼有三大部門，分別為：1. 主題樂園部門；2. 體驗和消費品部門；3. 媒體和娛樂發行部門。這些部門包含了卡通與電影、在世界各地的樂園與郵輪、串流媒體 Disney ＋，還有在世界各國授權的 IP 產品。

兒童們在家裡或戲院看了迪斯尼的動畫電影，被有趣的故事與可愛的角色所吸引，然後他們開始期待有天能去迪斯尼樂園；他們也會在逛街時，跟父母吵著要買有迪斯尼圖案的衣服或有 IP 授權的玩具；或有一天他們真的去了迪斯尼樂園，這個美好的回憶又再讓他們在回到家之後更著迷於迪斯尼的玩具、歌曲與故事，為了滿足這個渴望，他們又訂閱了 Disney ＋串流服務；而當迪斯尼透過它的串流平台將數以萬計的內容傳播到用戶的電視或手機時，又更強化了用戶與迪斯尼想像世界的連結。

難怪在短短三年期間，Disney ＋的訂閱戶就超過了 2.35 億，超越了網飛經營了超過 20 年才達到的成績，這正是因為迪斯尼擁有運轉強勁的飛輪效應，可以輕易推動新業務。

創造龐大的市場需求，是許多廠商賴以維生的領頭羊（蘋果、特斯拉、台積電、Costco）

偉大的企業通常已經是市場中的佼佼者，它所創造的需求以及市場規模已經大到可以影響世界各地的上下游供應商。例如蘋果手機的生產計畫與銷售成績，就直接影響了台積電、鴻海、以及數百家零件供應鏈的生計，只要蘋果決定採用了一個新技術，馬上就可以讓幾家公司的業績暴增。又例如，當台積電的產能受限而供不應求時，全世界需要使用高階晶片的產品如 iPhone 和電動汽車便無法順利生產，連帶影響了全球手機和汽車的銷售。要看出誰的影響力大，你很容易就可以從新聞媒體中觀察出端倪。所以，有時候看新聞不要只是看哪家小廠會因為大廠訂單而受惠，往往那些下訂單的企業才是你真正需要買進與長期持有的企業。

例如，當大家在猜蘋果這次的新機將會有哪些廠商受惠時，最簡單的方法就是直接買進蘋果股票。或者，當你要研究誰會是將來的特斯拉概念股時，不如就直接投資特斯拉。這是很簡單的思考，小孩要看大人臉色，小廠也必須看大廠的態度。今年有訂單，不代表明年訂單還是你的，這是下游小廠的宿命。看得出這層關係後，你會發現直接投資這些偉大的企業，長期下來你可以更省事，獲利成長也更持久與穩定。

獨特的企業文化（谷歌、特斯拉、星巴克）

一家好的企業在公司治理方面也通常有其獨特之道。當公司的制度不只是為了賺錢，而是為了廣納人才、讓優秀人才的潛能可以獲得發揮時，這家公司所能發揮的力量，絕對遠大於那些視員工如奴才的血汗工廠。例如谷歌的企業文化是將員工當成公司的最重要資產，不僅待遇與福利佳，還給予員工極大的自由，可以遠距在家工作、帶寵物來上班、在公司可以自己安排工

作計畫與時程，也允許員工用 15% 的上班時間進行屬於自己有興趣的專案。

　　谷歌的扁平化管理，在於讓員工的創意與自主性可以得到最大的發揮，所以公司簡化了所有的管理程序，公司想看的只是成果，並不是過程。在此自由開放的管理風格下，谷歌一直能吸納世界各國最優秀的人才，而優秀人才所激發的各種點子又成為推動公司成長的動力，形成一種良性循環。不過，我們也不能太主觀的認定只有民主與自由開放的企業管理文化最有益於企業。事實上，在賈伯斯時代的蘋果以及馬斯克領導下的特斯拉，都是以嚴格甚至獨裁的企業文化著稱。

　　我們觀察企業文化的重點，應該在於這家企業的文化是否能為股東創造最大的利益，軍事化管理的企業雖然對員工較嚴厲，但因為這類企業的產品或服務都具有時效性，執行效率是企業領導人管理的重點。在充滿自信與目標明確的領導者的帶領下，一家軍紀嚴明與對所有花費錙銖必較的企業一樣可以是偉大的企業。

擁有巨大的無形價值資產（可口可樂、蘋果）

　　偉大的公司通常都有著舉世皆知的品牌，例如微軟、蘋果、迪斯尼等，這些品牌就是一家企業無形的資產，要耗費長時間經營才能建立名聲與知名度。有些公司單單透過品牌授權就能賺進大把鈔票，這種優勢是其他代工型企業所無法享受到的。消費者願意花更高的預算購買這些品牌的商品，無形中為這家公司創造了更高的利潤。這些著名品牌也會讓消費者對它的產品產生忠誠度與黏著度，這直接為企業的產品與服務形成一道無形的護城河，讓其他競爭對手難越雷池一步。

　　另外，這類以企業面對客戶（B2C）或直接面向消費者（DTC）等商業模式的企業價值遠高於企業對企業（B2B）。例如，可口可樂在 1995 年的年報中很有自信地說道：如果可口可樂公司破產倒閉，只要用商標的力量就可以毫無困難地重新建設它。

　　除了品牌力以外，手中握有很多專利技術的企業也具有巨大的無形資

產，不只自己可以透過特有技術增加產品競爭力，更能透過專利限制其他廠商的競爭，也能從專利授權中獲得優渥的權利金。例如，谷歌每年向歐洲市場使用谷歌應用程式（包括 Google Play, YouTube, Gmail 等）的安卓（Android）設備廠的授權費，一年就可以高達近 10 億歐元。

台灣企業以技術導向與代工為主，與歐美大企業相比，較少符合偉大企業精神的企業，所以建議投資人一定要將投資的範圍納入美股甚至陸股。但不管美股與台股，觀察一家偉大企業的重點依然是在營利數字以外無形的競爭力。

綜合以上我的選股漏斗的敘述，你應該對選股的程序有更清楚的瞭解了。我把選股漏斗進一步簡化成下面的圖表，投資時讓這個簡單的概念來幫助你選股，選股的成功率就能大幅提升。

圖 11.3. 簡化版的選股漏斗

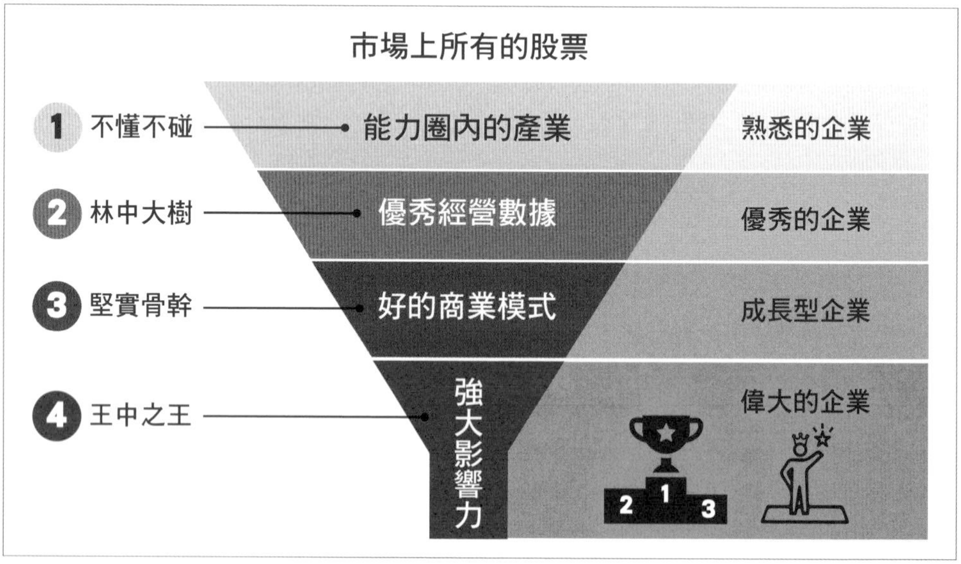

市場上所有的股票

1 不懂不碰 ── 能力圈內的產業　熟悉的企業

2 林中大樹 ── 優秀經營數據　優秀的企業

3 堅實骨幹 ── 好的商業模式　成長型企業

4 王中之王 ── 強大影響力　偉大的企業

資料來源：作者整理

第十二章
建造自己的股池，確認好機會再出手！

你有充足的時間。不要一想到某個概念就必須馬上把它付諸實踐。其實你有足夠多的時間讓你對公司進行充分的研究。給我帶來豐厚回報的股票都是我在關注它們第二年、第三年或者第四、第五年後才買入的股票。

——彼得・林區

　　大部分投資人的投資模式都是衝動與雜亂無章的，特別是如果剛好有一筆不小的資金在手上時，更容易做出輕率的決策，好像不馬上出手就會錯過大好機會一樣。但一個優秀的投資人，他多數的時間都在等待，並不是因為他沒看到優秀的企業，而是他想花更多時間確認，或等更好的時機再出手。

　　市場上有足夠多的好股票夠我們挑選與投資，但這並不表示隨時都是買股票的好時機。我們所謂「出手的好時機」不是媒體在開始報導一檔股票的時候，而是股票價格最物超所值時，也就是巴菲特所說要趕快拿著桶子接黃金雨的時刻。但在現實生活中，投資人在黃金雨降臨時的收穫很有限，最主要的原因不只是因為股市大回調的時間不可測，更因為我們缺乏耐心，常在股票市場最熱的時候就急著出手，等到黃金雨降臨時，我們手上已無現金。要避免犯這樣的毛病，就必須學習等待的智慧。

　　一般人的投資比較像是一群獵狗在追逐狐狸，東奔西跑卻常徒勞無功；而聰明的投資人像是一隻熟悉老鼠會從哪個洞跑出來的貓咪，牠大部分的時間就是坐在洞口等著，什麼也不幹，但一旦機會來臨，牠會全神貫注用盡全力將獵物手到擒來。

　　市場上有很多好股票，投資真的不用急，多等幾個月或一兩年都沒關係，因為一家好公司的成長之路很長，我們在不同的時間點買進一樣可以有很好

的結果。至於那些在短時間就突然漲了幾倍的股票，我們也通常沒那個本事發掘這種妖股，就算買到了你也可能賺不了多少錢，因為可能漲了 20% 就跑路了，或大漲後捨不得下車，最後虧損告終。

我們只需要專注在我們有能力掌握的優質股票上即可，因為你下過功夫，對這些優質股票會比那些熱門股更具信心，買進後更可能堅定持有或持續加碼，這種股票才是你應該努力尋找並蒐集的標的。

12-1. 好公司晚點買依然可以讓你賺到大錢

很多投資人以為若沒在最好的時機買進一檔好公司，就賺不到什麼錢，所以一旦發現一支潛力股就會迫不及待地搶進。但跟我們想的不同，真正優秀的企業可以讓你有很長的時間持續買進，晚個幾年、甚至十年，你依然可以從它身上賺到豐厚的報酬。例如巴菲特在 1980 年代開始買可口可樂時，很多分析師嘲笑他可口可樂的美國市場都飽和了，現在才買進會有什麼報酬？結果，幾十年下來，可口可樂不含股息就讓巴菲特賺了超過 23 倍，而且現在每兩年他就可以靠可口可樂的股息賺回一次當年的成本。

在 2016 年，蘋果 iPhone 手機都上市 9 年了，巴菲特才開始買進蘋果股票，當時一樣被很多分析師嘲笑，說他等到 iPhone 都賣不動了才買股票，太慢了！結果呢？不過才 5 至 6 年，巴菲特靠蘋果賺了超過 5 倍的回報。

彼得・林區曾在 1994 年的一場演講中提到美國大型連鎖超市沃爾瑪的例子。

「沃爾瑪於 1970 年上市，當時它有 38 家店，上市後它有非常不錯的財報和成長紀錄，它的價格是一股 8 美分。5 年後，沃爾瑪有 125 家店，利潤成長至 5 年前的 7 倍，股價上漲至 5 年前的 5 倍，達到一股 41 美分。到了 1980 年 12 月，沃爾瑪有 275 家店，利潤再次上升至 5 年前的 5 倍，股價又上漲至 5 年前的 5 倍，達到一股 1.89 美元。到了 1985 年 12 月，它有 859 家店，在這 5 年期間內，利潤上漲至原來的 6 倍，股價成長為 15.94 美元。投資人會說：天啊，這支股票從 80 美分上漲到 15.94 美元，我買得太遲了，太瘋狂了，

我不應該再買入這規模巨大的公司。不，你此時買入還不晚，一點也不晚。因為 1994 年今天沃爾瑪的收盤價是 50 美元。你有充足的時間買入。

在 1980 年，沃爾瑪已經上市 10 年了。它的銷售收入超過了 10 億美元，資產負債表好得不得了，經營紀錄良好。如果你在 1980 年買入 Walmart 持有至今，你仍然可以賺 25 倍，在那一個時期，這種報酬率可以將我操盤的麥哲倫基金打得落花流水。順便說一下，在那時我並沒有持有沃爾瑪，當時我覺得它的股價太高了。」

這些例子都說明了好企業成長的時間比投資人想像得更久，就算在不同的時間點買進股票，透過夠長的時間，你還是可以在好股票上賺到夠多的回報。重點是你要能確定這是一家可以長期持有，可以不斷增長的優質企業，至於買進的時間與買進的價格並沒有你想像的那麼重要。

12-2. 我的兩個股池

年輕時，曾經有位我的男性友人告訴我他對挑選對象的看法。他說他不急著結婚，也不急著交女朋友，但他試著認識很多的女性朋友，跟在池子裡養魚一樣，好好觀察這些女性朋友，等到哪天覺得哪位女孩是很適合的對象，再來進一步發展關係就可以了。這真的是很冷靜的交友方法。

我不確定談感情時有多少人可以這樣冷靜與理智，但這個方法確實是可以讓你從容不迫地從很多的可能選擇中挑到一個最適合的對象。先建造好一個池子，養足夠多的魚，再好好挑選，這是一個不只可以應用在挑選對象時的好方法，應用在選股上也是很好的方法。

投資人很容易因為朋友介紹或看到媒體報導就忍不住想買進一家公司的股票，但這常是災難的開始，因為你還沒深入瞭解這家企業，它的獲利穩定性、股價的波動歷史都需要長時間觀察。投資一家公司最好的方式應該是先將這家公司列入你的觀察名單，耐心的投資人必須學習建立自己的股池，也就是一般人說的「口袋名單」。

▶ 第一個股池：追蹤觀察池

　　我挑選股票的作法是建立兩個股池，第一個股池是「追蹤觀察池」。這個股池多半是投資好友推薦、或在報章雜誌上看到，讓我感到有興趣的企業。當你的投資同好夠多或書籍媒體看的夠多時，你真的不會缺乏新股票，有時有興趣的股票可能多達上百檔。但我們仍要秉持著寧缺勿濫，這些股票仍必須透過嚴謹的方式做過濾。例如：你可以使用我的選股漏斗先做初步篩選，經營數據不符合標準的就可以直接剔除，就算符合基本標準的股票，仍需要放在觀察池中持續觀察與研究。

　　我過去很多的投資失誤都是太急著買進一支看好的股票所犯下的，後來才發現我常常都是買在這支股票最熱的時期。其實這原因很簡單，你會聽到一支股票通常都是媒體正在報導他或投資人正在瘋狂追逐它的時期，這個時期可能會長達好幾個月甚至一年，一旦時間夠長後，你才會驚覺到這家看起來好像好到不能再好的公司也有它自己的許多問題，而且是你之前完全沒想到的。

　　例如，市場的需求比原來想像的還不穩定，或原來還有那麼多跟他類似的公司會分食市場。讓我真正賺到大錢的都是一些我已經研究或觀察過很長一段時間的企業，而且初期可能持有非常少的張數，都是在長時間對它累積了足夠多的信心後才大舉加碼，最後才有不錯的報酬。

　　所以請嚴守紀律，不要一聽到一支股票後馬上就想買進，把它先放到你的觀察池中觀察至少半年或一年以上。**投資的好機會很多，你不會因為錯過一支飆股就對你的整體投資造成什麼嚴重的影響。更多的時候，晚點買一支股票可以保護你避免買在錯誤的時間點，也可以讓你有更充足的時間對它做研究，在對它更瞭解後才能更堅定日後的持股信心！**

　　關於觀察股池，你可以根據個人的喜好決定追蹤數目，我個人習慣追蹤大概 30 至 40 檔股票。在觀察池中的股票都是我自己有興趣，但還沒建立足夠的基礎研究與堅定信念的股票。切記，在觀察池中的股票只是初期候選名單，他們還沒出線成為可以投資的標的。真的忍不住要買，建議只能酌量以

小資金購入單張或零股，不要衝動買進過多的資金部位。

觀察股池的觀察重點：

· 如果是不熟悉的產業，請開始做研究，對一個產業的研究，至少需持續研究半年至一年以上才算得上是有基本認識。

· 觀察股價的長期變化，慢慢熟悉它的股價變化屬性，掌握長期安全的買進價位。我的經驗是一支股票一年左右的價格變化多屬於情緒面，如果長期觀察一支股票二到三年以上，若股價呈現緩慢增長趨勢，那通常是一個好的訊號。

· 觀察的名單除了要盡量符合自己的能力圈以外，也可以從多元產業的角度納入一些有潛力的族群。例如：放進一些自己想在投資組合中補強的產業類別，像我過去幾年很少布局生技製藥業與軟體服務，我會透過持續研究慢慢將潛力股納入投資股池，再確認值得投資後才慢慢加重投資比例。

▶ **第二個股池：優先投資股池**

我的第二個股池是我已經做過長期也較深入的研究後，確定符合我選股標準的股票。已經進入這個範圍內的股票基本上都已通過我的選股漏斗中的多數篩選條件了，在量化的經營績效及企業經營層面的質化部分都已經確認優勢。這時我們可以從原本的觀望態度轉換為「準備買進」，納入正式的投資組合中。但準備買進不代表就是準備要下重注，而是靜待適合的買進時機。

如果已經熟悉它的股性，可以在股價進入目標價時進行買進，例如已經接近或遠低於平均本益比時。除非是非常確定股價已來到長期的相對低點，不然還是要謹慎與耐心地分批買進。

美國已故的傳奇價值投資人沃爾特·施洛斯（Walter Jerome Schloss）在他 47 年的投資生涯中創造了 20% 的年化報酬率的驚人記錄，他認為投資一支股票應該要先以小量買入，因為買進後你才會認真研究與跟蹤它。等確認

值得更多投入再逐漸加大部位。他會同時擁有很多金額不大的股票當觀察倉，方便他持續觀察與追蹤，確認值得投入後再持續投入更多的資金做「平均買入」（Averaging in），透過此方式慢慢建立投資組合。

其實我們設立「追蹤觀察池」以及「優先投資池」的概念，也類似這些投資大師的作法。以謹慎小心的步驟建立投資組合，避免隨性式的買進不熟悉的股票，只要減少失誤、避免買到體質不佳的企業，你自然能因為手上都是好股票而受益。

例如我的主力持股之一的鈊象，雖然我在 2006 至 2012 年已經長期投資過鈊象，也對這家公司的狀況非常瞭解，但我在 2017 年再次買回時也只先買進一張，一直到 2018 年後確認鈊象的獲利能力已經大幅提升，才一鼓作氣將持股比重拉高到總資金的 10% 左右。

其他如保瑞、美食、大樹、晶碩等股票也都是觀察超過一至兩年才開始入手，雖然沒能在一開始的股價低點就買進很大的部位，但在慢慢增持後，依然有很不錯的回報。投資時不能只以績效為首要思考，更要考慮到安全性與確定性，避免因為心急或貪心犯下嚴重錯誤。

要培養紀律，股票都需要在觀察池中經過長期觀察與精挑細選後才能進入「優先投資股池」裡。在我的優先投資股池中的股票只會剩下十幾檔股票，其實這數目也差不多是一位散戶投資人能夠深入研究的極限了，不要讓自己分神在太多的股票上。投資重質而不重量，只需要幾支長期表現優秀的股票，你的整體投資報酬率就會大幅提升。所以練習只留下你最有把握，也最強的股票進入最後決選。

另外，從觀察池中進入優先投資股池中的股票，除了符合我們設定的選股條件外，還要考量它是否符合下面條件：

1. 個人特別的偏好

市場上的好公司很多，有些投資人就是特別偏愛某類特質的公司，例如，擁有特殊氣質與性格的領導者。我特別喜歡個性耿直與誠實的領導者，但某

些人則喜歡那些看來具有雄才大略、善於運籌帷幄的領袖。又或者，你特別喜歡某個產業，這可能跟你的專業與能力圈有關，或者跟個人平時的興趣有關，像我自己的專業有動畫背景，所以我很喜歡線上遊戲產業。

另外我攻讀博士時的研究是線上廣告的注意力議題，所以我也對線上廣告產業特別有興趣，研究這些產業對我來說除了得心應手，也覺得很有趣，擁有這類公司時我會很樂意持續追蹤相關資訊，因為這是我平常沒人逼都會主動花時間的興趣。反而是有些著名的電子零件或設備廠，雖然獲利數字很亮眼，公司治理也有一套，但我總是無法對這些公司的產品和業務提起太大的興趣，也無法透過自己的經驗來想像它的產品，所以我自己在電子代工產業的持股數目就比較少。

2. 是你投資組合中所需要的產業

以投資組合的概念來賺取報酬在長期將更能展現優勢，透過投資策略設計出來的投資組合，可以讓你平安度過不同景氣變化或市場上無法預期的黑天鵝事件。如果你能事先規劃好投資組合中所應該包含的產業，然後再慢慢地將一些符合你需求的企業放進追蹤觀察股池中來觀察，慢慢進行研究與追蹤，你就會慢慢有適合的候選股票進入優先投資股池中，最終成為投資組合裡正式的一份子。

例如，我一直很看好生技與製藥產業的發展，但這個產業一開始並不是我的專業，於是我慢慢將一些我覺得有潛力的好公司放進追蹤股池中，透過持續的研究或與這方面專長的朋友做交流（如我的醫生弟弟與醫藥界的朋友），慢慢地我將保瑞、大樹、美時等生技類股放進了優先投資的候選名單中，慢慢建立部位。漸漸地，我的投資組合中從完全沒有生技製藥類股，現在生技製藥類股也占有我投資組合超過15%。

跟建造房子的根基一樣，建立一個完整的投資組合需要時間，而建立各個部位的過程也需要時間。透過「追蹤觀察股池」與「優先投資股池」的方式可以幫助你慢慢找到適合的股票，逐步補強與優化自己的投資組合，這其實是一種充滿成就與樂趣的投資過程。

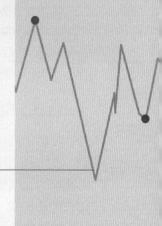

第三部

投資組合
策略

分散卻又集中，
在安全中攻擊

第十三章
淺談資產配置

在正式談如何規劃股票的投資組合前，我們先聊點資產配置的觀念。股票資產是你所有有價資產的一部分，你必須思考股票資產在你總體資產中的比重為何，這必須根據你的財務能力以及長遠的財務目標來做規劃。

13-1. 不同資產的屬性與成長性

我們可以將每個人所有的資產用環狀圖來說明關係，一般人的資產大致可以區分為：現金、房地產、股票、債券等，每個人或家庭依據自己的偏好及風險承受度規劃圓環的比例。例如：績效非常優異的美國耶魯大學校務基金是將股、債、不動產（REITs）以 5：3：2 的比例作分配。耶魯大學校務基金的管理者將最高比例的資金投入到股票上，因為他們認為股票是長期下來表現最佳的投資標的，這跟巴菲特、彼得·林區等投資大師的觀點是一致的。

根據不同資產長期的年化報酬率來看，股票一直是最好的選擇，當然前提是你願意容忍比較大的波動率，以及有正確的投資觀念。

我們以台灣的房地產為例，台灣房市已經過了迅速爆發期，而在房價長期居高不下，民怨高漲的壓力下，政府以政策抑制房價，所以台灣的房價指數從 2014 年以後長期停滯。以台北市為例，從 2014 至 2020 年甚至呈現微幅衰退，到了 2021 至 2023 年才一口氣成長了 9%，所以過去 9 年的年化報酬率只有 1%。

如果包含全國房市較熱絡的區域如台中、新竹與台南，全國的房價指數從 2014 至 2023 年也只成長了 35%，年化報酬率也只有大約 3.4%，若再加上買房成本，所付出的利息與高稅金，那年化報酬率還要更差。而且房地產的投資難度高，置產的城市及區域影響頗大，不動產投資人一旦買房就是動輒

數百萬的貸款（2023年人均房貸已經超過932萬）。如果你買房是為了自住，經濟能力也無力再買第二間房的狀況下，房地產的增值也無法直接變現花掉，要賣要買都是頗費心力的苦差事。

相比房地產，股票的優勢就多了。台股的長期年化報酬率可以在7%，若加上每年股息再投入年化可以達到10%，而且買進的第一年即有股息收入，還隨時可以變現，也隨時可以加碼，有多少錢就買多少股。除非是有高度自住需求，為了全家人有一個安定的居所，不然投資房地產的報酬率是遠不如投資股市的。

以下列出不同資產類別在過去10年的年化報酬率供大家參考。股票：7%至10%；台灣房地產（全國平均）：3.5%；黃金：5.1%；債券：3.4%至5.2%；現金：0.5%至1%。要特別說明的是，2022至2023年間因為全球遭受通膨及高利率的影響，黃金與債券價格大漲，所以列出的數值並非常態性數據，但股市的年化報酬率是經過數十年的驗證，具有很高的參考性。

當然，每個人對每種資產的安全認知與風險承受度不同，只要是在自己感覺到安全與有信心的狀態下所規劃的投資組合，對你來說就是最好的投資組合，不需要拷貝其他人的投資規劃，或一味追求最高的投資績效。只有你能抱得住、能讓你睡得安穩才是最好的投資規劃。

很多老一輩長輩們的資產全部是房地產及現金，他們對股市或其他金融投資商品並不熟悉，也因為看多了因股票傾家蕩產的故事，所以對股票投資充滿畏懼。他們一輩子認真工作，有閒錢就買他們認為最穩的房地產，靠著一點一滴的薪水也累積不少不動產，不僅可以收租金增加被動收入，長期下來的不動產增值也讓他們的財富翻了幾倍。所以不碰股票不見得是壞事，甚至還可能因為不敢碰股票，反而讓他們躲過因為不懂股票卻亂投資而造成資產嚴重虧損的可能。

投資不同資產的原則跟投資股票的原則是一樣的，都要提醒自己不懂的不碰，只投資自己已有深入研究也夠瞭解的資產，安全永遠是比報酬更重要的事。

資產配置最重要的觀念其實就是「計畫」，要以自己認真思考過的戰略來分配不同功能性的資產，避免隨興式的買進與賣出。越有計畫地針對自己的需要做資產配置，投資組合越能在長期發揮原來設定的效果。

舉個例子來說，很多台灣人視買房為人生重要大事，但我看過有些朋友在他們的遠程財務目標中，似乎只需要擁有一間房子就可以了。有了這間房子似乎就可以滿足他其他所有的人生計畫，包含娶妻、生子、養老等問題。但我看到的是，他們為了一間新房子扛下鉅額貸款，每個月繳房貸後幾乎沒有多餘的資金來享受生活，更不用說累積不動產以外的資產了。甚至，我有些朋友在扛下房貸後才過不到幾年就因為不堪壓力將房子賣掉，貸款壓力讓他們幾乎喘不過氣來，無法有餘力再做其他資產規劃，或過一個輕鬆且有品質的生活，於是他們寧願回到過去租屋的生活方式。

當然，也有把股市當做賭場的投資人，連家庭的預備金與買房頭期款都拿來當一夜致富的賭注，在股票投資失利後，讓全家陷入長期經濟困境。這些都是沒能從全面的角度審視財務規劃與資產配置，把「高風險資產」與「抗風險資產」的角色混淆，把生活優先需求挪用至即興式投資的常見案例。

圖 13.1.　簡單的資產與股票配置觀念

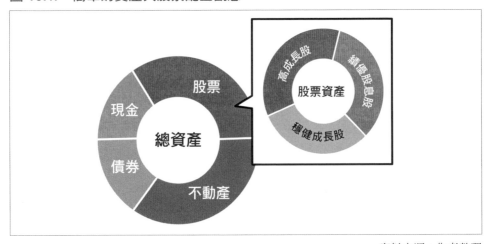

資料來源：作者整理

13-2. 股票資產的優勢

　　我從年輕時就已經認定股票是最好的資產，我知道好股票的價值長期可以增長，每年越來越多的股息可以累積成可觀的被動收入，需要現金時也可以迅速賣出換現金。所以我自己的規劃一直都是將最大比例的資金分配在股票上。

　　當我很多朋友都將買新房當作第一優先考量，扛下沉重的房貸壓力時，我選擇買間便宜的中古小公寓，因為我覺得有房子住就可以了，不一定要在房地產上花那麼多的資本。在購屋初期，我才開始大學講師的工作沒幾年，每月五、六萬的收入，所繳的房貸資金只占我月收入的 25%。扣除基本生活開銷後的閒餘資金則全部投入股市，粗估我長期下來配置在股市與房地產的資金比重約為 2：1。

　　將股票作為主要資產的優勢，讓我可以任意調整每月投入股市的資金，可以根據每月的實際需要做調整，不會受到鉅額房貸的壓力。而且股票資產在你買進的第一年就會開始產生股息，變成你的被動收入之一。如果需要更多的現金，你還能馬上賣出股票換成現金。喜歡旅遊的我，在還沒結婚生子前，每年幾乎都能毫無壓力地到歐美旅遊，創造了許多美好的經驗與回憶。

　　此外，我因為投資績效還可以，便利用增值速度比房地產快上許多的股票資產，提早還清了我的房貸，還投資了朋友的寵物醫院，這個小事業每年的分紅也成了我額外的被動收入。這些都是因為股票投資在靈活度與成長性上的優點所帶來的好處。

　　就算至今我已有兩個孩子，太太還是全職家庭主婦，我仍幾乎是將每個月的閒置資金都投入股市，平時只留 15 至 20 萬左右的現金當作生活基本開銷所需！而隨著房貸部分已還清不再需要投入，每年透過股票發放的股息越來越多，我投入股票的資金比重還在持續增加中，計算我目前的股票資產與房地產增值後的比重約為 4：1。但因為目前不考慮買房，資金還是繼續投入股市，所以我的股票資產的占比還會繼續增加，還會漸漸拉開與其他資產的

差距。

　　至於一般人的股票應該要占總資產的多少比重才適合呢？傳統上有一個簡單的計算公式，也就是使用 100 來減掉你的年齡。在傳統理財觀念裡還是將股票當作是高風險資產，畢竟它比其他資產有更大的帳面價值波動，所以這公式的主要精神便是「年齡越大，股票占資產的比重應該越少」。

　　若你用錯誤的觀念來投資股票，風險絕對很大。若真的因為臨時有大筆資金需求，需要賣股籌現金時，市值也可能剛好在低點，股價波動在需要錢時就真的是風險了。但若你有正確的認知，能做好安全的資產配置，股票投資其實是很安全的，回報也很豐厚。

　　對股票資產已有正確的認知，瞭解股票的價值與優勢、也願意忍受帳面波動的投資人，可以改用 110 甚至 120 這個數字來減掉歲數，計算股票部位比重，讓股票資產占比更高一些。現在醫學十分進步，現代人退休後的健康餘命還很長，仍有足夠的時間讓股票繼續成長。例如到了 60 歲，用 110 減去 60 歲，你仍可以有 50% 的資金在股市中，讓股票的複利繼續成長。

　　甚至，若你的股票存得夠早也夠多，你根本不需要賣股，靠股息就能好好過退休生活。不如就把股票繼續放在帳戶裡讓它繼續成長，最後傳承給你的子女，讓這個自己可以自己運轉、生生不息的資產一代傳一代。

　　由於個別家庭的經濟情況與實際需求差異頗大，所以討論家庭資產配置並不是此書的重點，我還是會專心回到股票配置的主題上。在決定好股票在你所有資產中的理想配置比例後，我可以幫助你思考一下股票資產應該如何來配置。

第十四章
投資組合的重要性：從我的經驗談起

> 「在一個漫長的賽季中，運氣會趨於平衡，而技能則會閃耀。但在五戰三勝，甚至七戰四勝的系列賽中，任何事情都有可能發生。」
>
> ——電影《魔球》

對短線投資人來說，很少會有「投資組合」的觀念，多半是一筆資金反覆進出市場以打游擊戰的方式做投資，將投資的收益寄望於每次不同的戰役。如我前面章節所說，這對長期績效來說是不確定性高、風險也很大的投資模式。除非是非常少見的短線高手（或錢很多不怕虧損），不然最好敬而遠之。

但對有心進行長期投資的人來說，建立「戰略性的投資組合」是長線投資人最應該擁有的基本觀念。存好股固然很重要，但能有策略性地建立投資組合更重要，因為一檔股票再好，你都不可能百分之百做對決策，所以只押在一檔股票上就是賭博，押在數目太少的股票上也一樣是高風險。

股市是一個 82 法則運作的很好的世界，少數的股票貢獻了市場大部分的獲利，股票的投資組合也是，所以你必須要有夠多的持股來減少看錯的風險，並網羅夠多的好股票來增加中獎率。

14-1. 我菜鳥時期的教訓：重押的風險

在 1998 年的研究所期間，因為台股崩盤賠掉超過一半資金後，我也沒心情再研究股票，專心地先把學位拿到。國內研究所畢業後我隨即出國攻讀電腦動畫專業，在美國進修的三年期間，我熱衷於學習與適應海外生活，不是很關注股市。

一直到了 2002 年我回台灣開始第一份教職，有了穩定收入後，我才再次開始研究股票投資。雖然我仍秉持長期投資的觀念進行投資，但當時的我並沒有明確的投資策略，手上資金也不多，多半是薪水進來後就隨興式地亂買股票，買進的股票五花八門，主要是台股中的熱門電子類股。

　　那幾年還是停留在看報紙買股票的階段，也不是不認真，我各種投資書籍都看，研究技術線型、追蹤外資和投信籌碼變化等進出訊號的書籍都讀，但這些書籍其實對我建立完整的投資概念幫助不大。這段時間大概都是看到買進的股票狀況不對就出掉，看好的股票就多買一些，有賺就繼續放著領股息，看能不能賺到長期複利，真的算不上有什麼選股技巧和資金配置策略，投資了五、六年下來其實也沒什麼明顯的績效。

　　2008 年，遇到次級房貸全球金融危機，我發現手上的一堆股票價格幾乎都腰斬了，只有鈊象和精華光學還撐在百元以上，這兩支甚至在股災中帳面上都還是賺錢的。更有趣的是，鈊象和精華剛好還是台股中最後 10 家還能挺在百元以上價位的高價股。

　　也就是說在台股這麼多的股票中，我竟然找到了台股最後 10 支最能挺住股災的百元股票中的兩支。這個彷彿是「天啟」的訊息，讓我開始有了不同的想法。我覺得讀了這麼多投資書籍，買進了這麼多看起來前途光明的電子公司股票，結果遇到金融危機還是不堪一擊。反倒是精華和鈊象這兩支冷門股挺住了，這類冷門股票必定有它們的獨到之處。

　　於是我決定乾脆把投資化繁為簡，將所有資金都押在這兩支我手中最安穩的股票就好，也不用想什麼靠投資翻個幾倍身家的美夢了，先求穩健能生存下來就好。

　　於是我出清除了鈊象和精華以外的所有持股，連虧損超過一半的投資型保單也都解約。我把手裡能騰出來的資金全部配置在鈊象與精華上，一半鈊象、一半精華。

　　這個集中持股的資金配置策略奏效了，但後來的發展卻完全超乎我的意

料。我原來看好的鈊象，在 2012 年突然遇到中國全面打壓電玩機台，鈊象的業績與股價開始暴跌，2012 年很快地就跌破了 100 元，我看情況不對只好先出清持股。還好因為持有了多年，股息股子加一加並沒有太大的損失。

另一方面，精華光學營收與股價持續成長，最後在 2017 年年底創下了 1,025 元的歷史新高價位。我靠著精華光學 10 年來配發的豐厚股息，加上股價增值，這一檔股票增值了超過 10 倍，我享受了一段從沒想過的資產暴增過程。但畢竟不可能有天天過年的好運，看起來一帆風順的投資卻開始出現危機。

在 2018 年的前 10 年，也就是精華光學不斷創下營收高峰的十年之間，隱形眼鏡代工這個高毛利市場其實已經開始吸引越來越多的對手加入競爭，特別是幾家從高科技公司分出來的代工廠。一開始這些競爭對手還無法掌握關鍵技術，尚不構成太大的威脅，但當關鍵技術逐漸被突破後，幾家台灣電子廠所支持的隱形眼鏡代工廠如晶碩、望隼等，便開始引進科技廠擅長的全自動生產技術。

精華在隱形眼鏡代工產業中當了很久的龍頭老大，輕忽了全自動化技術對生產的巨大影響，還執著於過去以廉價外勞為主、勞力密集式的生產模式。精華最終在新冠疫情時期受到嚴重打擊，競爭力與應變能力已經跟不上新進對手。當我真正意識到精華的競爭力出問題時，股價已經跌掉一半，對於精華占資金比重超過 75% 的我來說，嚴重拖累了我的投資績效。

我在投資上的問題還不止如此，因為仍照著之前的成功模式重押股票，所以並沒有做好分散風險的規劃。在鈊象於 2012 年出問題後，我將鈊象的資金慢慢轉移到另一檔我看好的企業，生產烤箱的新麥。新麥逐漸成了我的第二大持股，但在持有新麥多年後，新麥的成長也出了問題。

新麥的專業烤箱在大陸一線城市的市場需求飽和後，開始面臨二線城市激烈的價格競爭，成長開始停滯。我在 2018 年計算了一下，發現持有新麥近六年的結果是賺了股息賠了股價，長期績效竟然還略輸給大盤。重押股票的策略面臨重大挑戰，我知道這是風險太大的投資模式，是時候逼自己做出改變了。

14-2. 越早建立投資組合的觀念，對投資生涯越有利

在經歷兩支重押的股票逐漸走入下坡後，我開始學習股票配置觀念，參考投資大師們的股票配置，以及閱讀有關投資組合的相關理論，逼著自己將資金分配到更多不同性質、不同產業，甚至不同國家的股票市場上。也因為開始建立投資組合的觀念，讓我後來的投資績效更趨穩定，甚至在不小心犯了錯誤時，例如 2020 年 3 月的美股成長股崩盤，雖然買進的成長股暴跌，但因為美股只占當時投資組合的 30% 比重，讓我避免掉整體績效暴跌的風險。

很多人可能會認為建立投資組合比較適合手上有大筆資金的投資人使用，因為可以一次就做好配置。某個角度來說的確是如此，例如我在研究所時期幫母親做投資，我母親當時拿出 100 萬資金。為求謹慎，我將這 100 萬資金平均配置在六檔股票上，分別是台積電、日月光、巨大、中精機、統一與宏碁，涵蓋了電子、傳產、食品等不同產業上。

雖然我母親最後在 2008 年第二次遇到股災時決定全部出清，最後沒賺到什麼錢，但過了 20 年後，我意外地發現這個投資組合竟然創造了 10 倍以上的報酬率。這是單筆資金一次做好分配的優勢，可有效率地執行具備戰略思考的投資組合。

但大多數人，例如我，多半是平時手頭沒有大筆資金，必須透過每個月扣除基本支出後才有閒置資金慢慢投入股市。對我們這類投資人來說，建構投資組合的過程更像是一個中長期的投資計畫，必須利用幾年的時間慢慢建構一個完整的投資組合。

這個建構投資組合的過程包括：持續發掘適合自己的股票、慢慢增持、配置不同產業板塊的股票，根據個股風險與前景調整持股比重，最後才能形成一個兼具抗風險與成長的投資組合。其實這樣的投資過程雖然比較漫長，但換個角度來看，卻充滿樂趣，而且也更安全。

如果能越早建立投資組合的觀念，對你漫長的投資歲月越有益。年輕時在資金還不多時重押幾檔股票，就算看錯了，損失也很有限。但當你已經有

幾百萬的資本，甚至已經擁有千萬以上的資本時，看錯股票的風險就會讓你損失慘重。

我認為自己的前半段投資人生很幸運，重押的鈊象出了問題卻損失不大，而精華光學在漲了十倍後才開始出問題，就算股價跌掉不少，我仍能靠著領了超過成本兩倍的股息及股價的數倍增值獲利出場。這一方面得利於堅持長期持有，賺到了企業完整的成長複利，另一方面我也必須承認是因為不錯的運氣。

在買進一檔股票時，你真的不會知道十年後它會給你多少回報。如果我在 2008 年重押的不是精華和鈊象，而是當年的熱門股宏達電和茂迪呢？我的資產最後可能會跌掉九成，也不會有這個資格寫這本書了。所以，我現在都再三提醒新手投資人，一定要儘早有投資組合的觀念。我將在後續的章節跟你分享，怎麼做好一個具有戰略性的投資組合。

14-3. 投資組合的配置決定了 90% 的報酬

如果想挑戰主動投資，投資組合的觀念是你開始投資前最需要建立的觀念之一。根據先鋒基金（Vanguard）在 2003 至 2019 年的研究指出，投資人的投資組合已經決定了長期投資報酬的 91% 以上；投資人個人的操作技巧與投資決策影響不到 9%，而且這個 9% 還不一定是正的影響力，非常考驗投資人的個人能力。

先鋒基金的同份研究也指出，每半年透過投資組合再平衡（賣出漲多的股票補進落後股票）的投資人，與持有原組合不動的投資人相比，從 2003 至 2019 年的報酬率差距可以高達 40%。也就是說，你只要將投資組合配置好後就不管它，可以勝過那些自己覺得很靈活，常將投資組合調整來調整去的投資人。

一般投資人常常因為許多不必要的決策導致過多的錯誤，例如賣掉了原來能持續成長的好企業，換了更熱門的股票，結果常常是不換的結果還更好。

所以，投資人與其耗費時間學習過多複雜的投資技巧，遠不如一開始就好好建立一個可以對抗風險、容許犯錯、也能兼具成長性的投資組合來得有意義。

圖 14.1. 股票配置對投資報酬的影響

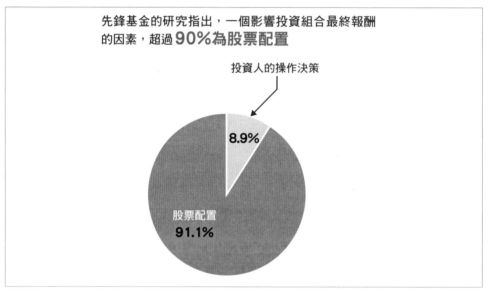

先鋒基金的研究指出，一個影響投資組合最終報酬的因素，超過**90%為股票配置**

投資人的操作決策

8.9%

股票配置
91.1%

資料來源：先鋒基金（Vanguard）

　　既然投資組合這麼重要，那一個好的投資組合應該具有哪些特質呢？我認為一個好的投資組合應該有以下三種特質：

▶ 1. 多樣化

　　投資組合是透過投資不同產業中的企業，創造多樣性來分擔風險，在不同的牛熊與景氣週期中，一定會有企業受到比較大的影響，但也會有產業比較不受影響。一個好的投資組合，在不同的股市週期中會有不同的股票來貢獻獲利，不會因此全軍覆沒。

　　例如傳統投資書籍中常說的「股債64比」的投資組合理論，便是透過

配置較多容易波動但成長性較佳的股票，再搭配部分穩定收益率的債券來平衡風險。又例如，投資人可以根據自己對投資的期待，混合成長性佳與殖利率高的股票，同時滿足資產增長與穩定被動收入的雙重要求。

投資標的多樣化的首要目地在於「避險」，讓投資組合不會受到單一個股表現不佳的過度影響；而廣納不同產業股票，也可以增加勝率。當然，有得必有失，多樣化的結果也代表績效會被平滑化，得到的績效是不同產業的成長性平均化後的結果。

▶ 2. 允許犯錯

投資組合中擁有夠多的股票可以允許投資人犯錯。巴菲特的投資組合中，所挑選股票中約有 50% 的股票表現普通，但其中的 20% 持股貢獻了超過 80% 的報酬。**投資組合中有很多表現普通，或幾支表現糟糕的股票是很正常的，而你也只需要少數幾支表現優異的股票便能為整體投資組合創造不錯的績效。**

如果你是單筆資金進出股市，一個失誤的決策就可能導致你這筆資金虧損 30%，這樣你必須在之後的交易賺到 43% 才能彌補損失，這會變成高難度的目標。然而，若你是透過投資組合的方式將資金平均分配在 10 檔股票上，一檔股票不幸虧損了 30%，你只需要另一檔股票上漲 30%、或在其他幾檔合漲 30%（例如三檔都漲 10%），你就能彌補損失。

以好公司長期的股價成長幅度，再加上股息的補償，一支股票成長 10% 或 30% 真的不是太難的事。甚至，你的一支股票不幸因為公司破產下市，你的整體成本也只損失 10% 而已，這是可以容許的損失。所以好的投資組合可以透過不同產業間的獨立性分散風險，甚至有互補性能彌補風險。

▶ 3. 不需頻繁調整

一個好的投資組合並不需要投資人花很多時間來追蹤與調整，長期持有好企業股票可以讓你省掉很多心力。投資人大部分的時間只需要持續追蹤企

業的經營表現即可，如果企業的核心競爭力與長期獲利能力並沒有改變，投資人基本上什麼都不用作，只要等待企業繼續成長即可。

很多短線投資人也許真的因為技巧不錯，透過頻繁交易賺到錢，但那種每天盯盤、消耗大量精力、身心極度緊張的操盤方式也讓這些投資人身心俱疲。投資這件事應該是一輩子的事，用一生的時間來見證自己的投資組合一年比一年成長，絕對是件讓人感到開心與有成就感的事。

如我們在一開始的章節中提到的，長線投資人管理投資組合的方式就像是一位駕駛著民航機的駕駛員，基本上只需要微調方向即可，不需要做太多複雜的調整。散戶做投資如果每天像是荷槍實彈上戰場衝鋒陷陣的士兵，還要三不五時停利與停損，虧損了一筆投資還要費盡心思在另一筆投資上賺回來，這種投資生涯也真的太折騰人了。

第十五章
組自己的夢幻球隊

2023 年 1 月 3 日，騎士隊球員洛培茲（Robin Lopez）在見證自己隊友米契爾（Donovan Mitchell）狂轟 71 分的紀錄之夜後，馬上在推特上貼文，他在貼文說道：「今天我和米契爾聯手攻下 72 分，請記得記入歷史紀錄。」事實上，在這場比賽中，洛培茲只有上場 7 分 15 秒，1 投 0 中，只靠罰球拿到唯一的 1 分。

15-1. 向 NBA 球隊學習

　　球類比賽是一個很適合股票投資人思考的活動，特別是在歐美已發展十分成熟的職業球隊。歐美的職業球隊對球員的訓練已經數據化與科學化，對球員的挑選也透過經驗豐富的球隊經理團隊來執行，有很多值得我們學習與思考的地方。以下和大家分享一些 NBA 球隊的幾個有趣的資訊。

▶ 1. 大城市與小城市球隊的差異

　　NBA 職業籃球聯盟的每個球隊因為財力不同，也發展出不同考量的球員規劃。很多大城市球隊，財大氣粗，為了票房喜歡花大錢買進超級明星球員，特別是那些擅長華麗進攻的球星，卻往往衍生出很多一開始沒有想到的問題。

　　例如這些明星球員往往過度以自我為中心，無法聽從教練指示，習慣自己是球場上注目的焦點，和其他同隊明星球員爭主導權而無法合作等；又可能因為擔任先發，擔任得分重擔常會受傷，身為巨星會非常保護自己的身價，一有小傷就不願意上場。而球隊為了支付這些大明星高昂的薪資花費了過多的預算，剩下沒多少錢來補足其他位置的綠葉球員（功能球員），最後變成重攻不重守。

而且一旦這些大明星表現失常，整個球隊便沒有足以替代的球員，過度倚賴這些球星導致球隊更無應變能力。所以這些大明星的組合常常是一開始很受期待，但最後卻無法產生化學效應而搞得球隊烏煙瘴氣，最後還是得忍痛送走大明星球員重建球隊。例如：常聽到的湖人隊、火箭隊、紐約隊就常陷入明星球員跟球隊成員或球團不合的問題，導致這些大城市球隊有時連季後賽都打不進去，就算進了季後賽也常在前幾輪就被那些「便宜」的小球隊給淘汰掉了。

反倒是小城市球隊為了能在激烈的競爭中生存，必須思考以有限的財力找到最經濟實惠的球員，反而會很謹慎地挑選適合球隊需求的球員。他們會精打細算地找到球技更全面但價格合理的主力球員，並搭配一堆便宜但耐操好用的綠葉球員，而這些知名度不如一線明星的小球星，表現常超乎預期。

比起大城市球隊，很多小城市球隊反而是打進季後賽的常客。例如我自己很喜歡的鳳凰城太陽隊、丹佛金塊隊、安東尼奧馬刺隊、多倫多暴龍隊等，都是有很強的球隊經理團隊，並用少於大城市許多球隊的預算，建構了可以常打進季後賽資格的隊伍。

如果把你的投資組合當成一個球隊，NBA 球隊的問題是不是跟你投資股票很像呢？投資人應該針對整個投資組合（球隊）的缺點，補進最划算的功能型股票，不管是防禦型或進攻型的股票都沒關係，重點是符合需要、好用又便宜，而不是用天價買進一個華而不實的超級明星球員，把球隊搞得烏煙瘴氣卻連季後賽都打不進去。

▶ **2. 選秀中高順位球星常表現不如預期**

事實上，也有研究指出，在 NBA 中追求第一輪選秀出身的大明星，常不及第二輪甚至第三輪選秀默默無聞的小球星來得有效果。自 1976 年以來，NBA 只有 54.3% 的前三順位球員在職業生涯的前四年表現高於平均水平，或者說有超過 45% 的前三名順位表現比平均水平還差。這表示考慮到付出的高額薪資，追求高順位球星的投資報酬率很低，幾乎跟丟銅板的成功率差不多。

為什麼會如此呢？主要是因為明星球員的過去表現比較像是「相對值」而不是「絕對值」。

選秀中高順位的明星球員通常是因為很早就享有高知名度，例如很多在大學比賽中表現優秀的球員，常是因為本身就在很強的一級大學球隊中，他的表現會因為球隊本身的名氣和戰績，基本上就優於那些默默無聞大學裡的球員。而那些沒有名氣大學球隊的球員就算有出色能力，也因為球隊戰績不佳，不太能凸顯其優秀的數據（例如無法晉級第二輪比賽，得分紀錄相對少）。

但事實上，後面這些球員一旦有更多的表現機會，他們的數據可能就比高順位的球星還優秀。真正客觀的比較，要將球員放在一樣的環境，給予一樣的條件來比較表現。但事實上沒有這種環境可以如此比較，所以一般球團最直覺的思考模式還是去挑高順位的球星。

球隊挑選成員的狀況其實跟股市裡挑選股票很像，熱門股常常是大眾追逐的標的，但表現常不如預期；反而是那些名氣不大、不被投資人重視的股票，長年下來的績效遠勝過熱門股。

當然大城市球隊追求大明星考量的也包括票房，但若不看票房只看戰績表現，你會覺得怎麼這些小城市球隊花更少的錢卻有更好的成績，如果把球隊戰績當成投資績效的衡量標準，小球隊挑選球星的謹慎態度也正是投資人該學習的。畢竟，投資時花大錢買熱門股，除了讓人家覺得你好像很跟得上投資趨勢外，是不會增加投資人什麼實質利益的。

▶ 3. 大明星抱團後的效果多半不佳

NBA 在後喬登時期，許多球隊和球星為了想要更快速地取得冠軍，開始流行起「抱團」的風氣，想把幾位超級巨星組合成夢幻隊伍，但結果常不如預期。

除了我們之前所說的幾個問題，例如：教練難以領導這些自我中心的大

明星、不同球風的球星難以互相配合、互看不順眼，還有重攻不重守等缺失以外，一個更常被忽略的問題是：為了這些超級球星的組合，常必須犧牲掉原來表現不錯的功能型球員，而且常是以一換三或換四的方式進行，一次用幾個小球員再加碼未來幾年的選秀權，換一位大明星過來。這等於是犧牲掉原來已經有一定水平的球隊結構，換成了不確定性更高的新組合。

一個好的冠軍隊伍應該要以循序漸進的方式進行補強，先想辦法成為打進季後賽的常客。能夠進入季後賽便代表球隊已是 82 隊中的前 16 強，也就是前 20%，然後在原來已經不錯的基礎上慢慢補強需要的球員，而不是過於冒險地以犧牲原有球員為基礎，而納入過多的不確定性。

1991 至 1998 年喬登的公牛王朝、2003 至 2007 年的馬刺隊、2019 年的暴龍隊、2017 至 2022 年的勇士隊，都是在原有球隊基礎上補上關鍵的球員後奪下冠軍。

小皇帝詹姆斯是 NBA 中為了冠軍戒指頻頻換隊或大幅更動隊中成員的著名例子，他在湖人隊的時期應該是最受爭議的。

2018 年詹姆斯以四年一億五千萬美元的合約轉隊到湖人隊，2019 年又補進了一眉哥戴維斯後拿下了 2019 年冠軍。但隨後的一兩年因戴維斯和詹姆斯反覆受傷無法穩定上場，使得戰績開始下滑。

湖人隊在求冠的壓力下開始大舉換將，把原來冠軍隊中的三位功能性球員（一個前鋒、一個中鋒及一位穩定的外線射手）以一換三再外加兩個二輪選秀權，換了數據亮眼的威斯特布魯克（Westbrook）過來和詹姆斯、戴維斯組成三巨頭。

但沒想到威斯特布魯克換過來後嚴重水土不服，表現大幅下滑，而球隊的其他新進成員也無法融入球隊運作中，到後來幾乎一勝難求，最後竟連季後賽都打不進去，整個球隊的競爭水平反而降到最低。這正是為了想快速打造冠軍球隊過於急躁的結果，就如同彼得‧林區所說的「**砍掉鮮花、澆灌雜草。**」

▶ **4. 防守是最好的進攻**

誰都喜歡看巨力萬鈞的灌籃，或令人驚嘆的巧妙進球。只要是觀眾都喜歡看節奏快速的華麗進攻，比較不喜歡看拖累比賽節奏的肉身防守，所以NBA這幾年為了票房與收視率，逐步修改比賽規則，讓比賽更有利於進攻方，對防守者較為嚴格，所以很多球隊也漸漸演變成重攻不重守。這在82場的例行賽中比較看不出差異，因為所有球隊的第一階段目標都先瞄準能進入季後賽就好，所以會保留實力避免球員受傷。

但在進入季後賽後，每場比賽的勝負都影響到是否能晉級，這時就會看到防守的重要性了。NBA流行的一句名言正是「最好的防守就是好的進攻」（The best defense is a good offense）。進攻考驗的是球員的命中率，但球員的命中率幾乎是無法透過個人意志力來控制。被對手包夾或連續投球不進後的緊張情緒會讓命中率更差；反倒是團隊合作的防守更容易透過訓練及球員的鬥志來執行。堅強的防守可以有效抑制對手的得分能力，這是比得分確定性更高的手段。

歷史上幾乎沒有只有華麗進攻而防守差的球隊可以拿到NBA總冠軍便是實證，只有進攻和防守都有高水準表現的隊伍才能在最後勝出。

我們可以從以上NBA球隊的管理經驗歸納出幾個重點：

（1）錙銖必較，錢要花在刀口上；不過度迷信明星球員，精選實力優於名氣的球員。

（2）要有均衡的球員配置，攻守兼備，防守比進攻更不易失誤。

（3）要先建構一個有基礎實力的球隊，以穩定性為前提，逐步補強陣容，不大幅度更動核心球員，避免增加太多不確定性。

（4）球隊不能過分倚賴一位明星球員的得分能力，當主力球員表現不佳或受傷影響球隊表現時，必須有類似功能的球員來彌補。

（5）建構一個強隊需要有十足的耐心與夠長的時間，避免為了追求迅速奪冠而導致過多草率決策。

（6）冷門市場可以找到更多物超所值，防守與攻擊兼顧的球員。

▶ 5. 以不同功能的球員組成優秀球隊

其實從球隊中不同功能球員的定位，也可以讓我們看到什麼是一個好的投資組合。下面是傳統籃球中的五個關鍵位置，每個位置都需要一位符合其功能需求的球員。

1 號位置：控球後衛（Point Guard ／ PG）：

負責控制球隊的組織與進攻，是球隊中最靈活、最有組織能力，控球與助攻能力最強的球員。

2 號位置：得分後衛（Shooting Guard ／ SG）：

球隊中的中遠距離射手，也是擁有最多樣化進攻能力的球員，能適當地傳導球。通常會是球隊的主要進攻選擇，進攻戰術也常會以他們為發起的核心。

3 號位置：小前鋒（Small Forward ／ SF）：

以進攻得分為主要任務，有快速推進上籃的能力，能配合各種半場進攻戰術以及外線能力。常被稱為「鋒衛搖擺人」。

4 號位置：大前鋒（Power forward ／ PF）大前鋒：

也稱強力前鋒。大前鋒是球場上體格較壯，但仍具備一定速度的球員。傳統上，大前鋒被要求能在禁區防守與保護籃板球。

5 號位置：中鋒（Center）

由隊中最高的球員擔任，因具備進攻身高優勢，傳統上被定位於籃

下積極強攻並爭奪進攻籃板球。一些具備進攻天分的中鋒球員，也常成為在禁區附近投籃得分的進攻點。

圖 15.1. 籃球場上不同位置的球員負責不同功能，透過團隊合作完成防守與攻擊任務

資料來源：作者整理

我們可以發現籃球的五個球員中主要由控球後衛來組織及傳導，由得分後衛及小前鋒來得分，中鋒及大前鋒來鞏固籃板與防守，原來的設計是很均衡地兼顧進攻與防守。同樣的，我們在規劃投資組合時也需要將不同特質的股票納入組合中。

我們一樣可以將股票跟球隊成員分成「攻擊型」與「防守型」兩種類型。攻擊型股票以高成長股為代表，股價的波動可能受到市場情緒的影響而有較大的波動；而防守型股票則是有穩定收益、股價不易大起大落的績優價值股。

每個投資人對報酬的期待不同，對風險的承受能力也不同。一個希望總市值增長快一點的投資人可能會希望手中的成長股多一點，一個保守謹慎的

投資人則會希望手中的績優股多一些，每年發放的股息也多一點。

當然，這也跟投資人正處於人生的哪一個階段有關係，理論上越年輕的投資人可以承受越大的波動風險，也更有時間等待企業的長期成長複利。

15-2. 思考個人目標，規劃適合自己的投資組合

在規劃投資組合時需考慮兩個重點：1. 個人投資目標； 2. 投資組合的均衡性。

你的投資目標是優先追求股票資產的市值成長？還是優先透過領息創造被動收入？要先確認自己的投資目標，才能進一步規劃想納入的投資標的之屬性，並逐步進行優化調整。在股票的投資組合中，我們可以根據個人對投資目標及風險的偏好做投資組合的設計。

對我來說，現階段仍是以提升總體持股市值為優先，並且希望能加速股票資產的成長速度（能超越大盤），所以我只挑選有良好成長性的股票。

我的最優先選擇會是成長率 10% 至 20% 的穩健成長股，再來才是高成長股，接下來才是更溫和和穩健的優良成長股。而現階段的我仍在追求市值的快速成長，暫時不考慮提供較高股息但成長性低於 7% 以下的績優股息股。

表 15.1. 不同成長率的公司的各種屬性

現階段投資的 先後順序		營收或 淨利率成長	投資定位	殖利率	波動性	穩定性
高成長股	**2**	20% 以上	攻擊型	低	極高	低
穩健成長股	**1**	10~20%	攻擊兼防守 （攻擊＞防守）	中等	高	中等
緩慢成長股	**3**	7~10%	攻擊兼防守 （防守＞為主）	中等	中等	中等
績優股息股	**X**	7% 以下	純防守	高	溫和	高

資料來源：作者整理

15-3.　透過混合不同屬性股票達成個人目標

▶ 1. 不同投資目標的投資人

投資人只需根據自己的投資目標及風險偏好，將四種股票做不同比例配置即可。投資人一般可以分成下列幾個類型：

（1）積極型投資人：追求市值快速增長

通常年紀較輕，能承受較高的股價波動和選股失誤風險，較不在意每年股息收入，希望能迅速累積資產市值，可以高成長股與穩健成長股為主要持股。

（2）平衡型投資人：成長與股息兼具

希望能同時兼顧持股總市值的成性長以及每年股息的增長，以較平衡的方式配置成長股及績優股息股。

（3）保守型投資人：追求穩定股息

較不在意股票市值能否快速成長，但希望持有的股票能有較高且穩定的

圖 15.2. 不同投資目標之投資人的投資組合範例

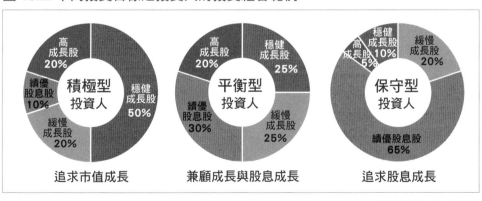

資料來源：作者整理

股息，通常以未來每年最終能領多少股息當作被動收入為目標。這時成長性溫和，甚至成長性還輸給大盤的績優股息股就可以成為主要投資標的。

投資是一種有機會成本的活動，若你的一筆資金只投注在一家企業上，你就等於放棄了投資另一家企業的機會。投資風格也是，如果只挑選一種投資風格，就等同你放棄了另一種投資風格的優點，無法面面俱到。例如木頭姐執著於破壞式創新科技企業，特別是還在發展初期仍無法證明優勢、也還沒建立起護城河的小型企業。在狂熱的牛市中，這些高成長小型股的議題性讓其成為投資人追捧的焦點。

木頭姐的創新科技基金 ARKK 在 2020 年 3 月至 2021 年 2 月的兩年間靠著這類高估值成長股讓市值飆漲了驚人的 250%；但很快地，在熱錢退潮後，到了 2022 年 12 月，木頭姐的 ARKK 基金已經跌掉了超過 80% 的市值，最後基金市值比疫情前還低，ARKK 基金自上市以來（2014 年 10 月）的績效也輸給了同期的大盤。這種只投資在同一類型股票的投資風格充滿了巨大的風險。

但若你透過一個經過設計的投資組合，你便能透過混合不同風險類型的股票來控制風險。如果你追求的是迅速增加市值，那高成長股可能是最能達成目標的投資標的，但你也因此必須承受較大的股價波動風險，承受更多的選股錯誤，也缺乏股息做補貼。這時適當地分配一些緩慢成長股與績優股息股，就可以平衡掉不少風險。

▸ 2. 不同人生階段也有不同的投資目標

不同類型的投資風格有可能是因為個人的性格偏好造成，也可能是隨著年齡的變化而改變投資目標與對風險的承受度。我自己的投資風格就經過幾次的轉變，從最初漫無目的的選股，到後來以兩檔重押，到最後以更多元化的股票種類作為投資組合。這些轉變也是因為經歷了幾次重要事件後，對風險的看法有所不同，而調整了投資組合的配置。

圖 15.3. 是我 2023 年 2 月的投資組合，可以看到單單遊戲及租賃業便占

掉我超過 50% 的資金比重。而如果將特斯拉、蘋果、晶碩、德麥等各占超過4% 的股票一起計算，就占了 69% 的比重，其實可以算是很集中的投資。整個投資組合的表現主要就看這 7 家企業的表現。

圖 15.3. 2023 年 2 月的投資組合

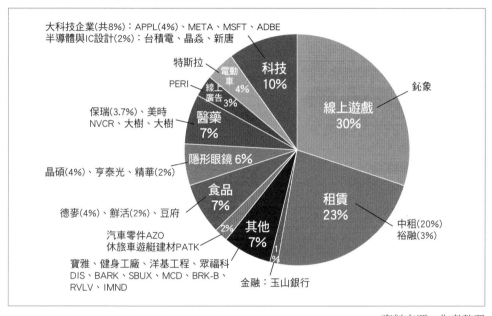

資料來源：作者整理

　　我的持股中高成長與穩健成長股的占比是最高的，超過 80%，剩下的便是緩慢成長股，我甚至沒有配置績優股息股，這是我個人的投資偏好。我算是比較能承受波動的投資人，現階段追求的是股票資產的成長勝過股息多寡（我投資組合的股息殖利率只有大約 3%）。因我認為自己還有足夠的時間可以等待手上的股票成長，股息也會隨著手上公司的成長逐年增加，到了 65歲的退休年齡，每年的股息應該能順利達到理想的水平（我的目標是退休時每年領的股息至少要有一百萬）。

因為我配置的多半是高成長股，所以我每年股票資產的市值波動動輒在 20% 上下，如果以一千萬市值來換算，每年的上下波動會超過兩百萬，若遇到股災時甚至有可能會有三、四百萬的跌幅，這對很多投資人來說應該是很難忍受的投資風格。所以，你不一定要照我的方式來配置；能讓你睡得好、吃得下的投資組合，對你來說才是最好的投資組合。

　　雖然目前我個人比較偏向配置較多的「成長型股票」，但我所定義的成長股並非是媒體上那些成長率動輒 30% 甚至 50% 以上的熱門成長股，更偏向穩健與合理成長的企業。而且這些成長型股票，也有許多股票依然能提供不錯的股息，股息也能隨著企業每年的獲利成長而繼續增長。

　　對成長型企業而言，隨著企業不斷地成長，股價不斷提升，每年股息對應股價的殖利率可能不高，但對應到你一開始的投入成本，殖利率卻可能非常不錯。雖然成長股的股價波動較大，但我認為投資這類成長型企業仍是非常划算的投資。

第十六章
以不同面向來檢視投資組合的均衡性

16-1. 投資組合的均衡性

有了投資目標後，還需進一步考慮投資組合的「均衡性」。投資組合的均衡性指的是「透過更多不同面向的考量來平衡風險，也創造更多的機會」。這些均衡性可以從以下面幾個面向來考量：

1. 投資不同產業，產業彼此獨立
2. 投資產業內不同類型的企業
3. 納入不同國家與地區的投資組合

分別介紹如下：

▶ 投資不同產業，產業彼此獨立

投資組合除了必須考慮投資人自己的性格及財務目標外，也必須考慮投資組合中所有投資板塊及成分股間的平衡。投資組合除了將資金分散在不同股票上，另一個重要概念是這些股票所屬的產業必須彼此獨立，甚至可以互補。

很多台灣投資人十分熱衷電子股，常常滿手電子股，看起來是投資了不同的公司分散了風險，但其實這些公司都屬於高度相關的產業，在產業的前景出現變化時常都是一起漲一起跌，這樣分散風險的效果就不會很理想。例如很多景氣循環股如鋼鐵、水泥、建築等，幾乎都是跟著市場的景氣一起變化，滿手這類的股票你要贏大盤難度就很高了。

比較好的投資組合，就像我們前面所說優秀球隊的概念。當主力球員表現失常時，其他球員能透過防守來壓抑對手得分，讓球隊不失分，同時其他球員也能挺身而出彌補主力球員得分的缺口，最後依然能贏得比賽。最怕的

就是所有場上球員的能力都過度類似，例如球員全都是善於切入的單打好手，但當對手是支善於防守的球隊時，球隊的得分能力會被壓抑而一籌莫展。

但如果是支擁有多種不同能力球員的球隊，就算面臨不同特色的隊伍，都會有球員能適時挺身而出，透過投外線、中距離、製造犯規，或壓制對方主力球員得分，這樣隨時都有球員可以為球隊做出貢獻，戰績不好也難。

一個好的投資組合也是如此，不管景氣不景氣，你的投資組合裡應該都會有股票還是可以繼續成長，並提供不錯的股利。以 2019 年底開始的新冠疫情造成的全球股市崩盤為例，幾乎所有消費性的產業都受到波及。

台股在 1 月開始反應中國疫情對經濟的衝擊，3 月新冠大舉入侵美國後造成全球股市崩盤，台灣加權指數從 2020 年 1 月到 3 月底掉了近 24% 的跌幅，很少公司能倖免於難。但這時候若你的投資組合中有電商、線上遊戲或醫療設備等相關企業，它們的股價反而逆勢走高，就成了這個時期因為隔離與封城而受益的產業。

我的投資組合中因為剛好有鈺象作為主力持股，雖然許多持股也大跌，但鈺象從 2020 年 1 到 3 月底這段跌幅中反而逆勢上漲了近 50%，全年更飆漲 90%，成為我投資組合中表現最為突出的個股，也幫助整體投資組合在疫情中依然能超越台股的整體表現。

除了產業需多元化以外，在選擇產業時，要盡量避開彼此景氣或業績會連動的產業。例如，我在投資組合中納進了線上遊戲業、租賃業、隱形眼鏡、電動汽車、生技製藥業等板塊，這幾個板塊彼此間的連動性不高，算是比較安全的配置。我個人比較喜歡挑選較不受景氣影響的產業，這可以讓投資組合規劃起來更省事點。

16-2. 投資產業內不同類型的企業

選出不同的產業板塊後，就可以在各產業下配置你喜歡的企業。在同個

產業中的企業也可以很多元化，除了分成上中下游產業外，不同公司的商業模式也會有很大的差異。

例如在蓬勃發展的隱形眼鏡代工族群中，我納入了晶碩、亨泰光、視陽。其中晶碩是目前台灣隱形眼鏡代工廠中規模最大的企業，營收約 20% 來自自有品牌，其他則接受大小廠的委託代工，並且透過一條龍的服務，幫助委託廠開發新品、設計品牌與推展銷售管道，增加廠商與晶碩的合作深度。另外，也因為有電子科技大廠和碩與景碩的資金與技術作奧援，所以晶碩有全自動化生產技術上的優勢，也有能力開發隱形眼鏡以外的生技產品。

亨泰光則靠擁有高門檻技術與專利保護的硬式兒童近視矯正鏡片在專業領域市場中發展，視陽則是靠自己研發的矽水膠技術發展高毛利隱形眼鏡產品。每家隱形眼鏡代工廠都有各自的優勢，成長性也都不錯。

同樣的，我在租賃業中也配置了中租和裕融兩檔股票。中租為台灣租賃業龍頭，資金規模大，業務也非常國際化與多元化。除設備租賃與金融借貸外，還涵蓋保險經紀、無卡分期、太陽能發電等利基市場。而裕融則以車貸為主，主要承接來自母集團裕隆汽車的汽車貸款及金融整合業務，發展重心以台灣為主，業務也漸漸學習中租模式擴張到其他領域，經營績效仍有很大的提升空間。

在同個產業中，不同企業承受的風險也會有所不同。例如在新冠疫情中，中國因為疫情爆發，投資人擔憂中國產業受到全面影響，中租股價大跌，裕融股價則維持平穩。所以，在同個產業板塊中，不同企業依然會有不同的表現，若由不同幾家企業一起來承擔產業風險，可以讓投資組合中的產業板塊的內部波動溫和一點。

16-3. 納入不同國家與地區的投資組合

分散到不同國家的股票市場也可以達到分散風險的效果。談到透過不同國家的股票市場分散風險，就必須談談「家鄉偏誤」（Home Bias）這個心理

偏誤。

　　「家鄉偏誤」是指投資人因為資訊的來源有限，只投資自己熟悉的市場，而沒能從全球的角度來選擇最強的企業，以及將資金分散至不同區域的股市來避開地緣政治與經濟的風險。

　　家鄉偏誤是全球投資人的通病，也是一種普遍的思考偏誤。例如從 2022 年初開始的「俄烏戰爭」，身陷全球經濟制裁與戰爭干擾的俄羅斯經濟遭受嚴重打擊，而俄羅斯投資人的持股平均有 95% 是投資在俄羅斯自家的企業上，俄羅斯投資人的投資組合就遭受十分巨大的打擊。

　　理論上一個好的投資組合，應該要能分配足夠的資金在全球最強的幾個股市上，不僅能分散風險也能提升總體報酬。如果以全球優秀企業的分布比例來看，美國無疑是所有國家中擁有最多創新科技與強大商業競爭力企業的國家。美國股市在過去百年來蓬勃發展，從 1899 年占全球股市 15% 的比重成長到 2022 年的 59.9%。

　　但有趣的是，雖然美國股市是全球最強也占比最大的股市，但相比俄羅斯人，美國投資人只有不到 80% 的資金是投資在美國股市。深知自己國家企業實力的美國投資人反而比俄羅斯人更懂得全球布局，原因可能在於美國投資市場主要是由專業基金經理人來主導，知識與觀念優於一般散戶。

　　至於常年擔心兩岸戰爭風險的台灣人，雖然我們都不希望台灣真的會遭遇戰亂，但我們也要知道台灣股市只占全球比重的 1.8%，別忘了偶爾將我們的目光望向世界，或至少望向強大的美國股市，適度分配一些資金在美國或全球股市，例如透過先鋒基金的 VOO（追蹤美股 S&P500）或 VT（全世界股票 ETF）投資台股以外的股市仍是必要的。

　　現在的券商都已經提供便利的複委託服務，布局全球已經不像以前那麼麻煩，網路上更有數不盡的資訊可供研究（英文看不懂就直接用谷歌翻譯）。如果對研究股票有興趣，研究美股或全球型基金也是一種樂趣，特別是美股，有許多著名的大企業，網路上可供研究的資訊甚至比台股的許多科技公司還

多許多，反而更有優勢。

我沒有投資美股的被動指數基金，但有投資自己喜歡的美國企業。買進的很多股票都是很知名的企業，例如蘋果、微軟、特斯拉、麥當勞、星巴克、迪斯尼等著名企業，也包括我非常尊敬與崇拜的股神巴菲特的波克夏公司的股票。

投資美股一方面能分散台灣股市的地緣政經風險，也能讓自己擁有這些國際知名的大企業股票，持有這些公司股票是很有樂趣的一件事。我在兩位女兒出生後都幫她們開了證券帳戶，除了台股也幫她們買了些著名美國企業的股票，如蘋果、麥當勞、迪斯尼等股票。

我帶孩子去吃麥當勞或看到迪斯尼相關商品時，都會趁機跟女兒們聊聊這兩家公司有趣的業務和賺錢的方式，並提醒她們也是麥當勞和迪斯尼的小小股東，引起她們對這些公司的興趣，家人間也因此會有很多有趣的對話和討論。

我很推薦父母從小就為孩子開股票帳戶，為他們買些知名的美國企業，不僅能為孩子存股，也能培養孩子對投資的興趣與國際觀，還可以順便提升財商。此外，美國企業的強大競爭力與長期成長的能力也勝過台灣許多大小企業，持有麥當勞、蘋果或麥當勞，基本上放個十年二十年都沒問題，父母與孩子們可以一起見證這些優秀企業長期成長的過程。對孩子來說，追蹤與瞭解這些公司也比研究台灣的電子公司容易與有趣多了。

而且，孩子最大的優勢就是時間，他們有的是時間等待。持有這些國際級知名企業的股票，在經過一、二十年的成長後將會是筆很可觀的教育基金，可以資助孩子在成年後可能會有的出國讀書計畫、買房或創業計畫等。

16-4. 對於投資美股的思考

很多投資達人會跟你說美國股市是全球最強的股市，過去十幾年的確是

如此，那是不是乾脆就全部資金都投資美股還比台股賺得多呢？我分享一下我的經驗與看法。

我從 2018 年開始進入美股，一開始只挑選美國大型且穩健的企業，例如蘋果、波克夏、微軟、臉書、星巴克等這類成長非常穩健的大企業。但在 2020 年 3 月的疫情之後，我開始跟著當時的投資熱潮買進很多未營利成長股，例如 SE、NVCR、PINS、BARK 等股票，在成長股瘋狂飆升後，慘遭成長股泡沫化崩盤的洗禮，從大賺變成大虧，我這才發現我並沒有完全搞懂美股這個由上萬家大小企業所組成的複雜市場。我開始深入研究美股的成長股問題與美股的週期性變化後，對投資美股有了不同的看法。

我最大的領悟是，任何股市都有它自己獨特的生命力與特殊問題，沒有絕對的好與壞。美股雖然號稱全球最強的股市，但也因為受到全球投資人與機構的追捧，長期以來一直有估值過高的問題，而高估值的問題也讓它在高通膨及高利率時代，成為風險極高的股票市場。所以，如果要透過美股來分散風險，還是要花夠多的時間來研究各種不同類型企業的投資風險。

例如，就算你為了保險起見只買進 MAANG（Meta、Apple、Amazon、Netflix、Google）這些看似投資起來萬無一失、前景一片光明的美國超級龍頭股。但因為高估值問題，五家超級企業中有三家在 2021 至 2022 年跌掉超過 50% 至 60% 股價。

臉書從 378 元跌回 2015 年的 88 元、網飛從最高 690 元跌回 2017 年的 175 元、亞馬遜也從最高 183 元跌回 2019 年的 84 元。若你是在市場正熱的 2018 至 2021 年三年間買入這幾家公司的股票，都將遭遇不小的損失；更不要說買進疫情後的熱門未營利成長股，你會跌掉 70% 甚至 90% 以上的巨大損失。

下圖是美國銀行統計美國股市與其他國家股市的估值比值。美國股市在 2014 年後的估值明顯高過其他市場的平均值，而且一年比一年高。當然你可以說美國企業競爭力與營利能力較各國強，本來就該享有更高估值。但要高

圖 16.1. 美國銀行所做的數據，美國股市與其他國家股市的比值在 2014 年後逐漸拉高

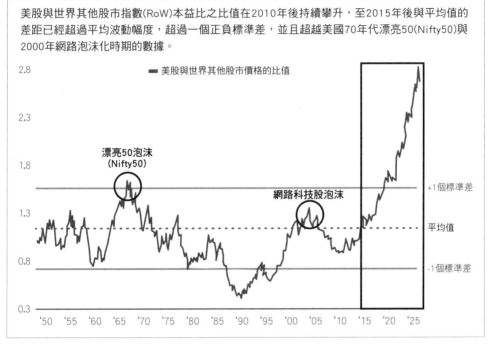

美股與世界其他股市指數(RoW)本益比之比值在2010年後持續攀升，至2015年後與平均值的差距已經超過平均波動幅度，超過一個正負標準差，並且超越美國70年代漂亮50(Nifty50)與2000年網路泡沫化時期的數據。

資料來源：美國銀行投資策略部（BofA Investment Strategy）、
全球金融資訊（Global Financial Data）與彭博社（Bloomberg）

過多少才是合理呢？若估值超越平均標準差（長期波動的上下平均幅度）太多，是不是仍充滿風險？

歷史上美股只有在 70 年代的「漂亮 50」（Nift 50）時高過一個標準差，甚至在 2000 年網路公司泡沫化時都低於一個標準差以下，但在 2015 年至 2022 年，美股對其他國家股市估值的比值成長到驚人的 2.8 倍。

此外，S&P500 企業中排名前 50 大（前 10%）的大型股的估值也比其他剩下的 450 家還高，這個大者恆大吸引資金的趨勢從 2018 年就開始，在

2023 年因為市場投資人普遍擔心通膨影響下的高利率政策，會造成中小企業經營上的壓力。為了安全考量，資金湧向前 10% 的大型企業，讓這些大型企業的本益比高達 34 倍以上，遠高於後面 90% 的企業平均的 22 倍本益比，不均衡的估值增加了投資時的風險與選股的難度。

高估值是萬惡之母！我不想猜底，但也不想賭美股估值會繼續延續過去十多年在低利率下的高風險估值。

我認為，挑選那些在不景氣中依然能維持成長，估值不會隨著投資人情緒暴起暴落的股票才是安穩之道。在這個前提下，你可以不必太區分是台股還是美股，不管黑貓白貓，會抓老鼠的就是好貓！

特別是我們從高利率及通膨問題來看，2022 年後的美股像極了 1968 年及 2000 年高通膨及經濟衰退時期的熊市週期。1968 年後的 16 年間和 2000 年後的 9 年間，美股皆呈現滯漲現象，就算買進被動指數，所獲得的報酬也非常有限。

在 1968 至 1984 年間的美股還有高股息的優勢，多少彌補了股價成長不如預期的問題，這時期投資人從股票投資所得到的報酬有 70% 來自股息。但進入 90 年代後，美國企業漸漸不再發放股息或僅發給能補貼課稅的 1% 至 2% 微薄股息，要透過穩定的股息來平衡通膨或經濟衰退問題又更困難了。

所以，從各國股市的多空週期來看，美股有高估值與美國經濟的特殊問題，美股其實還是充滿風險的，並不如過去想像的投資美股績效就一定會比台股好。

例如，從美股 2000 年泡沫化後，美國經濟遭遇兩次經濟衰退。2000 年美股的泡沫化高點花了七年，直到 2007 年 6 月才重新站回原來位置，但隨後又遭遇了 2008 年的次貸危機又暴跌。從 2000 年到 2009 年 7 月的 9 年時間，S&P500 指數的含息的報酬率甚至是負的 40%，一直到 2013 年才再次破新高。

美股從 2000 年一直到 2013 年這十多年的幾次折騰，S&P500 指數含息

的報酬率才約 30%，而台股在同期不含股息的報酬率為 42% 勝過美股，若計算台股從 2003 年才有數據發行量加權股價報酬指數，台股從 2003 至 2013 年的報酬率就高達 124%，完勝美股這段時間的表現。

16-5. 加計 4% 股息後，台股實際報酬不輸給美股

以這本書撰寫完成的 2023 年 11 月為止，若從 2003 至 2023 年間的 20 年來看台美股指數，道瓊漲了 3.3 倍（從 7,908 至 34,061）、S&P500 漲了 4.2 倍（從 829 至 4,358）、納斯達克指數更是漲了 9.2 倍（從 1,310 至 13,478），但台股加權指數（從 4,432 至 16,649）卻只漲了約 2.75 倍，似乎表現大不如美股，但別忘了台灣還有優渥的股息，只看指數沒把股息加進去是不公平的比較。

如果我們以加計股息再投入的「台灣加權股價報酬指數」來看台股回報，從 2003 年 1 月的 4,500 點漲到 2023 年 11 月的 35,824，成長了 6.61 倍，這個數字就幾乎等同了同期間美股 S&P500 含股息再投入的 6.12 倍，甚至還略勝一籌。

加上股息後，台股的優勢就出來了！而且，也別忘了，美股的外國投資人的股息收入是要被美國政府課走 30%，所以台灣人投資美股的實際收益，甚至會低於台股加計股息後的報酬率。

經歷了這幾年美股成長股的洗禮，多次靠著台股優秀企業的即時救援，我更加確認投資台股完全不會輸給美股，反而有更扎實的股息與安全估值當作保障。如果要透過美股來平衡風險，我的看法是只要擁有足夠部位即可，或者選擇更分散的世界指數基金，例如 VT，美股只占 VT 權重的 56%，可以進一步分散美股風險。

我目前只有 20% 左右的美股配置，主要的投資仍是以有高股息優勢的台股為主。事實上，若你是透過選擇優秀企業的心態來做投資，那不管是美股或台股，優秀企業的長期成長都會是差不多一樣好，而且台股獨步全球的 4%

殖利率在經濟衰退與高通膨時期看起來反而是另一種優勢。

另外，累積夠多台灣優秀企業的股票後，不必賣掉股票資產，每年的股息就足以當作退休的被動收入。可以讓股票資產繼續在帳戶裡成長，甚至能傳給孩子，當作一代傳一代越滾越大的傳家寶。

所以我個人建議，還是以我們熟悉的台股做為主要的投資，適當分配一部分在美股或世界指數基金即可，配置比例可以在 20% 至 30%，做到適當分散即可。如果想跟我一樣自行選擇美國企業股票，也要告訴自己必須花足夠的時間來做研究，挑選的原則也應該跟挑選台股一樣嚴謹，要在自己的能力範圍內，堅持不碰不懂的與高估值的股票，已經實現獲利多年、有高毛利、高營業利益率，與寬廣護城河，每年都能持續成長的高品質股票仍是最佳的投資選擇。

16-6. 是否該投資中國股市？

這幾年券商的服務越來越多元，你要買美國或其他國家的股票基金都沒問題，也包括港股與中國股票。但一個重要的問題是，你需要把中國股票納入投資標的嗎？我覺得答案是見仁見智的，單純看你對投資中國有多大的信心。

中國企業在過去數十年的發展的確很有實力，企業規模之大與獲利能力也僅次於美國。許多著名的投資大師如巴菲特和查理‧蒙格、達利歐、霍華‧馬克斯、吉姆‧羅傑斯也都看好中國經濟的成長態勢，鼓勵大家一定要投資中國市場。然而中國專制獨裁的政治領導階層與不穩定的監管政策，卻也真實影響中國企業的營利，投資人要如何在投資與風險中找到平衡呢？

我對中國股市的思考也跟美國股市類似，主要是從分散風險的角度來思考投資，而不是想在中國股市中找到十倍的黑馬股。如同你要在美國股市找到 10 倍的黑馬股一樣，在中國股市找到這種大牛股也是非常困難的。你不只要投注足夠的時間熟悉不同國家股市的生態，更要深入瞭解他們與眾不同的消費與製造市場；又加上難以預料的政治與監管風險，對在海峽對岸的台灣投

資人來說，不會比投資台股甚至比投資遠在太平洋遙遙一端的美國更占優勢。

不過，跟很多人一樣，我也不想錯過中國市場長期成長的經濟紅利，但要直接投資中國企業的確要承受不小的風險，我們可以怎麼做呢？其實，透過間接參與中國市場也是一個很好的思考方法，除能減少風險以外，也一樣賺到中國市場的紅利。

很多國際級企業的收入已經涵蓋了中國市場，透過間接持有某些美國或台灣企業，你一樣可以吃到中國市場的紅利。例如蘋果的營收已有 20% 來自中國；麥當勞在中國的分店數目僅次於美國、占比超過 12%，而且每年新開的店有一半以上是在中國；中國也是星巴克僅次於美國本土之外的第二大市場，星巴克在中國的門店數量在全球占比 16%，貢獻了 7% 的收入，而且仍持續高速成長中。

台灣上市公司中更不乏參與中國市場的優秀公司，而且因地利之便、同文同種的優勢，在中國的營收占比與成長速度更勝過歐美企業。投資這些中概股企業，不僅能享受到「更純」的中國經濟紅利，也能避免直接投資中國企業的風險。例如我持股中的鈊象，中國營收約 18%，亨泰光學中國營收約 15%，晶碩光學來自中國的營收約 30%，中租的中國營收更高達 38%。

當然，你也可以挑選一些中國市場比重高的大中華地區的 ETF，或以中國主要企業為成分股的 ETF 來投資。如果對中國市場有興趣，我很推薦筆名雪球滾滾投資部落客所著《我存 A 股而不是台股：如何在大陸股市長期獲利的技巧和祕訣》這本介紹如何投資中國股市的專書。

我對透過不同國家股市來分散風險這個議題做個總結：

如果要布局全球不同股市，最簡單的方式就是納入全球型或追蹤美股的被動指數基金如 VT 或 VTI、VOO 等，利用被動指數基金來投資各國股市是最省事也最安全穩當的。**如果想要在不同股市中親自選股，那還是要遵守最基本的投資原則：不懂的、不在能力圈的不要碰，對有興趣的股票市場與企業都必須進行深入研究後再進行投資。**

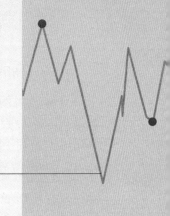

第四部

我的投資
思考

聰明的人，會從自己的智慧中學習；
有智慧的人，會從別人的錯誤中學習

第十七章
更多關於投資組合的個人思考

在規劃你的投資組合時，我提供我個人的一些投資經驗給大家參考：

17-1. 高成長股也可能是未來極佳的高股息股

以鈊象為例，我在 2017 年開始重新買進，第一張的價格在 152 元。鈊象這一年的每股盈餘是 12.97 元，現金股息是 10 元，換算殖利率是 6.57%。然而隨著獲利不斷成長，到了 2023 年，每股稅前盈餘已經成長至約 50 元了。

假設 2023 年平均股價約為 570 元，發放 35 元現金股息，殖利率約 6.1%，看起來好像跟 2017 年差不多，但實際上若你是從 2017 年持有這張鈊象，你的這張鈊象其實已經靠著發放的股子，從一張股票增長為兩張股票，所以你在 2023 年會領到兩張股票的股息，價值為 7 萬台幣。換算成原始的買進成本，將等同於 46% 殖利率，這還不包括你從 2017 至 2023 年間所領到的現金股息再去買進更多股份的狀況下所得到的報酬。

事實上，若你不操作，乖乖領取這五年的股息，你將領到 219 元的股息，單靠股息就已經領回了當初的購買成本，多賺的股息及股票帳面上的價值，未來的股價成長、未來每年發放的股息都是免費送給你的了。

所以，高成長股也可能成為未來的高股息股。而且，隨著公司獲利規模及產業優勢更穩固後，原來需要極大資本做擴張的企業，就漸漸不需再投入那麼高的研發費或基礎建設支出，這時候高成長股也可以將更高比例的盈餘配發給股東，這時候高成長股就變成高殖利率股了。

17-2. 累積股息還是衝市值？切記，要專注！

如果你的目標是趕快存到一定數字的股息收入，那就不要聽太多什麼拿了自己未來的獲利配給自己，賺了股息賠了股價的說法。你的目標是先達到讓你感到安全與滿足的股息數字，而不是波動的股票市值，你很難做到股息也要、市值也要。事實上，如果你夠專注，你可能只要存到比別人市值還少的股票，每年的股息就能達標了。

例如，我就很欽佩臉書粉絲頁「小資族的財富自由之旅與世界散漫遊記」的版主，身為一位領固定薪水的公務員，他專注在自己存到 1,000 張國泰永續高股息基金的目標上。才四十多歲，目前就已經存到大約七百多張約 1,200 萬市值的 00878，每年提供他近 80 萬的股息，每個月 6.5 萬的額外收入，股息率接近 6.6%。

有這麼多的被動收入，他還需要在意其他投資達人所說賺了股息，賠了股價？或在意每年要被扣一堆稅？或股價都不漲年年輸給大盤？那是別人在意，他可樂著呢！他的安全感來自於每年穩定的股息，而不是未來多年後仍不確定的市值增長，這種心理層面的安全感無法只是透過絕對報酬率來衡量。每年靠著豐厚股息就能衣食不缺，還能遊山玩水，就算市值成長的年化報酬率不高，但這完全不影響他享受自己的人生。

每個人定義豐足人生的方式本來就不同，為什麼要在意其他人對自己投資的看法呢？一個人可以感到快樂，是知道自己要什麼，我們每個人都要學習專注在自己的人生道路上，不過度陷入與他人績效的比較中。

同樣地，如果你是專注在以最高效率累積最大市值的股票上，那你就不該太在意持股每年動輒三、四十趴的波動上，或常有幾年績效落後給大盤的失落感，更不要在意每年股息沒人家存金融股高的劣勢。

當然，你也不要太在意有人跟你說他三十多歲就存到了兩千萬的股票，或有人跟你說他退休目標是存到四千萬股票。那些聽來讓人羨慕的故事或高不可攀的投資目標，只不過是一個陌生人的人生，不是你的。

專注在自己的投資道路上，不要太焦慮。不用過度跟別人的目標比較，在不同基礎上做比較，除了讓自己更焦慮外，是沒有太大意義的。過度焦慮只會讓你更急躁，更容易做出草率未認真思考的決策。如果你在投資的道路上感到焦慮，那表示你還沒真正找到適合自己的目標和投資方式。那你更應該放慢腳步，花點時間思考最適合自己的財務目標，以及能達成這個目標的最佳策略是什麼。

重新聚焦，專注執行。投資就是這麼簡單！

17-3. 要持有多少支股票最好？

在已經有想投資的產業板塊後，再來應該要思考投資組合中需要多少支股票。通常剛開始進入投資領域的投資人會持有比較少支的股票，但當你比較有經驗和比較會分析股票，且投資同好也越來越多後（你也會開始聽到很多明牌），這時也可能會陷入另一種情況：持股過於分散，手上有好幾十檔股票，甚至會有股票蒐集癮的存在。持有太少和持有太多都是不好的狀態，前者重押冒了過大的風險，績效大好大壞；另一個則是投資過於分散，績效出不來。

要多少持股才是比較理想的狀態呢？這時我們就要借重統計學的幫助。價值投資大師格林布拉特（Joel Greenblatt）利用統計做回測，他的數據顯示當你持有至少兩支股票時，你的投資組合風險可以迅速減少45%；增加到4檔，則可以減少72%的風險；到了8檔可以減少81%的風險；16檔則可以減少93%的風險；但若增加到20檔以上時，所增加的風險就跟大盤的風險沒有太大的差別了。

除了格林布拉特的數據外，華盛頓大學的約翰‧伊文斯（John Evans）和史蒂芬‧艾雪（Stephen Archer）的研究也證實，超過20檔股票就會導致多元分散的好處被抵消。在風險已經去除到極低的狀態下，你持股越多，個股的優勢就越容易被平均化，更難打敗大盤。所以在適度分散風險後，應該

避免持有過多不同的股票。

　　此外，投資人的精力和時間有限，一個人很難同時深入研究數十家企業，走馬看花式的投資會增加決策的錯誤。美國價值投資大師邁克爾‧F‧普萊斯說道：「我做的決策越少，我就越聰明。」在風險已經適當控管下，管理的股票越少，我們能越專注在這些好公司上，對於企業的經營與股票性質也越能掌控，長期持有的信心也越強。

　　我們知道持股不要超過 20 支後，那到底要多少支股票才適合呢？美國聖母大學（University of Notre Dame）的學者賴利（F.K. Reilly）和布朗（K.C. Brown）的研究結果發現，最好效益的投資組合有 90% 集中在 12 至 18 檔的組合中。這個研究數據與投資大師們的建議不謀而合。

圖 **17.1.** 綜合不同的研究可以歸納出類似結論：投資組合中股票的數目在超過 **20** 至 **30** 檔股票後，個股的風險已大量減少，趨近市場風險，再多幫助有限，反而會稀釋個股個別報酬的影響力。

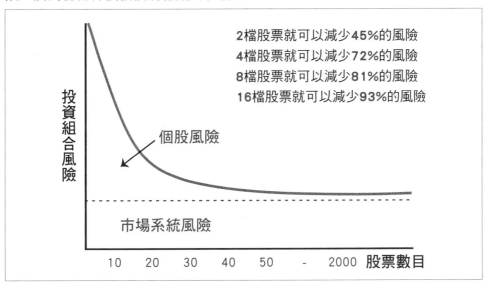

資料來源：作者整理

凱因斯建議 12 至 13 檔股票、班傑明‧葛拉漢建議 10 至 30 檔、賽思‧卡拉曼建議 10 至 15 檔，而巴菲特也建議 10 至 15 檔即可。所以根據統計學以及投資大師的實戰經驗，我們可以得出 10 至 15 檔應該是一個比較適合的持股數目。

17-4. 分散但又集中的投資策略

　　事實上，根據我知道的一些投資高手，持有的股票數目更少，有些甚至只有兩三支或四五支股票。這些敢下大注的投資高手，不只持股更集中，投注的金額也更大。但這是多年經驗的累積，他們能比一般人研究得更深入，掌握更多訊息，所以敢下重注。另一方面，這些高手通常也比一般人有更充足的資本下重注，就算真的看錯了，並不會嚴重影響他們的資產。一般人還是必須先以充分分散風險為優先考量。

　　只要確定已經充分考慮了所承擔的風險，持股的數目是可以很有彈性的，取決於投資人的信心與經驗。如果經過深入研究，很確定投資標的的潛力，雞蛋是不用放在太多籃子裡的。例如巴菲特的好搭當查理‧蒙格操盤的 Daily Journal 基金，主要就是透過三至四支主力持股組成，其餘持股占比不到 5%，可說是集中性極高的基金。

　　而早期的巴菲特在資金規模還沒今天那麼大時，也是採用重押的方式獲取高額報酬率，例如他在 1988 年買進可口可樂時，他是把波克夏近三分之一的資金買進了可口可樂的股票，這是極高的集中持股。

　　決定持股家數多寡首要考慮的精神便是「寧缺勿濫」，堅守紀律不買企業體質不佳、成長變數高的股票，只買有把握與看得懂的股票。雖然投資大師們建議至少買 10 至 15 支企業股票，但其實一些更重視績效，能承受更大波動的投資人會選擇更少的家數；而更在意平衡風險的投資人，會選擇更多的家數。

17-5. 建構投資組合是一個持續汰弱換強、逐漸集中的過程

我們必須知道建構投資組合是一個持續進行調整的長期過程，投資組合的個股比重不是靜止不變的，而是隨著股價漲跌與投資人的主動調節而呈現動態變化。也因此，投資組合真正成形與發揮威力也需要幾年的時間，很少人一開始投資時手上就剛好有幾百萬的資金可以一次性投入，很難一次到位就完美地設計出一個平衡的配置。

大部分的人都是從很小的資金開始投資。在資金還少的時期，可以買的股票當然也比較少，因為你資本不大，懂的股票不多，可以買進的划算價格也不常出現。所以你的股票數目會很自然地以逐年增加的方式增長。而隨著時間過去，研究的股票越來越多，納入投資中的股票也自然越來越多，這時就必須做動態調整，聚焦在確定性最高、成長性最好的股票上。持續汰弱換強，避免過度分散，而影響投資組合總績效。

這個持續汰弱換強、逐步集中持股的過程，彼得‧林區用鬚鯨吞食海洋生物的方式來說明。股票投資是一種「機率事件」，就算我們當初如何看好一檔股票，我們都無法百分之百確認這會是一個成功的投資。所以，當我們買進了這一大堆看好的股票後，時間會讓我們對它們的研究越來越深入，而個股的表現也會隨著時間開始出現差異。

隨著時間的推移，有的企業表現出持續成長的態勢，有的業績則表現普普通通，不如預期，這時候就必須減碼或放棄那些表現不佳的股票，將資金轉移到長期表現佳的股票上。

我在 2018 年以後改採以投資組合的策略進行投資，逐漸增加持有股票的種類與所屬產業。分散風險是我主要的考量，為了避免太快在一檔股票投注過多的資金，我建倉的許多股票都是從幾十股零股或從持有一張開始，等追蹤與研究一段時間更確認它的成長性後，才會開始加大持股比重。

有的股票買進後，因為表現不如預期，或股票漲太快，就沒再投入更多資金，結果這幾年來陸續累積了二、三十檔股票，這麼多股票在管理上就必

須進行汰弱換強，避免投資績效被平均化。

為了方便檢討，我會將持股投資組合製作成圓餅圖來看持股分布，並根據調整原則來重新調整個股與產業板塊的比重。我的調整原則如下：

1. 增加那些長期表現佳、成長確定性高的股票與產業的比重，盡量增持到 10% 以上，讓它能有效影響整體績效。而開始有成長疑慮的個股也會順勢減碼。所以在我的投資組合中，長期表現好的股票通常也是投資組合中占比最大的幾檔股票。

2. 減碼或出清那些在二至三年間表現不佳的股票與產業。我通常不會在一支個股表現不佳時賣出，但我會給它足夠的時間來表現，而二到三年就是我給它的時間。如果在這段時間裡個股表現不佳，獲利成長不如預期，或績效嚴重落後大盤，我就會執行減碼或清倉。

3. 根據風險狀態調整不同國家或區域的股票比重。例如 2021 年底之後，美股估值明顯高過全球股市的平均值，再加上高通膨與升息影響，我便減少買進美股，但不減碼，而是持續買進股價更合理、獲利能力佳、還能發出不錯股息的台股。在過去兩年的時間裡，我投資組合中的台股占比持續增加，美股相對占比也從 30% 縮減到 20%。

17-6. 目前持股的產業板塊與個股比重

基本上，我調整的原則是讓長期表現最好、成長確定性高的股票與產業占比增加，也適度調整不同國家或區域的股票比重。我投入一檔股票的資金盡量不超過投資組合的 10%，也因為自己的存股金額日益龐大（目前已經持有超過兩千萬市值的股票），所以我一檔占 5% 資金比重的股票就接近 100 萬台幣的市值，這對身為一位教師的我來說已經是筆很大的資金，所以會加到這比重的股票也代表我對它的研究夠深，持股信心也夠強。

我在投資時，只要認為這是一支優質且值得增持的股票，我都會盡量放

大到 5% 左右，如果又更確定，就會持有到 10% 甚至 20% 以上。

如果把占比高的鈊象、中租、裕融、保瑞、德麥、蘋果、特斯拉加計進來，這 7 檔股票就已經超過了我全部持股的 80%，也就是說我的前 7 大持股就占了 80% 的投資組合。

如果我們比對一下巴菲特在 2023 年的投資組合（共有 54 支不同企業的股票），你會發現巴爺爺也只有少少兩支股票占比超過 10%，分別是蘋果的 49% 與美國銀行的 11%，這兩家就占了 60%。而巴爺爺的前 9 大持股占比高達 86%，也是執行極度集中的投資策略。

下圖是我在 2023 年 2 月與 11 月的投資組合的對照。可以看到多數的持股仍維持大約的比例，超過 10% 比重的股票目前有三支：鈊象、中租與保瑞。鈊象甚至因為市值繼續成長還占比更高，而中租與裕融過去幾個月因為受到中國經濟不佳的影響，股價下跌不少，使得租賃業的比重從原來占比 23% 下滑到 11 月的 17%。

另外，投資組合中比較大的調整則是補強我原來占比太少的生技製藥業板塊，除了保瑞股價漲了不少，也因為持續加碼保瑞與其他生技製藥股，讓生技製藥板塊從原來的 7% 成長到目前的 13%，這個便是我習慣的調整方式，將看好的產業板塊拉高到 10% 以上。其餘細微的調整請參考下圖的投資組合對照圖：

圖 17.2. 投資組合的調整，2023 年 2 月 VS 2023 年 11 月

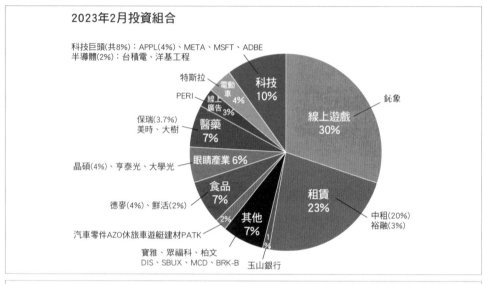

2023年2月投資組合

科技巨頭(共8%)：APPL(4%)、META、MSFT、ADBE
半導體(2%)：台積電、洋基工程

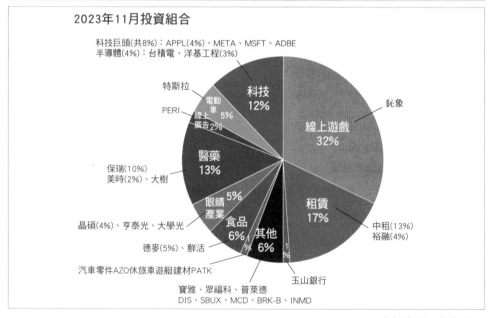

2023年11月投資組合

科技巨頭(共8%)：APPL(4%)、META、MSFT、ADBE
半導體(4%)：台積電、洋基工程(3%)

資料來源：作者整理

圖 **17.3.** 投資組合的調整是一個持續滾動、汰弱換強的過程

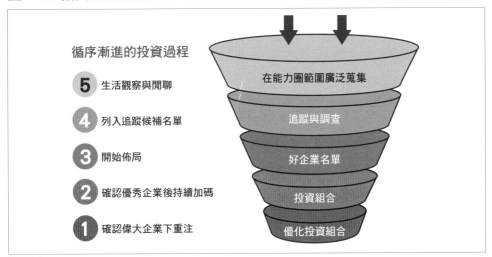

循序漸進的投資過程

5 生活觀察與閒聊　　在能力圈範圍廣泛蒐集

4 列入追蹤候補名單　　追蹤與調查

3 開始佈局　　好企業名單

2 確認優秀企業後持續加碼　　投資組合

1 確認偉大企業下重注　　優化投資組合

資料來源：作者整理

17-7. 需不需要「再平衡」？

　　傳統上，很多基金經理人會在股票高漲時減碼，將資金收回備用或轉而購買其他股票做「再平衡」，但我對於「再平衡」這個調整策略的看法比較認同巴菲特的投資思考，不必因為一家公司股票漲了很多就要減碼來平衡投資組合，而是根據競爭力和成長性來判斷。如果成長性依然強勁，是不需要打斷這家公司的複利成長過程，甚至還可以再加碼。在實際的股市中，好公司通常未來表現也會很好，換成其他股票反而會有彼得‧林區所說的「砍掉鮮花，栽種雜草」的風險。

　　在巴菲特的投資組合中，所持有的蘋果股份因為股價不斷成長，這幾年單單蘋果一檔就占投資組合超過 45%，巴菲特甚至還持續加碼買進，除了蘋果以外其他股票占比都不多，很少超過 10% 的。這些股票占比少的原因也是因為蘋果從 2016 至 2023 年間成長了近 5 倍，讓其他投資組合的占比就相形失色，並不是一開始比重就這麼小。

我自己的投資組合中鈶象占比超過 30% 也是類似現象，可以讓好公司的子彈繼續飛，不需要因為漲高了而減碼再平衡。我的再平衡方式不是賣掉漲高的股票，而是優先將未來的資金持續加碼在原來持有較少的潛力股或產業板塊上，讓它的比重能再拉高起來，而不是去減碼表現優秀的股票，不要打斷原來表現突出股票的複利增長過程。我經歷過好幾次因為換股，在後來幾年少賺許多的慘痛經驗。現在對我來說，「賣掉好公司股票」才是最大的風險。**我現在的投資原則就是：除非公司的經營出現了長期問題，只要能持續維持成長，我就會繼續持有，而不會因為單純股價漲了或占投資組合很多而賣股。**

17-8. 各人條件不同，專注在自己的目標上

　　在規劃投資組合時，知道自己的目標很重要，不然你很快就會被周遭的雜音阻礙對目標的追求。如果你一開始設定的目標是透過投資股票累積穩定的股息，那就不要太在意你的市值波動，也不要太在意自己資產的成長速度輸給了押注成長股的朋友。

　　如果你追求的是快速成長，那就要願意接受成長股較大的波動與常常會落後大盤績效的壓力，更不要太在意相對較少的股息。不同目標取向的投資人應該定睛在自己與眾不同的道路上，每個人天生的起跑點和後天的收入條件都不同，人生的進程和對富足的定義也不會一樣，在不同的基礎上做比較，除了讓自己更焦慮外是沒太大意義的。

　　在我剛回國工作，還沒有什麼資產時，有次和一位同樣擔任老師的好友在咖啡廳聊天，巧遇一位擔任保險業務員的女性朋友。這位友人是位十分傑出的保險業務員，每月的收入已經是 20 至 30 萬元，丈夫也在一家十分知名的電子公司工作，收入也十分傲人。我跟她開玩笑說：「妳們夫妻收入都這麼高，妳其實可以不用跑業務跑得這麼辛苦，讓老公賺錢就好了，妳可以輕鬆點在家享清福啊！」

這位女性友人聽完馬上扳起臉孔很嚴肅地對我說：「難道你都沒計算過要存到多少錢才能退休嗎？」我問：「應該要有多少呢？」她說：「現在的人至少要存到四千萬，不然退休時就無法維持生活水平，也不夠應付各種開銷！」我和我的好友聽到「四千萬」這個數字時嚇了一跳，彼此對看一下，有默契地做出不可思議的表情。

她接著說：「你知道我們兩個孩子一個月的教育費就超過十萬了嗎？要買英語教材、上補習班、繳學費、還貸款，基本開銷很大，如果夫妻有一人不工作很難存到這麼多錢啊！」

其實，當下聽到我這位高薪朋友的說法時，我和我的教師好友心裡是不太好受的。我們在教育界的固定薪水跟這位高薪保險業務員的收入是完全不同水平，更完全沒想到退休需要存到四千萬。我當年剛開始第一份工作時，已經 32 歲，算一算我工作 33 年到法定退休年紀，每年不吃不喝也存不到四千萬啊！

然後看到薪水已經是你的幾倍的人，週末都還在跑業務，努力賺錢存退休金，我們兩個教育界的窮老師還悠哉地坐在咖啡廳裡聊天，連要準備多少退休金才可以安然退休都沒想過，是不是太沒有危機意識了？但事後想想，我們本來就是擁有不同財務條件和不同人生路徑的人，怎麼能相互比較呢？

雖然我是一份薪水養一家四口，但已沒有貸款買房的壓力，孩子教育上也沒有什麼高昂的花費，加上我當教師退休後也有月退俸，退休金真的需要存到四千萬才夠用？我需要的應該是好好衡量我和家人的真實需求，而不是和他人做比較。一個好的投資目標應該是針對自己的需要，考慮到可行性與合理性的目標，而不是給自己過高的要求而產生不必要的焦慮與迫切感。

17-9. 不要太擔心投資組合落後大盤

人最難忍受的就是表現得比自己的鄰居還糟糕，查理‧蒙格這麼說：「我聽過巴菲特說過至少六次，驅動這個世界的不是『貪婪』，而是『嫉妒』。」

著名的基金經理人梅班‧費柏（Mebane Faber）曾於 2020 年在他的推特上做了個問卷調查，題目是：「你能忍受多久一位基金經理人的表現不佳而不賣出基金？」結果超過一半的投資人選擇 0 至 3 年，大約三成認為可以忍受 3 到 6 年，能忍受 9 年以上的只是少數。

梅班‧費柏根據問卷結果，認為一般散戶如果能容忍 5 年就已經很不簡單了。我相信熱衷短線操作的台灣投資人耐心應該更短，我周邊很多投資朋友差不多兩三個月股票沒漲就賣出了。

如果你告訴投資人，有一個經理人在過去 18 年的時間有 12 年落後大盤，你應該根本不會想持有這個基金。其實，梅班‧費柏當時說的這個績效老是落後大盤的投資經理正是巴菲特。巴菲特操盤的波克夏股價，從 2001 至 2019 年的 18 年間，有 12 個年度落後大盤，但波克夏前 10 大持股的年化報酬率卻依然勝過 S&P500 每年約 3%，也超越了這段時間 94% 的其他基金的表現，只是波克夏的股價沒有反應巴菲特卓越的操盤。

在梅班‧費柏問卷做完後的 2020 年 3 月，股市因為新冠疫情爆發而崩盤，但隨即因為美國政府狂印鈔票，再以零利率政策刺激經濟，反而讓美股暴漲，特別是高風險的未營利成長股、SPAC 以及比特幣等投機金融商品的漲勢最為驚人。

而在疫情後的一年間波克夏的表現更令人失望，遠遠落後木頭姐的破壞式創新科技方舟基金，波克夏的股價又再次沒跟上大盤。所以當時我們應該可以更新巴菲特操盤的波克夏在過去 19 年中有 12 年沒跟上大盤，這是多麼糟糕的績效啊！但你知道後來發生了什麼事嗎？

那些熱門成長股在 2021 年 11 月站上股價最高峰後，因為美國高通膨問

題及美聯儲持續升息的影響，開始了它們股價泡沫化後崩跌的過程；而長期落後大盤的波克夏股價卻在 2022 年重新超越大盤，而且超過 20%，再度實現在過去 55 年的年化報酬率和總績效遙遙領先大盤的紀錄。

反觀木頭姐那一票熱門成長股最後崩跌最慘時超過 80%，木頭姐的基金從 2014 年 10 月上市後至 2023 年的績效連大盤都沒打贏，還輸了超過 15%（這還是沒記入購買基金的投資人每年要繳交給木頭姐的高昂管理費的報酬率）。

根據費柏的研究，任何一個長期可以超越大盤，但有時會輸給大盤或偶爾零回報的投資，等待的時間可以長達 20 年。如果你希望你的投資能隨著時間的推移而表現出色，你就要能夠忍受長期的糟糕時刻 （Long ass periods of suck）！這就是為什麼投資原本應該是很單純的工作：存錢、買進，然後丟著不管它，但大多數投資人最終仍以失敗告終。大多數人因為擔心落後，無法忍受落後，所以永遠無法抱住一支 10 倍股。

▶ 投資，不要急躁！！！

彼得・林區曾經給投資人四個投資建議：

1. 瞭解你所持有的股票
2. 做經濟預測徒勞無效
3. 不要擔心指數
4. 投資，不要急躁

前三點對我來說不是太困難，可以靠著深入的研究和反覆閱讀歷史統計數據就能做到，但第四點卻相對困難多了。因為它考驗的是人性，而我剛好又是天生急躁的人，所以回顧我投資時所犯的嚴重錯誤有 90% 都是集中在第四點：急躁！

急躁會發生在以下的狀況：

1. 看好的股票股價不動如山，痛苦難耐，出脫換股；
2. 股票漲了，但沒別人的股票漲得快，出脫換股；

3. 漲了的股票深怕再跌下來，趕快出脫獲利了結；

4. 買進的股票短期不如預期還往下探，出脫停損；

5. 還沒研究透徹就馬上投入剛聽到的潛力股。

急躁的人，無法深思熟慮，缺乏一致的原則，所以一旦受到情緒影響就會快速行動。彼得・林區建議，持有一支股票最好能持有五年以上，不要妄想預測一支股票一至二年的股價變化。在短期，股票上漲不能代表你看對了，股價下跌也不能代表你看錯了！唯有長期走勢才是最可以預測的，而這個預測來自於對公司基本面的判斷。

一家公司的股價可以很多年不反映該有的價值，常常是公司明明還持續成長，但股價像是一潭死水，甚至還往下沉淪。等待市場反映公司真實價值的時間可以非常久，久到眾人都鳥獸散。股價不漲的原因不一定是獲利不如預期，也可能是沒人關注、公司業務不吸引人、或利多不夠勁爆；而最可能的原因是：股市不是你家開的，股票不知道你要它漲。

主動投資人必定會面對一個問題，因為自己的投資組合與大盤迥異，所以非常可能在大盤或主流股大漲時，自己的投資組合的短期表現會與大盤脫勾，領先大盤的時候可能比一般人想像得更少，更多的時刻是處於落後大盤的狀況。**價值投資大師格林・布拉特認為，一個優秀的投資人要打敗大盤，就要有個跟大盤主流股完全不同的投資策略。當你的投資組合與大盤的漲跌一致時，通常代表你的績效會很普通或趨近大盤。**

投資是一場漫長的龜兔賽跑，不要只看短期績效就自亂陣腳；想要彎道超車換股以前，還是先花點時間想想你當初買進公司股票的初衷，如果企業的故事沒有改變，那就耐心地在自己的車道上等待屬於你的時刻來到吧！

17-10. 堅守紀律與投資原則來執行自己的投資組合規劃

不同的投資人有不同的投資目標。年輕的投資人有足夠的時間等待公司成長，所以高成長股與穩健成長股可以多配置一些；但到了人生下半場，不想承受資產高度波動，穩定的股息收入可能比市值更實用，這時就可以讓投資組合集中在績優股及高殖利率的股票上。在不同人生階段，你可以有不同的中長期投資目標，但切記，請照著你經過思考後的規劃走，千萬不要因為一時興起就將你手中暫時表現不佳的股票賣了，轉成風險較高的投資標的。因為你去承受了原來不在計畫中的風險，我在美股成長股的慘痛經驗可以給大家做為借鏡。

我在 2018 年開始將美股納為投資部位，初期美股占我投資的比重不高，而且仍是遵照價值投資原則，選擇穩健成長的企業作為主投資標的。而在 2020 年 3 月後疫情爆發的美股成長股的瘋狂漲幅中，我也開始按捺不住了。我開始賣掉一部分那些讓我覺得「漲太慢」的股票，例如星巴克、波克夏、AZO 等，把資金轉去美股成長股。

一開始，我還對美股這類未營利的成長股（Profitless Growing Stock）充滿戒心，所以限制自己在這些高風險的成長股必須少於美股總部位的 30%。但看著投資的 SE、NIO、NVCR、FUBO 等股票漲了三、四倍後，我以為自己掌握到了美股成長股的投資訣竅，也以為自己的進場點算安全（既然漲了幾倍，就算股價腰斬我也還是獲利頗豐不是？）。

我便把原來自己的投資原則拋在腦後，一路把美股中的未營利成長股的部位加高，最後這些高風險股票已經超過了我美股部位的 60%，美股在我投資組合中的比重也上升到 30%。

在瘋狂漲勢中，我美股部位的報酬率在短短幾個月就超過了 100%，而且每一檔股票都是狂賺，主力持股上漲 100% 至 200% 都覺得輕鬆平常，再差也有 50% 以上的漲幅。但這不是因為我很會投資成長股，當時沉浸在美股瘋狂漲勢的投資人的績效都是這麼誇張，投資人身在泡沫中而不自知。

劇情在 2021 年 11 月後急轉直下，成長股開始暴跌，而且不是我原來最壞的打算腰斬而已。最後這些未營利成長股暴跌超過 70%，超過 90% 的也不在少數。我的美股瞬時從帳面營利超過 100% 變成最慘時虧損 40%。不幸中的大幸是當時美股只占我整體投資組合的 30%，美股的這些虧損造成整體投資組合的損失只有十多個百分點，最後也幸運地因為台股部位在 2022 年至 2023 年優異的表現彌補了損失。而那些原來被我嫌棄股價太溫吞的股票，例如波克夏、星巴克、麥當勞、AZO、不但沒受到股市泡沫化影響，股價還持續創下新高，甚至漲幅超過一倍以上。

　　這個經驗讓我重新看清了自己不過是個凡人，人性是我們在投資中最需要克服的弱點，沒有堅守紀律與投資原則，你就可能在一夕之間失去多年累積下來的財富。

　　投資組合的觀念可以讓你投資時有個可以依循的準則，不會一時興起做出草率的決策，透過資金控管與分配來限制風險與提升預期報酬。透過有計畫的股票配置除了可以避免承受過高的風險，也可以檢視自己是不是在具有發展潛力的產業上投注的不夠多，隨時以自己理想中的投資組合，來調整自己的投資項目與資金比重。

第十八章
股息的重要性

18-1. 投資必定要考慮股息

我挑選股票一定會看配息率，要能夠發得出穩定與持續成長股息的公司才會列入投資標的。不要小看股息的影響，台灣加權指數從 1966 年成立至今約 57 年，從一開始成立的 100 點成長到 2022 年 1 月的歷史高點約 18,526 點。但這還不夠說明長期投資台股的優勢，若看加計股息後的「發行量加權股價報酬指數」則高達 36,153 點，這個數字才足以說明長期投資台股的可觀回報。

台股高達 4% 的現金殖利率更是名列世界前茅，台灣很多散戶投資時只想到賺些微價差，卻沒想到單單好公司的股票放著不動，這些優秀企業每年就會將這些股息穩穩存進你的銀行戶頭，台灣投資人真的不要白白浪費了台股的優勢。

股息除了可以看做是我們投資一家公司的回報外，也可以當做一家公司營利能力的證明。一家公司有可能為了修飾財報，把財報中各項數字挪來挪去，讓盈餘看來比較好看，但當公司要把盈餘以現金股息形式真正付給股東時，就是檢驗其實力的時候了，總不能憑空生出要發給股東的幾億甚至數十億的現金吧？

所以，現金股息是一個可以檢視公司獲利能力與財務狀況的參考。能發放高股息的企業除代表財務能力佳以外，也代表它每年可以不需要投入過多的資本，就能維持正常營運甚至繼續增長，能發出高股息的企業也通常是一個具有良好商業模式的優質企業。

我們觀察一家公司每年發放的股息可以檢視以下幾個重點：

1. 每年發放的股息，是否能隨著企業的成長也不斷成長？

2. 股息發放率是否合理？發出的股息與每股盈餘的比值最好能超過 60% 以上。

3. 平均殖利率，每年股息除以股價的比值最好有 4% 以上。

當然，以上三個數字只是一家穩健公司的參考標準。當一家在高速成長中的公司需要資金進行擴張時，的確需要更多的保留盈餘來做軟硬體建設與研發及行銷。有的成長型企業會為了維持未來的成長而留下盈餘，以盈餘轉增資的形式發給股東股票股利，這也是可以接受的形式，甚至是我個人很喜歡的形式。這通常表示公司對自己未來的成長很有信心，願意在股本增加稀釋每股獲利的狀況下發放股票股利。

股票股利可以幫助公司減少現金支出，保留營運資金，減少跟銀行貸款的還款與利息壓力。也因為流通股票變多了，交易熱絡後能提升市場價值。

18-2. 巴菲特對於股息的看法

一家好公司是不是每年一定要發股息？其實這也跟不同國家的股市文化有關。美國因為稅制影響，所以美國企業股息普遍發得少，讓股東能抵稅就好，將盈餘轉為回購（Buy Back）股票，讓流通股票變少，使每股盈餘增加，從而增加股東權益。

巴菲特自己掌舵的波克夏，便是以堅持公司賺再多都不發放股息出名的企業。不發股息除了讓公司與股東都能節稅外，公司得以保留現金繼續擴張規模與投資好的標的，還能透過持續的股票回購，讓波克夏股本變小、流通股變少。股東權益增加，讓波克夏現在一年的每股盈餘高達兩萬四千多美元（2022 年），創造波克夏 A 股一股就超過 50 萬美元的天價。

不過波克夏每年就算為股東賺了這麼多錢，巴菲特還是堅持不發一毛股息給股東，因為巴菲特認為把賺到的錢讓他和波克夏繼續管理，可以比發給股東創造更大的未來效益。他非常清楚一般人拿到股息後會去做什麼，為了

股東好，他覺得錢還是交給他來投資最好。不過巴菲特不發股息給股東，不代表他投資其他人的公司時就不重視股息，相反地，巴菲特比一般人更重視股息，因為這是投資報酬中的重要成分。

巴菲特這麼說過：「我喜歡擁有那些能夠支付股息的公司，因為這些公司通常是穩定且經營良好的公司。」此外，巴菲特說：「股息就像是一種現金紅利，可以幫助投資者抵銷通貨膨脹的影響。」

以巴菲特所投資的可口可樂為例，巴菲特在 1994 至 1995 年間用 13 億美元買進可口可樂股票，如今這些股票價值已經從 13 億成長為 250 億美元，更讓巴菲特每兩年就領回超過 14 億股息。也就是說每兩年巴菲特就可以賺回一次成本，就算現在可口可樂股價成長緩慢，巴菲特也完全不想賣出可口可樂股票，因為換算成成本後超過 50% 的股息殖利率實在太補了。

而在波克夏的規模成為龐然大物後，巴菲特更鍾情於發放股息的企業，例如 2008 年買進的比亞迪特別股，每年給予老巴 10% 的股息保障；2022 年後大買特買的西方石油特別股也有 8% 殖利率；同年買進的日本五商社也有 5% 以上的股息殖利率。波克夏每年靠擁有的股票股息收入就超過 100 億美元，2022 年的股息收入為 148.4 億，比 2021 年還多了 10%，佔公司收入的 18%。

18-3. 股息是一種投資保障

我在 2008 年重押了一半資本在精華光學與鈊象，兩家都是發股息很大方的企業，配息率都超過 80%。

先說精華，若以當年買進價格平均約 100 元來計算，到了 2018 年差不多 10 年的時間，所領的股子股息價值早就超過了成本的兩倍以上，就算沒能在股價最高點的 1,025 元出脫，含股息後在後來幾百元的價位出脫時，報酬依然遙遙領先大盤同期的報酬率，這正是因為股息彌補了股價下跌的損失。

而鈊象在 2012 年面對中國全面封殺電玩後股價也呈現暴跌，但也因為我領了多年的股子與股息，可以彌補股價大跌的損失，得以保住資本不置於大失血。這正是有配發豐厚股息的好企業補償給長期投資人的優勢。如果投資人更聰明點，不是每次拿到股息就拿去花掉，而是再買進更多的好股票，那股息的力量又更大了。

我們也必須知道，股市是隨著市場景氣與投資人的心情反覆波動的，我們不可能在需要使用錢時都剛好在股票高點賣股。在股價表現不佳時穩定的股息收入就是一種優勢。我們以美股在 1968 至 1982 年間因為通膨及經濟衰退所造成的股市滯漲時期做例子，美股在這段歷史上著名的「失落的 14 年」間，S&P500 指數只漲了 45%，只計算漲幅，年化報酬率只有 2.7%，連這段時期的通膨（平均年化 6.1%）都打不贏。但若加計股息後，年化報酬率將有 7.15%，若再加計前三年與後三年，也就是 1965 至 1985 年共 20 年期間，投資於 S&P500 的投資人在加計股息後的平均年化報酬率將為 8.7%，幾乎等於於正常時期的美國股市。

這段時期，股息對投資人報酬的貢獻度超過 70%。若沒有股息，投資人不只放在銀行的錢將以每年 6% 的速度減值，連在股市的資本也將大幅縮水。

不過美股在 2000 年後因為投資人瘋迷成長型股票，企業開始透過回購來刺激股價成長，美股在 80 年代的股息率，和 2000 年以後的股息率有明顯差異。1980 年代，S&P500 指數的平均股息率為 5.7%，而 2000 年以後，平均股息率只剩 1.8%。

反觀台股，因為企業獲利能力漸漸成長，股息率在過去 20 年來依然維持高檔，過去幾年來台股的殖利率都高達 4% 以上，以致於台股加計股息後的報酬率與美股是不分軒輊的。從 2003 年 2 月至 2023 年 2 月近 20 年期間，美股報酬率為 596%，台股為 587%。而在面對這幾年全球的通膨與升息問題，台股穩健股息的優勢，更讓我相信投資台股會優於投資高估值卻沒有股息優勢的美股。

18-4. 股票股利的優勢與威力

一家在高成長中的企業如果為了資金的需求不配發現金股息，而改發股票股利是可以接受的狀況，但前提是這是一家財務體質很好的企業，已經有很好的獲利能力，只是為了積極擴張業務必須持續投資。

發放股票股利雖然像是沒讓投資人領到現金，但其實股利的實際價值是很高的，而且還能減輕賦稅。股票股利是以面額 10 元來計算，裕融在 2022 年發放 5.5 元現金股利，1.7 元股票股利。裕融股東領了 5,500 元的現金，還有 170 股的裕融股票，這 170 股的股票股利在報稅時是以 1,700 元的價值申報。但如果是在隔年的 2023 年 7 月 14 日完成填權息的當天（股價為 215 元）來看，這 170 股的價值則相當於 3.65 萬台幣，投資人實際得到價值比報稅時的 1,700 元多出太多了。

此外，股子還能在每次發放現金股息與股票股利時得到加乘效果。2023 年裕融預計發放 5.6 元現金與 1 元股子，持有超過一年擁有這額外 170 股的股東，將領到 6.552 元現金股息（5.6×1.17）和 1.287 元股票（1.1×1.17），整整多了 17%，這就是贏在起跑點的優勢。持有的股份比後來的投資人多了 17% 的優勢，股價上漲時也比後來沒領到股子的人多了這 17% 的漲幅。

如果公司的成長能維持穩定的水平，讓獲利成長能力超越股本稀釋獲利的影響，那這種生生不息的股子股孫將持續放大股東的實際獲利效果。在台積電上市時就持有台積電股票的股東，透過台積電在成長初期的大量配股，原始的一張台積電股票到了 2010 年（2009 年後才不發放股票股利）將成長為 30 張。

2010 年開始這位台積電股東，便是以擁有 30 張台積電股票的價值領取之後的股息。例如 2010 年台積電發放 3 元股息，那這位股東當年便能領取 9 萬元的現金股息；如果在 2023 年台積電發放 12 元現金股息，那這位股東將領取 36 萬現金股息，複利效果非常驚人。

想像一下這位股東歷年從台積電可以領到的股息有多驚人？更不要忘了

他這 30 張股票在 2023 年價值約 1,800 萬（以一股約 600 元來計算），真的是當年買進一張股票就能致富，這就是股子股孫的威力！前提當然是你願意每年參與除權除息，完整領到所有的股子，讓它們子生孫、孫生子，子子孫孫，生生不息！

18-5. 發不出股息的公司可以買嗎？公司把錢花到哪裡更重要

前段章節提到，我對投資標的的股息標準是要能發出股息，並且股息發放率要在 60% 以上、殖利率有 4% 的企業，但這個標準是有彈性的，並非一成不變。

當一家企業在積極擴張事業版圖時，將盈餘留下來投入下一年的研發、行銷與軟硬體建設是十分合理的，只是投資人必須要小心確認這家公司是否確實將盈餘應用在正確的發展上。例如：有些公司花了高額代價併購一堆公司，但實際上對營運並沒有發揮太大作用；或透過不合理的分紅制度，將股東原來該享有的部分淨利都分給了員工或董事。

如果公司確實有用心，也有能力將盈餘做最好的應用，我們就可以放寬股息的標準，讓公司用更適合的方式來分配盈餘。只要公司是將資源持續投注在軟硬體建設上、持續強化公司的核心競爭力時，股息率不高是暫時可以接受的，只要確定公司的錢是花在刀口上即可。

但我對股息還是有一些基本的堅持，除非是本來就不強調股息率的美股；若是台股，我還是會堅持公司必須能發出股息與股利。對一家快速成長中的公司，我可以接受現金股息不高，但不能完全不發，或必須改以股票股利形式發放。

完全發不出現金股息的公司是你要非常小心的，代表仍處於非常燒錢的階段，風險仍非常高。每股盈餘若以現金股息加上股票股利來發放，我還是希望會有 50% 以上的水平，如果達不到 50% 的標準，那你必須用還原權值的方式將股子及股息計入實際價值，看在持有的期間，總價值成長了多少。

如果不發現金股息，改發放股票股利，這家公司的每股盈餘仍然可以持續成長，那代表他的獲利成長是可以勝過股本的膨脹，股價仍可以維持成長態勢，加上發放的股子，實際獲利還是很豐厚的。

此外，你也必須檢視這家公司在過去三至五年的年化報酬率是否勝過大盤，股東權益報酬率仍能維持在 15% 以上，若這些條件都符合，投資人就可以放心接受暫時的低股息狀態。成長型公司在經過幾年增長後，規模放大，獲利能力提升，股息率也會隨之提高，會從高成長公司成長為高股息企業。

另外，有些企業在沒有發放高現金股息的狀態下，依然有非常好的回報，甚至你應該要特別注意發放股票股利成長型企業的投資機會，它們通常能帶來比發現金股息的企業更好的回報。

18-6. 原來穩定發股息的公司卻突然發股票股利，通常是體質改變了

原來發放穩定股息的企業，卻突然在某一年開始發放股票股利，這類公司可能是因為業績出現了變化，通常是事業到了爆發期，需要更多的資金來擴展事業版圖。

如原來穩定發放現金股息、殖利率也不錯的裕融，從 2019 年開始改成每年發放至少 1 元（100 股）股票股利，在 2019 與 2020 年甚至發放 1.5 及 1.7 元的股票股利。如果從 2019 年一直持有至 2023 年，一張裕融股票將成長為 1.79 張，而獲利能力不只沒受到股本膨脹的影響，每股盈餘還從原來的 9 元成長為 12 元以上，股價也從 2019 年的平均 112 元成長為 185 元，含股子股息後的報酬率超過 200%。

另一個例子是我過去六年的主力持股鈊象，每年的股息發放率高達 85%，但在 2022 年為了增加股票在未來的流通性，策略性地把當年度預計發出的 60 元股利，以 50 元現金股息及 10 元股票股利的形式發放，股東除了領到五萬現金之外，還讓原本的一張股票變成了兩張，股本翻倍後讓原本超過

700 元的股價，瞬間折價成 366 元。而隔年也就是 2023 年，鈊象又漲了近一倍，以 652 元的價位除息，發放了 35 元的股息，2022 年參與除權息的投資人在股票還原權值後增值了一倍的價值。

從以上裕融和鈊象的例子可以看到，原來每年穩定成長且持續發放現金股息的企業，突然改成發放股票股利時，通常代表公司對未來的成長有信心，若能發現並把握這種投資機會，通常能給投資人帶來不錯的報酬。

18-7. 策略性地每年發放一定比例股票股利的公司：玉山金、中租

有些公司的商業模式需要持續地放大營運資金，以獲得相對獲利成長，例如金融業，放貸的金額越多，公司的獲利也越佳。所以每年適度以盈餘增資是取得便宜資金的最佳方式。

玉山金與中租每年都會透過一定比例的盈餘增資來補充營運資金，玉山金每年習慣將股利分成一半現金、一半股票的方式發放，通常各發放 0.6 至 0.7 元的現金與股票股利；中租則除發放約 30% 的股息外，再發放 0.2 至 0.5 元不等的股票股利。

優秀的企業會計算當年度股本膨脹的幅度與獲利成長間的關係，盡量讓獲利成長的幅度能彌補並超過股本的膨脹。而長期來看，中租與玉山金的報酬率都表現得很好，長期回報率都超越大盤。這就是有計畫性地根據企業的成長規模規劃增資的良好典範。

18-8. 持續發放高額股票股利的企業：大樹、保瑞、洋基工程

此外，你在投資時可以特別注意一些持續發放高額股票股利的企業。在台灣電子廠剛開始獨領風騷的年代，這些代工廠為了擴建廠房與添購新設備，必須每年不斷增資，而向投資人拿錢是最不需要成本的增資方式。但結果就是不斷盈餘轉增資讓股本不斷擴大而稀釋獲利。代工模式不穩定的盈利能力

逐漸跟不上股本的擴張，股價最後一年比一年低，這些重資本類型的電子代工廠是投資時的負面範例。

轉換到不同產業後，盈餘轉增資就不見得都是壞事。如果一家企業的獲利模式不是單純靠建廠，導致生產力被有限的廠房或每下愈況的毛利所限制住，而是具備更多利基點與優勢的獲利模式，那我們反而要特別注意這些持續發放高額股票股利的企業。

例如：保瑞持續併購有高技術門檻、有代工與銷售合約保障的製藥廠；大樹藥局不斷擴張連鎖店，每家藥局都能持續帶來穩定的金流，並因為更多連鎖藥局形成的網路效應，帶動更多優質的服務。只要用對方向，這些資本投入所創造的競爭力，是遠比傳統代工模式的工廠更具效果的。

我們可以看到像保瑞、大樹、洋基工程等企業，過去幾年持續以高額的股票股利擴張資本的同時，還能推升每股盈餘，表示這些企業有能力將資本更有效地轉化成未來獲利的能力。

投資人要多去檢視這些敢大膽增資、又能用績效證明其獲利能力的企業。持續每年大幅度的資本擴張，通常代表企業仍在規模擴張的初期，若能發現一家正在擴張初期的企業，在股本擴張的同時還能維持每股獲利的成長，常會有意想不到的投資回報。例如：從 2019 年至今的五年，保瑞回報率超過 16 倍、大樹超過 8 倍、洋基工程也有 4 倍，這些公司每年配發的股票股利常常都在 200 至 300 股以上。

18-9. 不發股息的美股成長型企業，以回購股票代替

美股配發的股息很少，甚至很多公司長年不配股的，這不是因為公司不賺錢或不重視股東，而是美國特殊的股市文化與稅制的影響。

美國投資人普遍希望股價能成長勝過希望能拿到股息，他們認為企業的營利能力強大，若將公司的盈餘保留在公司內部，公司更能透過規模擴張帶

來更高的每股盈餘，進而帶動股價成長。但若配發高額股息，公司和投資人都必須承擔額外的稅，也無法對公司的成長和股價帶來更有效果的影響。

　　雖然美國很多上市公司不配發股息或只給非常少的股息，但獲利能力強大的企業仍會每年撥出相當額度的年度盈餘來進行股票回購。雖然很多分析師認為回購並不是增加企業競爭力的手段，但從股東權益的角度來看，回購確實有效。例如蘋果每年大量的以現金進行回購，巴菲特雖然過去幾年有賣掉小部分的蘋果持股，但換算實際的持股價值，在蘋果執行回購後，波克夏持有蘋果的股份比重還增加了，也因此巴菲特盛讚蘋果的回購讓股東很滿意。

　　此外，我所投資的美國汽車 DIY 零件連鎖店 AutoZone，更以不發放股息但每年進行大量回購著稱。AutoZone 向投資人保證，每年以 5 至 7% 的比重買回流通股，加上其業務每年穩定的成長 7%，創造了其每年年化報酬率超過 20% 的優秀紀錄。

　　AutoZone 從 1998 年上市至今已經花了超過 7,500 億台幣進行回購，也因為股本持續縮小，2023 年的每股盈餘已經超過 120 元，股價最高時曾達到 2,700 元關卡。

第十九章
我的選股偏好

> 「我不曾失敗，我只有兩種結果：成功或學習。」
>
> ——Nelson Mandela 已故南非總統曼德拉

每一位在股市有所成就的投資人，除非是運氣好一夕致富（這種方式通常你也無法複製），不然都必定歷經了十年甚至數十年股票市場的殘酷考驗，也面對了無數次對自我能力的懷疑。每位成功的投資人都經過經年累月的摸索與實戰後，最後才找到最適合自己心性的投資方法，發展出屬於自己的勝利方程式。

對我而言，啟發我最多的就是兩位投資大師：巴菲特與彼得‧林區。巴菲特告訴我耐心的重要與複利的偉大力量，彼得‧林區則告訴我如何簡單思考，找到適合投資的好企業。

我在學習了他們的理念與投資方法後，自己在市場上持續實踐，也漸漸看到了成果，雖然不是一帆風順，錯誤仍頻頻出現，但很幸運地，在持續修正錯誤、減少失誤後，十多年下來股票資產仍持續壯大。在累積不少特別經歷後，我發展出自己的投資思考與選股偏好，以下分享幾個我覺得值得大家參考的個人選股思考。

19-1. 後照鏡勝過擋風玻璃

假設有一個國中班級，裡頭有 50 位學生，如果要從他們當中挑出幾位未來收入最高的，你會投資哪幾位？我想最簡單的方法就是直接投資成績前三名的同學。這是很簡單的道理，這些同學擁有最穩定也最好的成績，一路考上好高中再考上好大學科系的機會，比其他同學高出許多，將來收入也可

能相對比較高。

當然，你可能會說不會讀書不代表未來就沒成就，也的確很多創業家並不是班上最會讀書的學生，更可能是那些不愛讀書古靈精怪的學生。但經驗告訴我們，很難在其他那些成績普普的幾十位學生中預測到未來的創業家。

我在國中時，成績固定排在班上第四名，怎麼拚就是贏不了前面三位同學。數十年過去了，我前頭這三位同學後來怎麼了？班上第一名成為台大醫師，第二名成為高薪的竹科工程師，第三名成為博士級的醫師教授，而第四名的我呢？我沒有很糟糕啦，至少也是位大學老師。但別忘了前頭的假設，我們要找到未來最高薪的學生，直接投資前三名同學的平均回報率會比投資第四名的我好太多了。

上面這個真實例子也一樣適用於投資。我們要選的是確定性最高的相對領先群，而不是要找出稀少又難以猜測的未來企業家。我曾經跟一般投資人一樣很著迷於企業的美麗前景，而忽略了企業過去的經營數據。但在投資一家前途似錦的公司幾年後，往往會發現這個夢想發展不如原本預期，或者要等十年以上才有點成果，讓人無法忍受這煎熬的過程。

對價值投資人來說，判斷一家好企業，與其預測不確定的未來，過去的經營數字以及領導人過去的作為還更值得參考。

巴菲特說：「投資市場裡，後照鏡永遠比擋風玻璃讓你看得更清楚。」彼得・林區也曾提到對於投資那些前景看似美好，卻還沒有實際獲利能力的企業的看法。他說：「不要投資那些給予你遙遠承諾的股票（Long Shots），我大約購買了 30 支這樣的股票，連一支都還沒有回本過。」

所以，我們就都不投資那些前景充滿想像，看來具有巨大成長潛力的企業股票了嗎？也不是完全如此，而是你對企業未來發展的豐富想像，若是有多年經營數據可以作為依據，例如每股盈餘與營收成長數字的支持，投資的勝率就會越高。

　　成長的確定性一定要優先於成長的爆發力，再多的成長美夢，若沒有了確定性，再多的美夢最後都可能歸「零」。所以我投資時一定會參考過去至少三至五年的經營數據來篩選企業，先確定它「已經」是一家經營很優異的企業後才會考慮買進。

　　雖然用經營數據來篩選優秀企業的原則，可能會錯過一些未來非常有潛力的公司，但投資首重成功率與避免風險，這個看後照鏡的動作就是確認「投資成功的確定性」，可以幫你避免掉很多風險。

　　巴菲特因為謹慎，所以錯過初期的亞馬遜和谷歌。雖然這些公司在初期的確成長很快，但卻沒有穩定的自由現金流，必須燒錢擴張規模與建立護城河，巴菲特對於風險的觀念更勝過急於獲利的渴望。

　　但就算巴菲特沒投資這些十倍股與百倍股也不影響他的整體績效，他仍在自己的嚴格標準下挑選到了回報驚人的可口可樂、比亞迪與蘋果股票，他在選股過程中已經控制了可能的風險。富可敵國的投資大師尚且如此謹慎，何況我們這些小投資人呢？

19-2. 在中小型股中尋找機會

> 「我必須尋找大象。大象可能不如蚊蚋有吸引力，但我必須活在那樣的世界。」
>
> —— 巴菲特

　　初進股市時，我並沒有思考企業規模的大小會影響到投資績效。我多半在報章雜誌或網路新聞裡尋找投資機會，初期挑到的企業幾乎都是熱門的科技公司，這些公司大多是國際級的大企業，員工幾千甚至幾萬人，營收動輒幾十億或上百億，但每年要投入建廠、研發與設備的費用也高得嚇人。

一開始我以為大企業的營收穩定性比較高更適合投資，但後來累積越來越多經驗後，我發現大企業特別是電子業的表現反倒是常差強人意，不只收入沒想像中穩定，股價長期也很難打敗大盤。例如過去十年，你買進台塑、統一、中華電或鴻海等大型股，績效都會落後於大盤。

我發現企業的規模大到一個程度之後的成長性就會受到限制，不容易有出色的成長性（請回想我之前所說，要打敗大盤所需要的 15% 營收成長率），而且大型企業的產品毛利還常隨著規模越大越來越低。反倒是我後來挑到的一些小型企業，例如鈊象、裕融、德麥等企業的長期表現卻出乎意料地好。於是我的研究興趣與投資重心，便慢慢轉向中小型成長型企業。

投資中小型企業的成功率比挑選大企業更高。原因有以下幾點：

1. 小企業通常不如大企業具備知名度，不會是投資機構或投顧老師們的討論焦點，價值比較不容易被投資人發掘，比較可能找到物超所值、股價還未反映價值的好公司。

2. 小型股的成長爆發力較大，增長數字較好看，規模增長空間大，在成長初期買進持有幾年後，最有可能賺到倍數甚至指數式增長。一家公司在成長過程中，最關鍵的複利都是在業績開始爆發的前幾年。在規模小時，由一倍成長到三倍不會太難，但等到已經成長了 10 倍後，一年營收要成長超過 50% 就成了高難度的門檻。

3. 小企業的組織結構單純，經營管理的效率與靈活度高，可以彈性適應不同經濟週期，也較無核心事業與人事上的包袱，可以根據環境變化發展出新業務或迅速轉型。

4. 因為規模小，公司無法以規模優勢取勝，所以小企業會更專注在特殊領域，賺聰明錢，不打價格戰，以商業模式或技術來賺錢，毛利也較高。

什麼樣的規模算是小型企業呢？在國際上一般對企業規模大小的定義如下：

- 巨型股（Mega-cap）：市值 2,000 億美元以上
- 大型股：市值 100 億美元（3,000 億台幣以上）
- 中型股：20 至 100 億美元（600 至 3,000 億台幣）
- 小型股：3 至 20 億美元（60 至 600 億台幣）

美國克萊頓大學海德商學院（Heider College of Business at Creighton University）教授羅伯特・約翰遜（Robert R. Johnson）研究從 1926 到 2020 年間小型股的表現後發現，小型股（規模小於 3 億至 20 億美元）的平均表現比大型股（市值大於 100 億美元）每年的年化報酬率高出 1.6%。每年 1.6% 的差異看起來沒什麼，但對於複利來說回報差異卻是巨大的。從 1926 到 2020 年底，投資於大型股指數的 1 美元增長至 10,944.66 美元；但投資於小型股指數的 1 美元增長至 41,977.83 美元，小型股以 4 比 1 完勝。

小型股在活潑的牛市與經濟復甦期間，成長數據會較大型股更為突出，而且小型股往往在牛市的初期表現更為出色 。例如，追蹤小型股表現的羅素 2000 指數（Russell 2000 是指美國前三千大企業中的後兩千家小型企業）於 2020 年後表現優異，自新冠疫情的股市觸底後，它的表現明顯優於規模大得多的 S&P500 指數。

與大公司相比，小型股（small-cap stock）通常有更好的增長機會。如果又是價值型股票的話，也就是那些低本益比、高淨值股價比（ book-to-price ratio）的股票回報率又更容易超越大型股。

美國金融與投資專家 David Norton 在 2021 年所做的研究顯示，美股自 1926 至 2019 年以來，小型股的表現每年優於大型股票 1.6%，而低估值的價值股的表現又以每年 3% 的幅度優於成長股。以美國的「羅素 2000 小型企業指數」以及「羅素 2000 小型價值企業指數」來比較和大盤的績效，從 2000 年一直到 2018 年期間，小型價值股的漲幅幾乎是 S&P500 指數的三倍。

而根據富蘭克林坦伯頓基金集團的研究，至 2020 年為止的過去 20 年，小型價值股是所有類型股票，包含各類大小型價值股與成長股中表現最優的，

在 20 年期間可以將 1 美元增長為 4.4 元，而投資於 S&P500 指數的 1 美元則只能成長到 3.6 元，差距為 22%。

▶ 台灣與美國的小型股結構差異

美國地大物博，單單本土市場就可以成長出許多大型企業。美國上市公司中超過 100 億美元市值的大型企業就有 561 家，甚至還有如蘋果、微軟、亞馬遜、臉書等市值破兆與數千億美元的超巨型企業。

台灣是個只有兩千多萬人口的島國，截至 2023 年止，超過 100 億美金以上的大型企業只有 47 家。在 20 億至 100 億之間的中型企業也只有 99 家。以台灣約一千家上市櫃公司來計算（2023 年有 971 家上市櫃公司），台灣小型企業就占了 85%，那這樣是不是代表台股中有很多好機會呢？某個角度來說是對的，但台灣的小型企業也有不少自己的缺點。

首先，台灣對上市公司的監管不像美股那麼成熟，所以小公司的資訊透明度不佳，很多小企業很久才會發布一點比較重要的消息，業務變化與長期經營策略也常無法給出詳細的說明。或是以家族形式在治理公司，較缺乏宏觀，對於人才與研發的重視程度也不若大型企業。

另外，台灣的小型企業也受限於市場規模的狹小，若沒有強大的護城河，例如強大的技術或品牌，要擴展到海外市場也不是容易的事。所以很多小企業在國內市場飽和或競爭加劇後，也無法突破格局限制，反而長期成長受限而表現不佳。

我的經驗是，挑選中小型股中的中型股會更安全，可以免除掉太小的企業衍生的內部治理或競爭力的問題。中型企業也多半曾經是小企業，已經用業績與市占率證明了自己的實力，投資風險也比小型或剛起步的超小企業更低。

我目前投資的企業除了少數的大型股如蘋果、微軟、波克夏、台積電、中租等，其他幾乎都是偏中型規模的企業。以 2023 年的市值來看，裕融約

1,000 億、鈊象約 800 億、保瑞為 600 億、寶雅約 600 億、晶碩約 300 億、PATK 市值 15 億美元（450 億台幣）、PERI 市值 18 億美元（540 億台幣）、INMD 市值 30 億美元（600 億台幣），從以上可以看到我的持股多半集中在企業市值約 300 億至 1,000 億以下的中小型企業。

▸ 小型股的風險

當然，投資小型股雖然更有機會贏過大盤，但也不是沒有缺點。例如在 2020 年後美股因為市場炒作破壞式創新科技的影響力，投資人瘋狂追捧中小型成長股，將估值推升到泡沫層次。後續在高通膨、升息以及全球經濟衰退風險的影響下，熱錢退場，投資人為了避險，資金重新回到獲利堅實、資本雄厚的大型科技股，小型股在之後的幾年反而表現不佳。

此外，成長性不錯的中小型股，也容易在之後被大公司併購，或者因為市值成長而被排除於指數之外，讓小型股指數不容易展現成長性。而小型企業因為公司的規模和市值小，流通性不佳，在股價受到追捧或拋售時都可能會產生巨大的波動。

在搞懂小型股的優勢後，我過去的投資組合都以小型股為主。從 2008 至 2018 年甚至只以兩檔小型股作為主要持股，以致於每年股票市值的波動率常常超過 30% 以上，更慘的年份甚至跌掉 60%。雖然我已經很習慣這種波動了，但我的朋友聽到我的持股市值波動的反應幾乎都是：「你怎麼可以忍受這種波動？你不會害怕嗎？」

資產一年跌掉 30% 甚至腰斬的感覺真的不好受，說不會怕是不可能的，沒有人可以百分之百做對所有投資決策，每一次大跌都考驗著長線投資人的信心，會擔心這一次會不會真的看錯了？所以若你想透過投資小型股來加速資產的成長過程前，必須確認自己有忍受資產大幅波動的忍耐力，不然你非常可能會在持股市值大幅減損的恐慌中做出後悔的決策。

此外，小型企業要建立護城河也不容易，因為要維持技術和規模領先都需要持續砸下重金，而市場上多的是比你更有財力或有技術優勢的對手。這

些競爭者有足夠的財力和時間來打敗你。小型企業在一個產業的領先優勢常常比大型企業短，擔任產業龍頭常不到十年的光景就將龍頭地位拱手讓人。

曾經讓我賺到第一桶金的精華光學，雖然維持了近 10 年的優勢，但最終還是被眾多競爭對手突破技術門檻，而且這眾多的競爭對手中還不少是有高科技大廠當靠山的企業。例如晶碩就是由景碩與和碩集團撐腰的企業，不只有科技廠的材料和生產技術做支持，還有全自動產線的規劃能力，以及更年輕和更聰明的領導團隊。

所以當了亞洲隱形眼鏡代工龍頭十幾年的精華光學，在 2018 年後開始失去優勢，隨著疫情對人力密集式生產企業的影響，精華和競爭對手的差距也越來越大，最後丟掉了龍頭寶座，股價也從 1,025 的歷史價位跌破 200 元。

所以，投資小型股一定要持續的研究與關注它在產業中的地位是否有動搖，這是投資小型股要付出的額外代價，需要投入更多的心力與更多的耐心，但也因此有更豐厚的回報。

19-3. 挑選冷門產業中的高毛利與高營業利益族群

我在挑選產業或企業時，會盡量特別挑選產品與服務具有高毛利與高營業利益率的投資標的。我對毛利的標準是至少要在 30% 以上，營業利益率標準為 20%。但若企業整體表現不錯，例如有夠寬廣的護城河或優秀的領導人，經營數據都在持續優化中，我也可以接受毛利在 20% 附近，營業利益率在 15% 左右的企業。基本上，高毛利與高營業利益率一定是選股時必定觀察的重點。

企業的產品或服務若具有高毛利，通常代表有寬廣的護城河與一定的技術門檻，他們會有以下特徵：

1. 產品價值與認同度高

企業生產的產品或服務的價值或認同度高，或有品牌加持，顧客願意用

高價購買，所以有訂價優勢，比較不需要削價競爭。例如蘋果手機、隱形眼鏡、烘焙原料、藥物、客製化或特殊領域的產品等。

2. 特殊的商業模式

例如中租、裕融這類租賃業，不必投入重大資本，當客戶要租賃時才跟銀行借款再轉貸給客戶賺取利差，還能將成本轉嫁給客戶，所以生意的毛利就特別高。其他像軟體業、訂閱制的服務或平台（臉書、蘋果、鈊象、微軟、Adobe），都因為本身產品特性與商業模式的特殊性，而享有比較高的產品毛利。

「營業利益率」代表公司內部經營的效率，有些公司不需要投入很多人事成本、軟硬體設備或店面租金，就能讓公司順利運作。例如遊戲業的鈊象，主要工作在遊戲開發，產品一旦開發完成很容易就透過各種平台發行出去，不需要太多的人力與運輸費用，營業利益率自然也高。隱形眼鏡產業中的晶碩擁有全自動生產技術，只需要不多的員工就能完成複雜的生產程序。專注於自有品牌網通產品的普萊德，研發產品後將產品交給代工廠生產，比一般台灣的網通大廠少掉經營工廠的高昂支出。上面這些企業就會比對手享有更高的營業利益率（鈊象 52%、晶碩 27%、普萊德 31%）。

以上這些企業都是以高毛利的產品與服務來賺取收入，並且企業內部以極有效率、精簡成本的方式創造高淨利的好例子。投資時，以高毛利及高營業利益率來篩選企業，選到具有寬廣護城河的企業的機會就更大。

此外，不要往人多的地方去，不需要太關注媒體正在瘋狂炒作的類股或企業。不要看到媒體報導一家公司營收暴增，前景多美好就急著跳進去買。通常一支股票討論度最高時都是股價最熱的時候，買進的結果通常都不是太好。學習冷漠地看待熱門股或別人股票的飆漲，整個股票市場上除了熱門股以外，還有很多非常好的企業，試著用自己累積的經驗與選股的標準來挑選好股票。

很多產業與股票雖然很少是市場上討論的焦點，但卻常常充滿寶物。可

以特別觀察它們的毛利率、營業利益率，如果能達到我所設定的毛利率 30% 以上、營業利益率 20% 以上，它們是長期贏家的機會就會很高。例如遊戲業中的鈊象、烘焙業的德麥、隱形眼鏡中的晶碩與亨泰光、租賃業的中租與裕融、網通設備業中的普萊德、美股中的 AutoZone（AZO）與麥當勞（MCD）、網路廣告技術公司 Perion Network（PERI）、美容醫療設備 Inmode（INMD）等都是很好的例子，長期持有的報酬率都會很不錯。

19-4. 每股盈餘超過 10 元的企業

我投資股票偏好挑選每股盈餘已經有 10 元或接近 10 元的企業，不過這並不是一個絕對原則。你會發現我的投資組合裡幾乎都是股價 100 元以上的高價股，甚至連一百多元的公司都很少，因為若挑選每股盈餘高於 10 或接近 10 元的公司股票，你會發現很高的機會它們最後都長大了，越長越大，股價也變成好幾百元。

在我長期投資的經驗裡，我發現很多企業都經營超過數十年了，但獲利數字每股盈餘就像是有個緊箍咒或天花板一樣，一直停留在低個位數，永遠無法突破。但也有些企業的每股盈餘卻能一路慢慢往上爬，最後成為十幾或二十幾元。我發現每股盈餘能突破 10 元是一個可以幫助我做投資判斷的門檻。

你可以這樣想，假設你的鄰居 A 努力賺錢，買了一棟房子，隔了五年後，他又買了另一棟；而鄰居 B，也買了一棟房子，但隔了五年後，他只能再多買一輛家庭房車。你覺得誰比較會賺錢？顯然是一棟房子接著一棟房子買的人更會賺錢。

跟買一台機車或汽車來比，買下一棟房子是一個難度高很多的成就。同樣地，你也可以這樣想，一家公司成立時的股本有這麼大，最後它的獲利能力持續成長，竟然可以在幾年內就賺回當初的股本，那是不是很強啊？市場投資人當然會對這家公司刮目相看。

　　我觀察到一家公司的每股盈餘還沒有 10 元時，股價的評價通常不高，一旦跳升到 10 元以上時，投資人就會開始重新給予較高的估值。而每股盈餘有 10 元其實也是一家企業實力的證明。我們常會聽到財經媒體說一家企業今年賺到一個股本，這「賺到一個股本」的說法就在暗示這是一個厲害的本事，不然媒體不會特別去強調它。

　　一旦一家企業的每股盈餘超過 10 元，媒體或投資人就會開始注意它，這對股價的本益比提升是很有幫助的，也是它開始晉身高價股的基本門檻，代表股價將從兩位數成長到三位數。

　　所以，我也會特別注意持續成長的公司，獲利能力從每股盈餘 10 元以下（例如 7 元至 9 元）越過 10 元的階段，或者直接挑選每股盈餘已經突破 10 元的企業。我在 2006 年第一次發現精華光學時，它的稅前每股盈餘差不多是 9 塊多，而股價還在 100 元以下，本益比差不多只有 10 倍。我在觀察幾天後發現股價開始動了，便決定買進。此後隨著它每股獲利數字持續成長，本益比也開始攀升，最後從常態的 14 倍成長到最高峰時期的 26 倍，甚至在歷史最高價位時還超過了 30 倍。而其他如中租、裕融也都是在每股盈餘達到 7 至 9 元時開始買進，後來的結果都很不錯。

　　當然，挑每股盈餘 10 元以上的企業只是一個簡化的判斷方式，還是要搭配企業其他的獲利數字以及競爭優勢，才能做出更全面的考量。我長期使用這個我偏好的選股標準，確實成功率很高，至於好不好用，就需要你自己做投資時來驗證一下。

19-5. 高價股其實不貴，看價值，而不是股價！

　　另外，很多人常跟我說高價股很貴，能否推薦他們買便宜點的股票。但你仔細想想，判斷一家公司股票貴不貴是看股價嗎？有些公司股價很高，但若搭配看每股盈餘、本益比，成長率和股本大小其實是非常經濟實惠的。

　　在 2021 至 2022 年的兩年期間，鈊象股價從最高 995 元跌到最慘時約

600 元,投資人還是嫌貴。所以鈊象管理層乾脆決定在 2022 年進行策略性增資,把股本增加一倍,讓股價直接減半,但顯然大家還是不領情。鈊象在除權息後股價最慘跌到剩下 331 元,這三百多元對很多投資人來說可能還是「很貴」。但其實當時把鈊象的每股獲利跟其他遊戲公司相比算是非常便宜了,本益比已經低到只剩下 8 倍。

到了 2023 年,鈊象因為獲利表現佳,股價最高漲到了 672 元(11 月為止)。那 2022 年的 331 元,到後來的 400 元、500 元甚至 600 元,還算貴嗎?

只能說很多投資人被股價的絕對值觀念給「制約」了,一般人很習慣地想到一張股票有 1,000 股,以一張當作買進成本當然會覺得貴。一張股票好幾十萬,都可以買台很新的二手車了,當然會覺得很貴,但若是以每股的交易價值來看,每一股的高價股其實不一定貴喔!

以 2023 年 11 月的股價來看,用 600 元台幣就可以買到一股鈊象股票,有 6% 以上殖利率,還有每年股息和股價成長的機會,會比你花兩萬元去買一張中鋼還更不划算嗎?所以,如果我手上有六萬元可以投資,我一定會去買 100 股的鈊象,而不是去買三張便宜的中鋼。

此外,股市的優勢就是你有多少閒錢就可以買多少股,非常符合一般小資族以「量入為出」的方式做投資。以房地產來說,如果有一間座落在台北市信義區的豪宅,有極佳的視野、優良的建築品質、非常好的管理、寬敞乾淨的人行道、還有方便的交通、教育環境與生活機能,跟你一起住的鄰居還各個都是氣質佳有水準的中產以上階級。這區域的房價貴其實是貴得有道理的,如果我夠有錢,也一定會買這區域的豪宅。以「投資價值」來評估這些豪宅其實是非常划算的,但以整間房子的單價來說就會高到讓人瞠目結舌。這跟投資股票其實是類似的道理,要看所投資資產的「真實價值」,而不是以一張股票或一棟房子的「總價」來判斷值不值得。

可惜的是,豪宅不能只賣你一間廁所、一個車位或區區一坪,如果一間豪宅能分拆成很多小部位讓不同投資人來投資,鐵定也會有很多人搶破頭來

搶購。但股票市場的交易規則對小資族就很有利，你可以只買一股台積電，這一股的價值與回報率跟你一次買 1,000 股是一模一樣的。而且，以嚴格的定義來看，買 1 股台積電和買 100 張台積電的投資人，都可以很驕傲地跟別人說「我是台灣之光台積電的股東！」（但我們這輩子可能都沒有機會說我們是信義區豪宅的主人）

所以，從今天開始，請不要再用股價來判斷股票貴不貴了。不要用價格，要用價值來看個股的股價，1,000 元的股票也可以比 10 元股票來得划算喔！

19-6. 選擇無須經營工廠的企業

我投資的前十幾年專注力都在台股，對什麼是一家具備強大護城河的企業還沒能形成自己獨特的想法，一直到 2018 年正式進入美股後才發現：奇怪，美國怎麼很少自己有工廠的企業呢？特別是那幾家科技巨頭 MAANG（臉書改名 Meta 前叫做 FAANG），而且這些公司的護城河還更寬更大，使得它們長期的毛利率都很高，在市場上維持很長的領導地位。

表 19.1. 美國科技龍頭的平均毛利率

	近10年（2011～2021）平均毛利率	企業特色
蘋果	39.29%	無工廠、委外代工、訂閱服務平台
微軟	70.21%	無工廠、軟體業、委外代工、雲服務
谷歌	56.98%	無工廠、網路廣告、雲服務
臉書	81.76%	無工廠、社群平台、網路廣告
網飛	34.72%	無工廠、串流平台、內容製作
亞馬遜	31.1%	無工廠、電商、雲服務、物流
平均	52.34%	

資料來源：作者整理

反觀以製造業為主的台灣卻很少有這樣的企業，幾乎都必須經營工廠，不斷建新廠房、買設備、養一批工程師和生產技術人員。若以 2023 年第三季美國最大市值的前五大企業的毛利率來看，分別是蘋果（44.13%）、微軟（68.9%）、亞馬遜（45%）、輝達（64.6%）與臉書（78.34%），平均毛利率高達 60%。

▶ 無工廠的企業有下列優勢

　　1. 專注於定義與研發產品，規劃出消費者要的功能與服務，通常處於產業的上游與中游。

　　2. 業務靈活，不用考慮既有設備與技術的包袱，可以發展有潛力的業務。

　　3. 專注在研發新產品，容易累積產品規格與技術上的專利，形成護城河。

　　4. 通常是品牌廠，有更高的企業價值，享有訂價權，較容易將成本轉嫁給下游廠與消費者。

　　5. 不必養大量員工，也不用負擔設備、廠房等巨大的投資。

　　6. 專注在產品研發，可以透過研發減少零件與優化結構，降低生產成本，還能將量產與製程優化的成本丟給下游工廠承擔。

　　7. 可以在世界各國眾多的下游代工廠中找到最划算的代工價格，讓代工廠們自己廝殺。

　　8. 無工廠的企業，業務的內容多半聚焦在第一線的用戶或消費者，在具有廣大的用戶基礎後可以玩的獲利模式很多，更容易發展出「飛輪效應」。

▶ 有工廠的企業壓力

　　1. 必須隨時準備好廠房，沒訂單時也要負擔廠房以及員工龐大支出，在經濟不景氣時要承擔很高的風險。

2. 產能受限，訂單太多時必須放棄訂單或必須挹注鉅額資本再建廠，但建完廠後若訂單回落又成為巨大負擔。

3. 當產品規格與技術改變時，舊有設備與生產技術的價值就會大打折扣，永遠都必須考慮採購或研發新設備。

4. 為了爭取客戶，必須跟其他同業做激烈競爭，若技術無太大差別，常只能以最低價格吸引大客戶，代工的價格需跟同業競爭無法穩定。

5. 被舊有技術限制，常只能朝技術專精化的單一方向前進，企業擴張的靈活度與業務的多元性不佳，若有更強大的對手出現，企業的成長會受到威脅。

6. 企業的自主性不佳，由上游品牌廠的業績與市場價格決定自己的命運，甚至若被單一大客戶掐住命脈，還不得不聽命這些品牌大廠的不合理要求。

很長一段時間，我的投資觀念受限於台股的流行討論議題，例如：蘋果概念股、電動車概念股、元宇宙概念股等熱門主題。後來發現在這些市場流行主題下面，有一大堆零件代工廠等著研究，基本上就是一堆很難理解的技術與零件，要從中找到好公司不僅花時間，也常吃力不討好。因為它們的技術優勢不好判斷，競爭者多，長期業績都很難預測，直到我後來瞭解全球各經濟體中的企業扮演的角色不同時，才開始改變思考方式。

歐美企業經營的思維很值得台灣投資人思考與應用在選股上。我們要挑選那些以更具優勢的商業模式在市場上立足的企業，避開那些雖然很努力很用功，卻因為自己在產業中所扮演的角色而受到侷限的企業。

雖然台灣企業與美國企業的特色不同，但我們思考的特質應該都是一樣的，這樣才更有機會選到長期的贏家。

美國擁有許多無工廠的企業，如蘋果、微軟、亞馬遜、臉書等大科技公司，雖然都沒有自己經營的工廠，但都能依然靠獨特的商業模式創造極高的

護城河及強大的獲利能力。

　　台灣企業的強項是製造業，大部分的企業都必須靠經營工廠來接上游客戶的單，但若認真研究仍可以找到很多不需要工廠就能獲利的企業，例如：租賃業中的中租、裕融、遊戲業中的鈊象、或各種連鎖店如寶雅、大樹藥局等。

　　我們拿台股中的「普萊德」當例子。普萊德屬於網通設備類股，競爭對手很多，例如友訊、正文、合勤、訊舟等，這些競爭對手的營收規模都比普萊德（股本 6.25 億，員工數 160 人）要大得多，但這些企業的經營手段都很類似，以承接品牌客戶的代工為主。

　　雖然網通設備的代工毛利普遍還不錯（10% 至 25% 之間），但問題就出在代工的獲利模式上，代工的網通產品雖然有不錯的毛利，但經營工廠的成本讓營業利益率大幅下滑。另外每年還要支出龐大的建廠與新設備成本，人力成本也只會持續高漲，這些龐大的支出無法保證未來會有相對應的回報。

　　因為市場每年都受到客戶不同的需求與代工價格的影響，所以這些網通設備廠的經營績效非常不穩定，營業利益率多半在個位數（2% 至 8% 左右），淨利也時好時壞，長期都在 2% 至 5% 波動，甚至會出現負值，這正是處於激烈的代工市場競爭下的必然結果。

　　反觀普萊德，從創業開始就走了一條跟其他同業不一樣的路，決定發展自有品牌，專注開發中小型客戶需要的客製化網通產品。普萊德透過自主研發來優化產品的功能並控制生產成本，不自己製造，將開發完成的產品轉交其他代工廠來生產，自己繼續專注在研發與行銷。

　　這種模式讓普萊德有比同業更高的產品毛利，過去幾年的產品毛利高達 40% 以上，而且還逐年成長。到了 2022 年，產品毛利已經高達 42%，營業利益率也高達 29.9%，淨利也超過 25%；更重要的是，普萊德的所有數據都還在持續成長，從營收、毛利、營業利益率、每股盈餘和股東權益報酬率都仍持續優化。這就是不經營工廠的優勢，讓它可以專注在更高價值的工作上。

當然，我也不會只挑沒有工廠的企業作投資，有些企業雖然是代工廠，但也同時經營自己的品牌，或產品的技術層次具有高門檻。例如：晶片專業代工的台積電、製藥業中以 CDMO 模式經營的保瑞，它們在產品毛利與經營績效方面比一般代工廠更具優勢，仍可以有很不錯的成長性。只是在選股前，如果能先提醒自己，檢查一下企業營運時有無需要經營工廠這個標準，可以讓你更快看懂企業的優勢在哪裡。

19-7. 簡單思考，找業務、技術與優勢容易理解的企業

我在投資時喜歡挑選那些透過簡單思考就可以判斷其優勢的企業。因為我投資的標的都必須是仍在成長中的企業，所以為了確定企業的成長性，我必須找到成長不確定因素越少越好的企業。而越容易理解的東西，複雜度和變數越少，思考起來就不用那麼複雜。這也是巴菲特和彼得‧林區選股時的共同原則。

一般人會先入為主地認為有深奧與複雜技術的產品一定是高門檻、高毛利的保證，產業對這些產品的需求也一定會越來越高。這樣的想法聽起來很合理，所以科技公司常常都是各國股市中最熱門的股票，常受到分析師與投資人的追捧。但我們卻常忽略了，科技進步得很快，市場上隨時都有同領域的競爭者，產品迭代更新與被淘汰的速度也很快，而且大部分的科技產品都非民生必需品，需求變化常與景氣連動，那這樣的產品是不是反而很難判斷它是否有穩定需求？

舉華邦電子為例，公司分成三大事業體，包含快閃記憶體 IC、DRAM 產品及記憶 IC 製造等。快閃記憶體 IC 產品專注於微控制器消費性產品、語音 IC、多媒體 IC、及電腦邏輯產品，如輸出入控制 IC、筆記型電腦鍵盤控制器（KBC）；記憶體產品則有 Commodity DRAM、Pseudo SRAM、Low-power DRAM、利基型 DRAM 及 NOR Flash；它同時也是全球利基型記憶體的主要供應商，包含編碼型快閃記憶體、安全快閃記憶體、利基型記憶體及行動記憶體。

華邦電的這些產品你是否能理解？老實說，我研究半天還是看不懂，更無法判斷它每項產品在市場上的需求。網路上資料顯示這些產品的營收有 31% 來自於通訊電子、24% 來自電腦、20% 來自消費性電子、車用及工業用占 25%。你能判斷這些產業每年的需求變化？或者你知道華邦電的競爭對手有哪些？華邦電在產業中的優勢及位置是什麼？我想，對一般散戶來說，這家公司研究起來的難度一定很高，特別是對沒有科技背景的投資人來說，包括我在內。

　　但你可能想不到，我 2002 年開始工作存到錢後買進的第一張股票就是華邦電，而且還記得靠它賺了幾千元。現在回頭想起這段回憶真覺得不可思議，我買進了一支我根本看不懂它在做什麼的股票，唯一買進的理由就是我覺得這家公司常聽到，它一定是家很有前景的科技公司。我想不是只有我，這應該是很多投資人都有的經驗。

　　如果這是你剛開始投資初期的問題就算了，但我相信很多投資人在股市打滾了一、二十年，可能都還是繼續犯這種毛病。買進一家自己其實看不太懂，或是自以為有看懂但其實離真正深入瞭解公司優勢、實際需求與產業週期還很遙遠的程度，買進的原因只是認為它「應該」很有前景。

　　相對於華邦電這種產品線複雜，技術難以理解的公司，賣烘焙材料給麵包店和連鎖超級市場、市占率占台灣 90% 以上的德麥，會不會好理解多了？或你每個月都會帶小朋友去光顧的麥當勞、常和朋友聚會去的星巴克？或你和家人常會戴的晶碩隱形眼鏡？有些公司理解起來就特別簡單，但往往它們不會是市場上的熱門股票，因為產品聽起來就是不夠高科技（或不夠複雜到覺得很厲害）。

　　怎麼判斷是一家容易理解的企業？以下幾點可以供你參考：

1. 企業的產品與服務容易理解

　　最好是知名的品牌廠，你常看到，自己和家人都會使用的產品或服務，例如蘋果、微軟、特斯拉、寶雅、麥當勞、星巴克等。

2. 企業生產產品的營收、毛利比重需清楚

企業所生產的產品與服務的收入要清楚，因為不同產品有不同毛利，例如蘋果的 iPhone 比重約 50%、訂閱服務約 20%，其餘如 iPad、Mac 電腦、穿戴周邊約 30%，而且各產品的毛利變動不大。很容易就能判斷產品的貢獻多寡。

3. 銷售區域的比重容易判斷，產品銷售到哪裡要清楚

你必須知道這家公司的產品銷售到哪裡，當地的消費水平及需求可以幫助你判斷成長性。例如很多中概股的營收受到中國的消費市場影響很大，往美國或東南亞發展的企業成長性也都不一樣。

4. 產業每年的成長確定性高，不易受到景氣或政策影響

例如鋼鐵、水泥、建築、航運就很難預測，你挑的產業基本上已經決定了這家公司的成長性。避開難研究與受景氣影響大的產業，可以省掉你很多力氣與犯錯的機會。

5. 確定是產業的領先者，最好是第一名或至少是前三名

直接挑選已經在產業中穩居龍頭或至少是前三名的企業。記得我們前面所說找最優秀的學生，而不是那些在學階段仍看不到潛力、未來可能會創業但個性古靈精怪的學生，可以等他們創業成功了再挑他們。例如直接挑選電動車龍頭，而避開那些還在創業初期的電動車新創公司。

6. 過去至少五年經營數字表現良好，數據持續往上的企業

挑選已經實現帳面營利，而且過去至少五年經營數字持續向上的企業。記得巴菲特所說的：「後照鏡比擋風玻璃更重要。」

19-8. 特別注意軟體、訂閱、與平台等商業模式

在挑選企業時，除了可以思考有無經營工廠的負擔外，也可以注意幾種

成功率高的商業模式，包含訂閱制、各種平台、軟體業、連鎖店、授權金及反覆消費商機等。

▶ 1. 軟體業

台股的不同產業中，電子資訊產業的市值就占了 67%，比第二名的金融業 4.8% 多了 60% 以上，更不要說屈指可數的軟體公司比重有多低了。台灣工業長期以代工為主，對軟體業的重視不足，也很少具知名度或具規模的軟體企業，所以一般投資人很少會去注意軟體這個產業。然而，軟體業是一個你絕對不可以忽視的領域，特別是現在要買各國的股票已經非常方便了，如果有極具優勢的軟體業，你一定要好好考慮納為投資組合的一員。

軟體業的優勢在於生產成本及擴張優勢。設計一個軟體最主要的成本在於聘請程式設計師的費用，程式設計師透過腦力與專業就可以設計出軟體，這個成本遠遠小於開設工廠、聘請一大堆工程師研發，或找幾千甚至上萬名工廠技術人員的製造成本。此外，當軟體完成後，賣給一位顧客跟賣給 1 萬個顧客的成本基本上沒太大差別，特別是在網路時代，只要有網路就能將產品傳至用戶端，更新與維護都能透過線上完成，銷售與行銷上都占很大的優勢。

如果要投資軟體業，最要優先考慮的股市當然是美股，例如著名的 Microsoft（MSFT）、Adobe（ADBE）、AutoDesk（ADSK）、Intuit（INTU）都是長青型的軟體股票，它們開發的作業系統或專業軟體，都已經是全球用戶每天都要使用的平台或工具。

此外，軟體業也是普遍使用訂閱制來獲利的產業，更增加了它的優勢。由 iShares 推出的 Expanded Tech-Software Sector ETF, IGV（擴展科技軟體類股 ETF），過去 10 年的報酬率超過了 380%，超越了 S&P500 的 160% 與納斯達克的 290%。

▶ 2. 訂閱制

其實訂閱制的商業模式很早就出現在人類的商業世界中，例如：過去的

郵購、牛奶、報紙等日常訂閱服務。而在電腦及網路普及後，許多軟體商或電子服務商，因為常有版本及功能更新的需求，於是各種透過網路技術衍生的訂閱制便應運而生。例如：網飛（Netflix）、亞馬遜（Amazon）的 Prime月費會員服務、好市多的年費會員、電信網路商以及各種軟體商的月訂閱或年訂閱費。微軟的文書軟體以及 Adobe 的影像與美術設計軟體業務，都因為採用了訂閱制後創造了新一輪的營收成長。

訂閱制的優勢在於用戶的使用慣性一旦建立後，除非很不滿意服務，覺得負擔太重或有更具吸引力的服務，一般來說用戶很少會取消服務。這種透過訂閱所產生的收入對企業來說會成為非常穩定的金流，並且因為訂閱服務，企業很容易透過原本的訂閱再推銷其他加值服務，或升級成更貴的套裝服務來刺激用戶的每月消費額，可以大幅減少行銷與經營成本。

目前採用訂閱服務的產業已經包羅萬象，從各種專業應用軟體、社交平台、雲端服務、音樂或影片平台、線上遊戲、各種電商、投資文章等，投資人只要夠敏銳，都能在生活中發現以訂閱形式存在的優質企業。

▶ 3. 各種社群或商業平台

有些企業以經營社群或交易平台為主要的商業模式，當平台的用戶基礎夠大後，透過平台的用戶流量即能創造可觀收入。這些收入可能來自於商業廣告、訂閱或用戶在平台上的交易。這些平台就像個小國家，註冊會員夠多流量夠大後，很多商機便自然而然地形成。

例如：臉書用戶近 30 億人，IG 和 WhatsApp 的用戶也有 20 億，就算分析師常質疑臉書用戶成長趨緩，但卻忽略了臉書仍有很多手段刺激這數十億用戶的消費支出。臉書的每位用戶每月的平均消費從 2011 年約 5 美元，成長到 2022 年約 40 美元，這數十億的用戶比中國、印度、加上美國的總人口還多，永遠有可以開發的新商機。

臉書除原有的商業廣告業務外，這幾年還發展了數位錢包 Facebook Pay、Watch 影片、創作者訂閱服務、Market Place 等，這些服務很多仍處於

實驗性質，然而這當中只要有一兩個服務能夠成功在某些區域打開市場，就能成為新的成長動能。

Facebook Pay 在 2021 年產生了 10 億美元的收入，到了 2022 年成長為 35 億美元，雖然跟臉書一年近 1,200 億美元的總營收比來仍是很小的比例，但這麼多的新業務透過慢慢成長，未來也能累積成不小的收入。

另外微軟經營的 Linkedin，在 2022 年營收已經成長為 306 億美元，年增 10%，這使得 LinkedIn 已經成為微軟第三大收入來源，僅次於 Azure 和 Office 的收入。此外像 Twitter、Pinterest、Etsy、Match，或台灣的愛情公寓（尚凡）、MOMO 購物（富邦媒）等，都是透過社群或電商平台逐漸擴張業務與營收的好例子。

19-9. 注意經營「連鎖店」與「反覆消費」商業模式之企業

▶ 1. 連鎖店

以連鎖店為商業模式的企業也具有相當的競爭優勢。如果一個完全沒有經驗的創業者要從零開始經營一家店，他必須要從無數的錯誤中學習，到最終能夠成功營運所要付出的失敗成本是很大的。因為經營一家成功的店有很多的訣竅要學習，有些甚至無法從其他人的成功經驗中學習，常需要創業者一步一腳印地從自己無數的失敗中學習，所以創業者的失敗率高不是沒有原因的。

連鎖店便減少了這個問題，當第一家店能成功經營，開第二家店成功的機率就高得很多，因為他只需要複製第一家店的成功經驗即可。而且，當複製的店面越多，經營者的優勢就更大。

歸納連鎖店的獲利模式有以下優勢：

· 成功的經驗可以持續累積，大幅減少失誤成本。

- 隨著店面越多，每月的金流也越大，更能承擔擴張所需要的資金，特別是新開店面的暫時虧損。

- 隨著規模擴大，採購、行銷、軟硬體整合等經營成本會逐步降低，營業利益率可逐年優化。

- 連鎖規模越大，可以應用的經營手段也越多，例如點對點的寄貨服務、會員服務等。

- 管理上更有效率，例如更一致的服務或商品的品質，甚至可以根據不同區域做各種服務或銷售測試。

- 除了自營店以外，還可以透過授權方式賺取加盟金與每月從加盟主身上賺取加盟金、物流、原料供應等收入。

- 可以透過店面分布密度的增加，提升品牌可見度與消費忠誠度。

麥當勞便是應用連鎖店經營模式的成功典範，透過數量龐大的店面，麥當勞有比對手更便宜的採購價格，也能提供品質一致的產品與服務給客戶。此外，還能將麥當勞的經營權授權給在地代理商，讓在地企業來承擔經營風險與開疆闢土。

麥當勞不僅能輕鬆坐收高昂授權金、也能靠著供應原料給代理商賺取穩定金流。這些優勢讓麥當勞至今仍能持續擴張，全球已經有超過四萬家門市，毛利率高達 57%，營業利益率也有 40%，以餐廳來說是非常優異的數字。其他如：Walmart、好市多、AutoZone、星巴克、達美樂、大樹藥局、寶雅、健身工廠等都是很好的連鎖店企業。

▶ 2. 反覆消費

除了之前所提的訂閱制是每個月都能固定收到訂閱收入以外，有些產業也因為消費的特殊習慣，每個月都有穩定的需求。例如做烘焙原料的德麥，一旦開發一家麵包店後，這家麵包店便會持續每週每月向德麥訂麥粉或麵團，

而且是非常穩定的需求，甚至還會因為這家麵包店的生意越來越好，向德麥訂購的烘焙原料會越來越多。

反觀一樣在烘焙業但卻是賣烤箱的新麥，客戶買了一台烤箱後，可能五年甚至十年後才會購買第二台，這樣業績不確定因素就增加了，穩定性和成長性都會比賣原料的德麥吃虧。

你可以把賣麵粉的德麥當作是烘焙業中賣軟體的角色，而賣烤箱的新麥是烘焙業中做硬體的角色，賣軟體賺的是更穩定也更輕鬆的收入。

其它有反覆消費特性的產業還有隱形眼鏡業、民生食品業、租賃業、醫療廢棄物清運等。只要這個產業的消費特性是消費頻率越高、單價越高、用戶的黏著度也高，那這個產業就越值得你關注，投資的勝率也越高。

第二十章
投資時的幾個重要思考

> 「如果你已經小有財富了，即使別人因為靠著投資某支股票賺得比你又多又快又怎樣呢？永遠會有人賺的錢比你更多更快的，這並不是你需要在乎的事情。」
>
> ——查理・蒙格

20-1. 績效暫時輸給別人沒關係

投資最忌諱的就是焦慮，因為焦慮就容易做出欠缺縝密思考與忽略長遠效果的投資行為。而最容易讓投資人焦慮的情況，莫過於投資的股票表現不如預期，不如預期不一定是買進後股價下跌，更可能出現的狀況是自己的股票表現得不如其他人的股票好。例如 2020 年美股的破壞式創新科技股熱潮、2021 年台股貨運股，與 2023 年的 AI 概念股飆漲。如果你看到身邊買進這些熱門股票的朋友都賺得荷包滿滿的，但你的持股卻像是一灘死水一動也不動，你會怎麼想和怎麼做呢？正是這種焦慮導致投資人頻頻做出傻事。

看到其他人的股票遠比自己的牛皮股會飆，會造成很大的焦慮。而這種要追回績效的比較心理最後會變成「貪心」，這類的故事都很類似，就算智商高如牛頓也差不多……

牛頓一開始在南海股票上大賺一筆後其實已經離場，但後來看到朋友賺得更多，於是跟著群眾再砸了更多在南海股票上，最後賠掉了兩萬英鎊，約現在的 400 萬美元，差不多是他 10 年的薪資，當時一般勞工要工作 600 年才能賺到這麼多錢。

其實牛頓本身就是個高收入的官員，他擔任英格蘭皇家印鈔局局長，年薪高達 2,000 英磅，約等同 40 萬美元，不投資都能過得很愜意。然而，人就

是受不了別人賺得比你更快更多，而這通常是悲劇的開始……

圖 20.1. 牛頓因為受不了看到朋友們的股票大漲，再度將大筆資金再度投入南海股票，最後從大賺變成大賠。

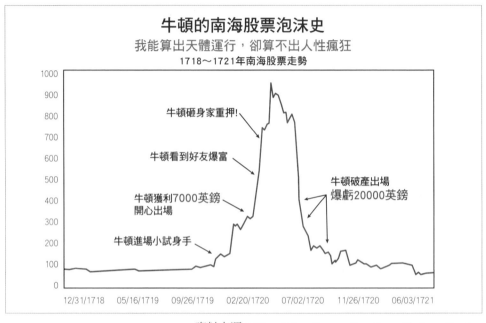

資料來源：Marc Faber, Jeremy Grantham, Sir Issac Newton

　　我自己也在 2020 年三月後的美股成長股熱潮中犯下了錯誤，也是因為看到市場上很多朋友的持股都在短期內狂漲，財經媒體高捧木頭姐的破壞式創新科技基金的傲人的績效，大家開始質疑巴菲特的價值投資觀念是不是已經過時，我也開始懷疑我過去的投資觀念是不是錯了，為什麼持有了兩三年的股票只有三十幾趴的績效，而其他人短短幾個月卻是動輒一倍兩倍的報酬。

　　我開始將手中持有多年漲得很慢的價值股售出，換成了美股中的熱門成長股，如 SE, NIO, NVCR，隨然享受了短短幾個月的飆漲，但最後的結局就跟每次的股市泡沫化一樣，紙上富貴來得快也去得快。幸好，我透過投資組合控制了美股的部位，才不致讓這些暴跌的美股成長股對整體投資組合造成

太大的影響。

但在美股成長股上栽跟斗的這個教訓仍對我未來的投資有很大影響，再度提醒我紀律與原則的重要，提醒我要更專注在自己原來的投資道路上，不懂的不要碰，就算別人的股票漲了幾倍都與自己無關。專心走完自己的旅程更重要，別讓突然出現的岔路改變了原來的旅程。能專注走完自己所計畫的旅程的人才會是最後的贏家，因為岔路帶來的常常不是意外之財，更可能是意外之災，而遵守紀律繼續前進的投資人，所得到的回報至少不會與原訂計畫偏離太多，因為紀律與原則已經排除掉許多可能的風險。

▸ **巴菲特的比亞迪**

相對比一些市場熱門股票的飆漲，很多有價值的公司股價可以很多年不反映該有的價值，常常是公司明明還持續成長，但股價卻還像是一潭死水，

圖 20.2. 巴菲特持有比亞迪的股價變化過程

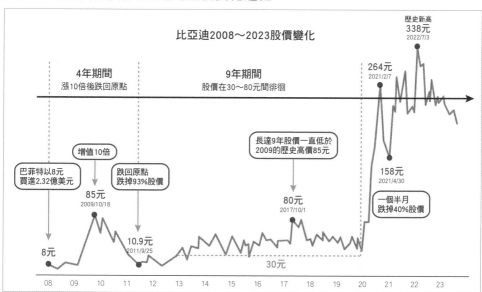

甚至還往下沉淪。等待市場反映公司真實價值的時間可以非常久，久到眾人都放棄。股價不漲的原因不一定是獲利不如預期，也可能是沒人關注、公司業務不吸引人。但對於有耐心的投資人來說，股價不反映成長其實是常態，要獲取超額報酬，就必須用平常心看待持股過程中的這些波折，接受股價有時就是不如預期，但最終股價終究會反映企業的真實價值。

巴菲特從 2008 年開始持有比亞迪的十幾年中，前四年漲了 10 倍後，一股沒賣再跌回原點，而之後長達九年的時間股價在 30 至 80 元間來回震盪，巴菲特一樣一股沒賣；到了最後三年才一口氣漲了超過三倍，最後的報酬率超過了 30 倍！

▶ 2017 至 2023 年持有鈊象波折的五年

我也以我在 2017 年以後的主力持股鈊象為例，從 2020 年 8 月至 2022

圖 20.3. 鈊象從 2017 至 2023 年股價變化（2022 年 7 月後股本增加一倍，還原價值後之價格變化）

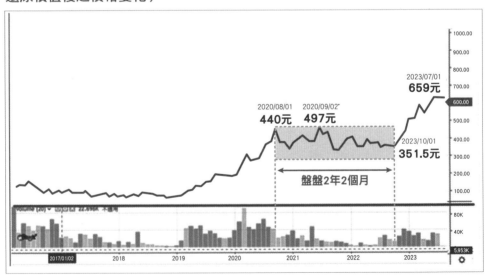

資料來源：作者整理

年 10 月間整整兩年的時間鈊象股價在 350 至 400 元間來回震盪（為了方便看實際股價波動，以 2022 年後股本膨脹一倍後換算一張股票的價值來比較，也就是將 2022 年除權息前的股價除以 2）。

從 2020 年 8 月至 2022 年 1 月之間的 17 個月台股飆漲了超過 40%，等於這 17 個月的時間你必須看著台股許多類股飆漲，鈊象卻只能以 30% 的漲跌幅來回震盪，一直無法突破股價的天花板，這時抱著鈊象是多痛苦的事？然而，若你因股價不漲就賣出的話，你就會錯過鈊象在 2022 年 10 月後的飆漲，這天之後的七個月鈊象含現金股息增值了超過一倍，比同期大盤的 20% 多漲了 80%，並且從 2020 年 8 月後的三年創造了 66% 的績效，遠勝過大盤這三年 22% 的回報率，表演了後來居上的戲碼。

你若是個更有耐心的持有者，從 2017 年持有鈊象至 2023 年，還原權值報酬率將超過 10 倍，前提是你必須把這段時間的漲跌幅，以及不動如山的時刻全部吞下來。

▶ 用屬於自己的投資節奏勝過其他投資人

依照投資的邏輯，如果你的績效要超越大盤，你必須要有不同於大盤的投資組合，以及與其他散戶迥異的投資策略。所以若你的短期損益接近大盤或跟周遭的朋友類似的話，通常代表你並沒有可以超越大盤的投資策略。例如巴菲特的投資績效在牛市時通常很平凡，常常要等到股市進入熊市，眾人瘋狂從股市逃竄後，才會看到巴菲特與眾不同、傲人一等的投資績效。

著名的價值投資人同時也是大學教授的格林布拉特曾對表現最佳的基金經理人的投資過程做長期研究，他認為投資人需要耐心地等待長期投資所能創造的高額報酬。從近三十年的研究記錄來看表現最佳的前 25% 的投資經理人，幾乎所有這些表現最佳的經理（96%）在過去十年中至少有一次連續三年的時間績效表現在後面 50%。而這些十年表現最佳的投資經理人當中，有 79% 的人至少在過去十年中有三年的表現處於倒數四分之一。

更驚人的是，這些經理人中的 47%，大約一半的人，在這十年中至少有

三年的表現處於最後的十分之一（想像一般投資人能否忍受這種壓力超過三個月？）在經歷過這些凡人無法忍受的績效落後過程後，這些卓越的基金經理人最終都成為了 10 年表現最佳的基金經理人。

　　換句話說，要打敗市場，投資人必須做一些與市場不同的事情，這意謂著你必須耐心等待屬於你的時刻到來，願意時常忍受績效不如別人的時刻；這也代表，常常你是寂寞的少數，因為你選擇走自己的投資旅程，你註定過著與眾不同的投資生活。

圖 20.4. 從 2020 年 7 月至 2023 年 7 月，巴菲特的波克夏績效一路追趕過其他主要指數，最後贏過木頭姐的 ARKK 基金的報酬超過 100%。

資料來源：作者整理

20-2. 掌握好公司大特價與體質改變的契機

　　巴菲特是價值投資高手，這也代表他能在企業價值被嚴重低估時入手好公司股票。若能掌握這些股價被嚴重低估的時機，你就能以更快的速度累積財富。所以成功的投資人不僅要好好努力研究好公司，更應該在機會出現時勇敢出手。每個人一生都有幾次時來運轉的好機會，但不是所有人都能果斷出手。巴菲特說：「每隔十年，烏雲就會布滿經濟天空，短暫下起黃金雨，

一旦黃金雨傾盆而下，你要帶著洗衣盆衝去門外，而不是茶匙。」

這種好公司股票大特價的時機常會出現在以下兩種情況，**一種是「被投資人錯看了價格」**；一種是被「**多數投資人漏看了**」。

錯看了公司的價格，是指市場投資人認為公司的股價將一蹶不振，導致投資人大舉拋售股票。導致投資人錯看的情形有可能是大型的金融事件，也可能是地緣政治或經濟風險。這些危機讓投資人暫時用錯誤的估值（或根本因為恐慌沒思考估值）而賣出手上的好公司，並認為股價不可能回來或擔心必須等很久才能解套。

▶ **1. 把握一般人「錯看的時刻」**

「錯看」最可能發生在以下兩種情況：

（1）黑天鵝、股災、崩盤

歷史上大概每五至十年就會發生一次較大的區域危機或金融事件，例如：1995 年的台海危機、1998 年亞洲金融風暴、2000 年美股網路泡沫、2008 年次貸危機、2020 年的新冠疫情、2022 年美國高通膨等。這些事件導致股市以 30% 甚至 50% 的市值減損，而且常因投資人的恐慌不分青紅皂白地拋售持股，導致好公司的股價跌至非常划算的價格。

例如：巴菲特在 2008 年的股災中大舉買進了從 13.8 元暴跌 38% 至 8 元的比亞迪股票，以極低的價格持有超過 15 年創造了三十倍以上的報酬。在黑天鵝發生時，價值投資人通常能比一般人用更長遠的眼光，買進這些打了 7 折甚至 5 折的好企業。

（2）好公司遇到無損長期競爭力的倒楣事

就算沒遇到股災，好公司也可能遇到倒楣事。例如中租，每次中國經濟一出現狀況，投資人特別是擁有大量中租股票的外資就會開始大舉拋售，例如 2020 年 3 月的新冠疫情，中租股價從最高 140 元一路被砍到最低剩下 77 元，

近乎腰斬。但事後大家才發現，其實中租中國業績受到的影響極小，很快地，中租又一路上漲到 2021 年最高的 283 元。勇敢在當時新冠股災進場買進中租的，都有至少二至三倍以上的回報。

而在 2022 年中國疫情再度失控，恐慌再起，中租最低被砍到剩下 139 元，之後又迅速回到 200 元以上。如果你能長期追蹤這些優秀企業，相信遲早都有機會在它們遇到短期危機時找到入手的好機會。

好公司遇到倒楣事的例子其實還真的不少，但能否把握住就要看你對公司的瞭解與信心。**好公司遇到倒楣事的機會遠比遇到大型股災的機會更多，所以平時有在追蹤與關心許多好企業的投資人也會比一般投資人更能掌握機會。**

我曾在投資人擔憂星巴克在中國受到瑞幸咖啡威脅時以腰斬價格入手，也曾在動視暴雪（Activision Blizzard, Inc., 美股代碼 ATVI）因為決定轉進手遊業被投資人拋棄時以半價入手，也曾在亞馬遜宣布進入汽車零件業，AutoZone 從 800 元暴跌至 600 元以下時入手，這些股票後來都賺進超過一倍以上的報酬。

▶ 2. 把握一般人「漏看的時刻」

另外一種投資的契機，是好公司被「漏看」的時候。投資人的目光最容易集中在市場上最熱門與最會漲的股票上，然而這些公司通常都已經因為眾人的追捧而超漲，在被炒作後才進場買股的投資人實際的斬獲有限，還必須冒著很高的風險。而專業的投資機構因為同時要盯著很多股票也無法深入瞭解很多冷門企業，這時夠細心夠敏銳的散戶投資人，反而比投資機構更有機會發掘這些物超所值的好企業股票。

我在 2006 年剛開始接觸精華這家公司時，精華每天的交易量只不過是10 至 20 張，有時慘澹到連 10 張都不到，本益比低到只有 10 倍左右。市場上多數投資人甚至不知道市占第一名的帝康正是它的自有品牌；而博士倫隱形眼鏡、日本 Hoya、Seed 等知名的國際隱形眼鏡大廠，也都是這家台灣的小公司的客戶。若能比多數機構或投資人提早嗅到未來的商機，越早持有，獲得巨大回報的機會也越大。

　　一家好企業，不管現階段是否受到市場注目，遲早都會因為它長期的優異表現獲得越來越多投資人的青睞，股價遲早會反映價值。這類投資的機會通常都集中在小型股中，因為單單研究市場上的熱門股就夠投資人忙了，哪有時間研究這些名不見經傳的小公司呢？

　　彼得‧林區曾提醒投資人，好的投資標的通常看起來很平凡，常常是一般投資人容易忽略與輕看的生意，它們通常具有以下特色：

- 聽起來很無聊，或者荒唐可笑
- 從事很無聊的生意
- 從事讓人搖頭的生意
- 因為某些因素而受到壓抑的股票
- 法人機構未持股，分析師沒追蹤
- 零成長產業
- 大家持續購買的東西
- 擁有利基優勢
- 內部人士持續買進自家股票的企業

　　市場中會有很多被投資人忽略的領域，因為議題不夠吸引人，很難受到市場的關注，但若你專注在它們長期的經營數據上，你會發現它們比市場上最熱門的科技公司的經營數據更出色。巴菲特和彼得‧林區就常常買進一般投資人感到匪夷所思的公司股票（或所有權），例如：可口可樂、銀行和保險公司、糖果公司、球鞋、家具公司、刮鬍刀、玩具公司等，不受注目也代表越容易買到便宜的價格，也越能挖掘到一般人沒看到的價值。

　　我自己的投資標的也和台灣流行的投資議題有不小差異，我的投資組合中很少有台灣的電子股或代工廠，比較多的反而是一般人比較少關注的產業，例如：靠租賃設備和商業借款賺利差的租賃業、線上博弈遊戲與遊戲機台、隱形眼鏡、烘焙材料等；美股中也有經營 DIY 汽車連鎖店的 AutoZone（AZO）、供應廚房、遊艇與休旅車建材的 Patrick Industrials（PATK）、專攻搜尋與聯網電視廣告的 Perion Networks（PERI），這些公司長期的表現都

勝過市場上很多的熱門股票。

20-3. 果斷與長期表現不佳的企業分手

我投資時是將股票當作跟房子一樣的長期資產，除非公司競爭力出現變化，或原來投資的思考邏輯有了改變，不然我是不會輕易賣出股票的。但這並不代表我就是死死抱住買進的股票，我也會持續評估一家公司的成長狀況是否出了問題，在確認已經不值得再持續持有後，還是會賣出持股。

所以，對我來說，賣出股票的最佳時機並非是股價漲到最高點時（事實上除非回頭看，不然你也不會知道一支股票的最高點是在多少元），而是你已經確認公司的競爭力與成長力出了問題的時候。

下面是我會賣出股票的時機：

· 公司的成長性已經出了問題，確定在未來 3 至 5 年以上看不到恢復的機會。

· 過去 3 至 5 年的績效已經輸給大盤，長期的複合成長率不佳。

· 發現成長性與成長確定性更高的企業。

我分享自己兩次大舉賣股的紀錄，這兩支股票都曾在我的持股中占有極高比重，如果不果斷做出處理，會對我整體的投資績效造成極大的影響。

▶ 1. 2018 年出清新麥的過程

我在 2012 年停損掉原來最大持股的鈊象後，開始尋找下個階段能長期持有的標的。這時，我發現原來持有的新麥表現不錯，便慢慢將資金轉移到這家專門生產專業烤箱的小型股上。新麥自 2006 年上市以來，搭上中國市場的蓬勃發展，淨利在 10 年間成長迅速，從 2006 年的 0.88 億成長至 2016 年的 5.47 億台幣，成長了 6.21 倍，平均年複合成長率約 20%。前 10 年的表現非常優異，股價也從 30 元左右成長到 170 元，符合它在這段時間優異的成長性。

我從 2012 年後開始加碼新麥，平均成本大約在 120 元。投資新麥的前幾年，新麥表現很不錯，股價在 2014 年曾創下 202 元的歷史價位，在 2014 至 2017 年間也都還能維持在 140 至 170 元之間不錯的水平，平均股東權益報酬率在 15% 以上，每年每股盈餘能賺 9 至 11 元，股息每年可以發放 7.5 至 8.5 元之間，股息發放率在 80% 以上，殖利率也都能維持在 5% 以上。2016 和 2017 年都賺了 11 元以上，2018 年也賺了 9 元，持有 7 年下來績效都勝過大盤。

既然新麥過去表現這麼好，那我為什麼要在 2018 年出清掉新麥呢？

的確，如果以一般投資思考來看，實在不需要出清，留下來領股息也很不錯不是？但大家記得我前面章節所強調的「主動投資目的」嗎？作為主動投資人的目的是為了要打敗大盤，不是只要有賺錢就好，我的投資標準要更高。如果打不過大盤，我直接投資 0050 就好了，幹嘛自己這麼辛苦選股和做研究呢？所以我投資時會持續檢視回報率是否已經產生變化。

從幾個數據中，我發現投資新麥已經有回報不足的問題了。新麥的營收在 2014 年後開始下滑，雖然 2016 年後又拉回並創下歷史新高，但成長幅度和穩定性已經大不如前。從 2014 至 2018 年之間營收數字已經停留在同一水平，無法再提升。

2014 年營收：43.1 億

2015 年營收：41.1 億

2016 年營收：43 億

2017 年營收：46.1 億

2018 年營收：43.1 億

不僅如此，其他經營績效也開始停止成長，公司內部的毛利率、營業利益率、淨利率數字開始上下波動，代表新麥的經營績效已經無法穩定提升，甚至惡化，有可能受到競爭對手的挑戰以及生產成本不穩定的影響。從圖

20.6 來看 2014 年後每股盈餘的增速也逐漸放緩，甚至開始出現下滑，2018 年後更因為疫情干擾而大幅下滑。

圖 20.5. 新麥的營收、毛利、營業利益率及淨利變化（2003 至 2022 年）

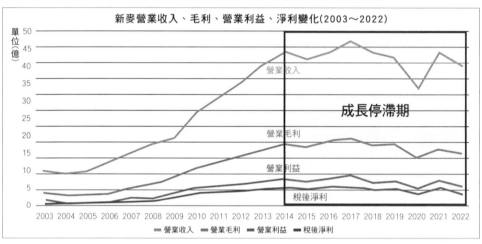

圖 20.6. 新麥的稅後每股盈餘變化（2004 至 2022 年）

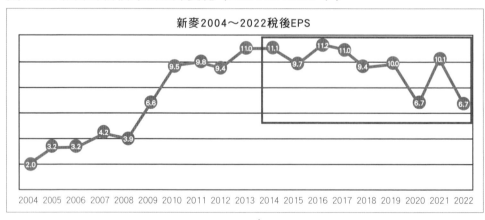

各項數據顯示，新麥在 2014 年後的成長趨緩，雖然它仍是一家有穩定獲利的公司，但它的成長性已無法達到我當初買進它時的期待（營收或淨利成長率要能超越 10% 至 20%）。我們檢視一下新麥不同時期的報酬率更能看出這個問題，我們抓幾個時期來比較新麥和 0050 的績效，以 100 萬本金為基準，領股息但不投入增加股數來計算報酬率。

新麥 VS 0050（2012 至 2014 年）

三年總報酬率：158% VS 36.3%
平均年化報酬率：37.2% VS 10.9%

可以看出這個時期新麥的績效大幅領先 0050，年化報酬率高達 37.2%，新麥只要抱個三年報酬率就會有 158%，遙遙領先 0050 的 36.3%。但若將持有時間延長至 2018 年，七年計算結果如下：

表 20.1. 從 2012 至 2018 年七年，以 100 萬本金為基準，領股息但不投入增持股數來計算持有新麥與 0050 的報酬率

股票名稱	新麥	元大台灣 50
股票代號	1580	0050
投入金額	1,000,000	1,000,000
年度	2012 ～ 2018	2012 ～ 2018
期數	合計 7 年	合計 7 年
領取股票股利	2.15 元／股	0 元／股
領取現金股利	53.5 元／股	12.9 元／股
期末終值	1,590,318	1,538,932
總領現金	700,172	262,943
投資報酬率	59.0%	53.9%
年化報酬率	6.8%	6.4%

資料來源：www.moneycome.in 複利試算機

新麥 VS 0050（2012 至 2018 年）

七年總報酬為：59% VS 53.9%

平均年化報酬率為：6.8% VS 6.4%

明顯可以看出，新麥的績效已經從初期大幅領先大盤，隨著時間的推移到後來跟持有 0050 的績效幾乎一樣，已經沒有優勢了。

新麥的經營問題

在發現新麥成長數據開始減緩與停滯後，我開始研究新麥到底出現了什麼問題。如果只是單純景氣問題，我願意等待景氣回溫，但若是自身的競爭力問題，我就必須減碼甚至果斷出清。

我歸納出當時新麥面臨的問題主要有以下幾點：

- 從 2016 年起中國開始執行打房，一線城市的房價成長與商業區擴張趨緩，連帶影響西式麵包店和大型賣場的擴張。

- 2018 年後，中國烘焙設備的本土競爭者大舉加入市場，光中國的同業便高達 200 餘家，新麥於中國的市占率從過往的 30% 跌破 20%（2022 年更剩下只有 12%）。

- 生產成本占新麥烘焙機具 70% 的鋼材價格變化大，長期走升，中國人力成本也開始急遽上升，導致毛利率不穩定。

- 中國烘焙設備的年化成長率因市場漸成熟而跌至 10% 以下剩下約 8%。

- 新麥產品的市場定位為中高階產品，一線城市的市場漸飽和後，開始往對價格敏感的的二線城市發展，但新麥的產品價格在二線城市中並無明顯優勢。

歸納出以上幾點後，讓我瞭解到新麥面對的不是短期景氣問題，而是漸

漸失去競爭優勢。另外，我對那幾年新麥的管理階層對業績停滯沒主動做說明，更沒有提出新的對策，讓我對新麥高層失去信任。在新麥的資深總經理呂國宏退休後，新麥對外發布的新聞突然一下子變少，讓我開始擔心新麥內部正在進行重整，這種內部組織與人事管理的變化充滿不確定性，我無從判斷新麥要花多久時間才能走出混沌期。

此外，我在投資思考上也有了新的領悟，新麥的顧客一旦買進烤箱或攪拌機後，可能要五年到十年後才會再次消費，這並非一個可以每年維持高成長的獲利模式。如果中國專業烤箱市場的高成長不再，那新麥進入企業成熟期後，就必定得面對成長趨緩的問題。

於是，我決定不只減碼新麥，而是全部出清，結束了我在新麥長達七年的持股。我並不認為新麥就此就完全不值得投資了，畢竟它還是有基本的業績，也有很不錯的股息。只是，我自己有更高的選股標準必須遵守，新麥在當時對我來說已經變成「賺了股息賠了股價」的一筆投資，加上未來前景有這麼多不確定性，如果我不果斷轉換投資標的，我在新麥的未來報酬率非常可能輸給大盤。

回頭來計算一下從 2018 年至 2022 年投資在新麥和 0050 的五年間兩者的報酬率為何。計算方法一樣是以期初 100 萬投入，領取股息但不投入買新股的總報酬來計算，結果如下：

新麥 VS 0050 報酬率（2018 至 2022 年）

5 年總報酬率為：－ 44.3% VS 33.4%
平均年化報酬率為：－ 11% VS 5.9%

這個差異是不是真的很大？我們再看更完整的報酬與市值變化圖。如圖 20.8 所示，你會發現還好我在 2018 年即時出清新麥，回頭看 2018 年正好就是新麥跟 0050 的「死亡交叉年」，我幸運地躲過一劫，保留了新麥從 2012 年至 2018 年超過大盤的投資獲利。

圖 20.8. 從 2012 至 2022 年間的 11 年，以 100 萬本金為基準，領股息但不投入增持股數來計算持有新麥與 0050 的報酬率

股票名稱	新麥	元大台灣 50
股票代號	1580	0050
投入金額	1,000,000	1,000,000
年度	2012 ～ 2022	2012 ～ 2022
期數	合計 11 年	合計 11 年
領取股票股利	2.15 元／股	0 元／股
領取現金股利	78.79 元／股	27.9 元／股
期末終值	1,296,501	2,246,229
總領現金	1,060,881	568,691
投資報酬率	29.7%	124.6%
年化報酬率	2.4%	7.6%

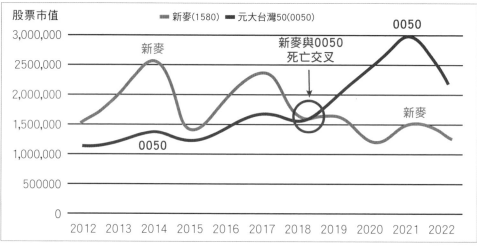

資料來源：www.moneycome.in 複利試算機

不過，就如同我之前所說的，賣出一家公司後還是可以持續觀察它的後續表現。新麥在過去幾年開始進行組織精簡以及垂直整合，在 2023 年也開始擴張在中國的工廠規模，預估將增加 5% 至 10% 的新產能來因應中國在疫情後的復甦需求。在中國的業務經過整合並擴充後，新麥未來在營收及毛利上有機會更上一層樓。

但我是否會像再次投資鈺象一樣投資新麥？我的思考仍跟之前一樣，新麥的長期成長是否能超越大盤？這點我目前比較保守，因為之前所說一線城市成長趨緩以及二線城市擴展不順利的問題仍在，如果只是改善內部的經營結構與生產效率，仍不足以說服我新麥將能回到過去高速成長的階段。

另外，也必須密切關注新麥在中國上市的進展，因為中國證交所有可能要求在中國上市公司的母公司，必須釋出部分股份，也可能影響台灣投資人的權益。所以我目前仍是選擇成長確定性更高的德麥繼續持有，而沒將具有轉機性的新麥納入投資的主要標的。

▶ 2. 墜落神壇的精華光學

我從 2006 年即開始持有精華光學，2008 年次貸風暴後重新調整頓投資組合後，精華和鈺象成為了我的兩大持股。精華在 2008 年至 2018 年間股價成長了 10 倍（以 2017 至 2018 年最高價 1,005 至 1,025 元來計算），不計算股價成長，單單這十年的股息就領了近 200 元，是當初購入成本的兩倍，這 10 年的帳面獲利其實非常豐碩，也是讓我投資以來賺進第一桶金的重要功臣。然而，在精華光學看似一帆風順的成長過程中，眾多強大的競爭者也開始出現。

其實在 2018 年之前的數年，市場即不時傳出精華將面臨對手的激烈挑戰，那幾年最強的挑戰者是擁有中國通路的金可，以及有富爸爸科技大廠和碩力挺的晶碩。

在這十年中，有數次市場傳言因競爭激烈導致精華毛利衰退與掉單風險，例如：股價在 2013 年從 913 暴跌至 2015 的 282 元，2016 年也從 834 元

跌至 525 元，但最終精華都能在市場一面看衰中創下亮麗的獲利數字。2017年還因為產能追不上訂單，大舉擴張 20% 的產線，還在市場一面看好中股價創下 1,025 元的歷史新高。我也因過去幾次成功押注精華能克服難關而過度自信，忽略了精華在產業中的優勢已經漸漸失去。

輕看年輕競爭者的產業龍頭

精華長年以能掌握隱形眼鏡的人體數據及規模優勢來保持領先，然而後進者在多年努力下逐漸掌握隱形眼鏡的關鍵技術，精華在技術上已經不具明顯差異。而精華因為在生產規模上長期領先，忽略了自己一直是使用人力密集式的傳統生產模式，而新進競爭者不少是有台灣科技大廠技術支援的新興企業，表面上是隱形眼鏡產業，但底子裡卻完全是應用各種高端技術的科技廠，可以做到全自動化生產，大幅減少人力需求及生產效率。

例如：晶碩使用了來自和碩集團下景碩的光固化技術，可以減少水膠在澆注後等待的時間；並且應用物聯網（IoT）技術，從原料輸送、模具成型、光固化、檢測到包裝，全程無需人工干預，大大提高了生產效率和產品品質。還能用 AI 大數據分析人體配戴數據、改善產品設計以及檢測產品品質和優化生產流程；高階的 3D 列印技術還能用來客制化隱形眼鏡的精密模具。這些技術讓晶碩的生產效率和產品品質大幅提升，更大幅降低了成本。

在產品無明顯的差異下，生產效率及行銷能力成為決定勝負的關鍵。2019 年底新冠疫情爆發後，精華需要大量生產線技術員，特別是便宜外勞的這個弱點，被徹底放大。因為疫情，外勞無法來台，人力成本不斷提高，長年以勞力密集為生產模式的精華，因為缺乏產線的優化能力，逐漸敗下陣來，代工的價格開始拚不過更聰明與更有技術優勢的對手，到後來因為產能嚴重不足，連原有客戶的單都生不出來。毛利從 2016 年的高峰 43% 後迅速往下跌，到了 2023 年第二季剩下 20%，近乎腰斬。

晶碩和精華的員工數差距不大，但晶碩的產能和營收已經是精華的一倍以上，毛利還能持續維持在 50% 以上。精華的龍頭地位已正式被晶碩取代，精華的黃金 10 年就此結束。

我在 2019 年逐漸認知精華的核心問題後，發現就算精華有心要強化自動化能力也無能為力。因為長期缺乏產線的自動化技術，沒有深厚的科技背景，有錢也做不出來。更令人擔憂的是，管理階層老化，屢屢在投資人對其競爭力提出質疑時以自負的態度面對，對自己在產業中的位置缺乏敏感度。

在認知到精華已經失去競爭力後，我逐步出脫持股，就算對這家公司充滿了感情，但在公司已經出了狀況後，還是必須果斷跟它分手。賣出這家曾經占我投資組合比重超過 70% 以上的愛股，代表我重押一檔至兩檔股票的投資階段結束。我認知到，在台股中，一家公司的競爭力要能維持十年以上不衰的機會真的不高，隨著年齡增加，適當分散投資風險才是人生下半場該走的路。

最後，我將我在精華和新麥的投資經驗為大家做總結：

- 主動投資要有投資戰略，目標要打敗大盤，不是有賺就好，要賺的夠多，要認真與誠實地檢視自己的長期績效。

- 投資不要打游擊戰，要打長期戰。對一家公司進行長期研究與觀察，就越能掌控它的優劣勢，更有機會賺到它的成長複利與避開可能的風險。

- 買在一家企業的成長期與成熟期，避開衰退期與重整期（圖 20.9）。

圖 20.9. 企業不同階段的生命週期

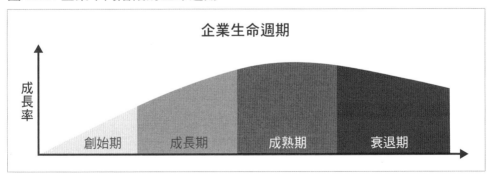

資料來源：作者整理

- 賣出不代表不能再買回，但要確認它已經解決了原先的問題。

- 多思考企業在產業中的位置，觀察產業的年化成長率與毛利率變化。當競爭力與成長性出了問題時，要果斷分手，別浪費寶貴的複利成長時間。

- 不要輕忽新興競爭對手的實力，要能客觀思考並比較不同企業的競爭優勢，反覆評估企業在不同時期的市場中能否經得起考驗。例如，重複購買的商業模式會比很久才購買一次的生意占優勢（例如德麥優於新麥）；或擁有年輕與重視創新的管理團隊，整體的戰鬥力與發展視野也會較老企業來得有優勢（例如晶碩強於精華）。

20-4. 不要費力尋找概念股、也不必浪費時間等轉機股

▶ 1. 不用浪費力氣找 XX 概念股

台灣製造業以代工為主，所以分析師與財經媒體特別喜歡介紹概念股，例如蘋果概念股、特斯拉概念股、AI 或元宇宙概念股。投資概念股的概念聽起來很合邏輯，只要中下游製造業能搶到上游或終端大客戶的訂單，當然就會大賺，那投資概念股會有什麼問題呢？

首先，概念股多半是因為像蘋果、特斯拉這類具備高知名度的科技巨頭，有火熱的業績與似乎漲不停的股價吸引投資人的目光，所以錯過這些巨頭股價漲幅的投資人就馬上想到：還有什麼相關企業會因為這些巨頭直接或間接受惠但股價卻還沒反應的？所以這些概念股極易成為投資人「聯想」或「幻想」的對象。

他們幻想著，台灣這些大小零件廠或組裝廠，一旦接到這些科技巨頭的訂單，一定會讓業績爆發，股價自然也會大漲。然而事實常與願違，這類概念股的業績不一定都能反映利多，概念股的業績最後常常都是雷聲大雨點小。

我們歸納概念股可能會有的風險如下：

- 這些概念股通常被分析師或媒體點名後股價迅速反應，容易被市場過度炒作。

- 這些概念股不是唯一的代工廠或供應商，不一定具有明顯優勢，業績的持續性不容易維持。

- 這些代工廠所生產的複雜零件與技術不易研究，加上中小型企業本身的管理與財務狀況不夠透明，投資人耗費精力研究不一定會有成果。

- 代工廠大多數的毛利遠不如蘋果或特斯拉這些企業的終端產品，接到大廠訂單對淨利的貢獻常不如預期。

- 概念股的業績常風聲大雨點小，加上投機投資人居多，股價暴漲暴跌，玩短線容易套在高點，長期持有也可能長期回報率低。

投資概念股最大的風險，在於無法確認這些代工廠或供應商業績的持續性與穩定性，當這些科技巨頭改變了產品原有的功能與技術、削減了原來的產品線，或將訂單分給競爭對手（品牌廠常刻意讓供應商互相競爭以取得更低的採購價格），代工廠的榮景稍縱即逝。

我在投資生涯的初期也跟很多投資朋友一樣，熱衷於許多電子股中的概念股，但在踢了不少鐵板後，我現在對市場上的流行投資趨勢敬而遠之，我會特別小心這類透過分析師點名或媒體正在瘋狂報導的概念股，我對概念股基本上已經是處於冷感的態度。

成功的投資關鍵在於「勝率」，而「勝率」跟企業獲利的穩定性與確定性息息相關。思考一下，iPhone 賣得好，誰的業績也一定好？以相關性來說，當然是蘋果自己的關連性最高。如果你選了鴻海或其他零組件供應商，你就必須承受業務相關性不佳、貢獻度不如預期的風險。

我們以蘋果概念股來看，在過去 10 年（至 2023 年 11 月）含股息的報酬率，鴻海為 54%、大立光為 74%、台積電為 425%，而蘋果為 1,025%，所以投資概念股真的會比投資原來下單給它們的的品牌廠還好嗎？

此外，很多優秀企業本身就能與時俱進，適時跟上時代趨勢，應用很多新的技術與管理觀念。如果你能從獲利的穩定性、持續性、在產業中的護城河大小來思考一家企業的經營品質，那不管市場的流行趨勢如何，你都能賺到錢。而且，你還會很驚訝地發現最後這些市場流行議題都跟你投資的這家企業沾上了邊。

例如，我所投資的鈊象，一開始買進它完全不是因為什麼元宇宙、AI議題，只是因為我對它的獲利能力、業務和所屬產業非常熟悉。結果先是在2020年3月的新冠疫情中它被點名為「居家商機」概念股、而後又有「元宇宙」與「NFT」概念股、後來又成為了「AI」概念股。

而一家小公司真的可以符合這麼多最新流行的市場概念嗎？當然不是，是分析師與媒體必須隨時尋找可以吸引投資人注意的題材，這些題材對公司營運有多少影響反倒不是他們思考的重點。

對我來說，鈊象不過就是把東西方已經存在幾百年的博弈文化轉換到手機上罷了，這只是順勢使用科技做老生意的企業。如果你真的因為什麼元宇宙、NFT等流行議題而買進鈊象，你必定會因為這些曇花一現的熱門議題冷卻後，對自己的投資失去信心，在股價暴漲暴跌後失望離場。

請打破概念股迷思、所謂的「花若盛開、蝴蝶自來」，真正的好公司要用經得起時間考驗的獲利能力來吸引堅定的投資人。巴菲特挑選的股票常常是那些平淡無奇讓投資人摸不清楚他在想什麼的投資標的，與主流的投資方向天差地遠，但透過這些平凡無奇的企業股票，巴菲特創造了投資歷史上最傲人的投資績效。

也別忘了我們之前提到彼得‧林區給投資人的提醒，在看起來平凡無奇甚至有點枯燥的產業中，反而可以找到被多數投資人忽略的企業，這些企業很少會跟市場流行的概念股重疊。但若你只專注挑選優秀企業，確認它擁有穩健的獲利能力，有強大的護城河，競爭力經得起時代的考驗，不管它是不是什麼概念股，它都能為你創造優異的績效。

▶ 2. 不必浪費寶貴時間等待轉機股

台灣投資人除了喜歡找概念股，也喜歡找轉機股，但概念股跟轉機股都有類似的風險，你都無法確認它們在成長上的確定性。

轉機到底會不會發生？就算真的發生了，會在何時？會不會需要等好幾年才會發生？就算發生了，會有多少漲幅？會不會最後是雷聲大雨點小？押注轉機股會比老老實實地持有一支每年都能穩定成長 10% 至 15% 的企業還賺錢？會有更高的勝率嗎？或更關鍵的問題是：你真的能在轉機出現前挺住股價暴漲暴跌，或長期如一灘死水的黑暗時刻？我的經驗告訴我，押注轉機股是一個低勝率的遊戲，就算你有眼光看出轉機股，也不等於你抱得住這些轉機股。

我曾在十幾年前就買進發展電子紙技術的元太，當時媒體便不斷預測電子紙商機將會爆發。但我持有元太時，只看到它業績起起伏伏，甚至有些年份還虧損。我沒有信心與耐心，早早就把元太賣掉了，當然也就等不到十幾年後元太的大爆發。但我很清楚，我沒這個能力看懂它的業績何時會爆發，所以也不可能重押，更沒耐心等到它的體質開始改變，所以沒賺到其實也沒太多的遺憾。

我也曾看好以色列醫學技術公司 Novocure 所發展的「電場治療腫瘤技術」（TTF，Tumor Treating Fields）。我認為 Novocure 的物理治療技術，有很大的機會可以從原來極冷門的間皮瘤腦癌，慢慢擴張到比原來市場大數十倍以上的肺癌、卵巢癌等領域。但事與願違，Novocure 後來在這些新領域的發展都不順利，市場上甚至還出現有了一樣技術的競爭者。

Novocure 的股價這幾年從最高的 250 元暴跌至最慘的 12 元，我雖然自覺當初買的價格夠低了，但最終仍在這檔股票虧損了超過 50% 才認命離場，這也是我投資轉機股失敗的教訓之一。

最後，我再以鴻海做例子，鴻海應該是台股中少數同時兼具「蘋果概念股」以及「電動車轉機股」雙重優勢的企業。過去一兩年很多人看好未來鴻

海在發展電動車代工業務的成長潛力，市場也一直傳聞蘋果有意推出自家電動車的計畫，但我並沒有因此決定買進鴻海股票。

其實我跟我太太之前都曾是鴻海的股東，但在 2018 年我們決定全部出脫，因為我的投資思考已經開始改變，我開始賣出手中一些以代工為主的企業股票。鴻海是蘋果委託的最大代工廠，但蘋果身為品牌廠，可以根據市場用戶的需求來定義新產品，而代工廠只能等著有哪些客戶的新產品是它剛好有能力代工的，也因此一旦產品技術改變或競爭對手生產成本更低，業務就會陷入麻煩。

如同我前面所說，代工廠的命脈及毛利都操縱在他的上游客戶手中，這些品牌廠隨時可以因為有新的想法或需求把單轉給其他人。至於鴻海在電動車代工業務的轉機性呢？我是否應該把鴻海買回來？我的答案仍是否定的。

我覺得鴻海發展電動車代工也許有潛力。但如果看好電動車，我不會去賭鴻海未來能否接到電動車代工大單，我覺得直接買特斯拉最省事。過去的數據已經證實，買進這些品牌廠的勝率和報酬率都高過生產它們產品的代工廠。

如果你預期鴻海未來幾年將因電動車業務大幅提升而投資鴻海，我提醒你一定要反過來思考幾個問題。如果鴻海未來幾年無法如預期般，接到那麼多的電動車代工訂單，會發生什麼事呢？或鴻海因為國際情勢改變，各國企業為了減少風險，將產線與供應鏈分散到世界各地後，鴻海的蘋果訂單能保持穩定嗎？

反過來看蘋果和特斯拉，它們的領先優勢會不會遇到什麼阻礙呢？哪一家企業未來成長的變數更多？其實這只是「確定性」的比較。**在投資時我們很難像先知一樣對一家企業的未來成長做準確預測，所以我會優先思考「確定性」這個前提，因為沒有了確定性，後面期待一支股票有多高的漲幅都沒有意義。**

同樣地，我也不會刻意去追求台股中的 AI 概念股或轉機股。若看好 AI，我會直接買微軟、Adobe、谷歌這些已經擁有最尖端 AI 技術的龍頭企業。

它們已經成功將 AI 應用在產品與服務上了，它們是最大的贏家，還可以保持很久的優勢。投資，真的簡單思考就好了！

20-5. 不用刻意追求 10 倍股，關於 10 倍股的迷思

投資人都夢想著有天能買到 10 倍股（彼得・林區所說的 10 Bagger），我們畢生都希望能找到一棵從小樹苗長成「參天大樹」的偉大企業股票。但要在一家公司的成長初期就看出它會是未來的十倍股的難度很高，因為很難在它仍處於篳路藍縷、虧損連連的創始階段就能成功辨識它；另外，你能堅持長期持有這種股票的機會不大，因為公司在成長初期的表現通常不穩定，甚至虧損連連。

例如，你發現台積電有非常優秀的領導人張忠謀，產品與技術也非常優異，但你可能在長達 10 年的持股歷史中（例如 1999 至 2009 年間），只能看到每股獲利在 3 至 4 元間停滯不前；而在 2010 至 2014 年之間每股獲利開始改善，但公司卻仍發不出股息，每年就是只能發出 3 元股息，股價這五年間也只能緩步從 60 元上升至 140 元，實在也不能算是很出色的飆股。

這就是為什麼能持有台積電超過 20 年的投資人這麼稀有的原因。同樣地，能從 10 元就買進特斯拉或亞馬遜抱到現在的投資人也少之又少，他們同樣要有過人的辨識能力與超乎常人的耐力。

雖然要找到未來 10 倍股的難度很高，但不代表你不會遇到 3 倍、5 倍股。而且，常讓一般人難以想像的是，只要按照簡單的思考原則，倍數股並不難尋找，而且通常是來自那些你覺得不起眼或不屑一顧的股票，你需要有耐心看著它慢慢長大，等待小樹苗成長為參天大樹需要的是幾年，不是幾天或幾個月。

例如：我擁有的第一支 10 倍股是精華光學，我當初買它只是因為它很穩健，每年以 10% 左右的速度成長，我不知道它最後會成長為十倍股，我所做的只是在它仍能維持成長時繼續持有它。同樣地，也包括從 2017 至 2023

年還原權值成長了十倍的鉅象，我願意抱住它只是因為它有很出色的獲利能力，而不是獲利不穩定甚至仍在嚴重虧損中的美夢股。這樣看來，持有穩健成長的好公司，還是押注一家仍在燒錢擴張的公司賺到十倍容易呢？哪個勝率更高呢？

▶ 要學「巴菲特」還是「木頭姐」？選勝率，還是漲幅？

2020 年是全球新冠肺炎肆虐、股市爆起爆落的一年，這段時間投資界最熱門的討論人物應該屬人稱「女巴菲特」的木頭姐莫屬。木頭姐的 ARK 方舟基金在美國政府狂印鈔票拯救經濟的熱錢狂潮中大放異彩，方舟基金以挑選具破壞式創新（Disruptive Innovation）的科技企業如發展電動車的特斯拉、遠端醫療的 TeleDoc、串流媒體設備與軟體公司 Roku 等做為基金的主要成分股，這些熱門成長股每一家都在熱錢追捧下漲了好幾倍。

其中做為 ARK 基金最重要的成分股特斯拉，從 2019 年初至 2020 年間漲了近 10 倍，讓方舟基金從疫情崩盤後（2020 年 3 月 20 日）到 2021 年 2 月間漲幅高達 410%（旗下代表基金 ARKK 從 38 元漲至 156 元）；同期巴菲特的波克夏 A 股漲幅只有 21% 漲幅（29 至 35 萬元），同期 S&P500 的報酬率約 33.5%（2,531 點至 3,380 點）。

對特斯拉的精準與耐心押注也讓木頭姐一戰成名，看來年輕點的木頭姐似乎更藝高人膽大，當時績效也狂勝巴爺爺，媒體與分析師紛紛評論老股神巴菲特不行了，投資人也在 2020 年的熱錢狂潮中，跟隨木頭姐瘋狂追捧美國中小型成長股。

然而到了 2021 年年初，經濟情勢開始轉變，因恐懼利率與通膨上升，成長股遭到拋售，價值股再度受到投資人的青睞，巴菲特的波克夏股價漲幅開始反超木頭姐。ARK 基金最終跌掉了超過 80% 的市值，市值比在 2020 年起漲前還低了 5%；而巴菲特的波克夏 A 股從 2020 年 5 月的最低點，到了 2023 年的報酬率最終超過了 100%，也超越了 S&P500 指數的績效，同期績效更贏過了木頭姐超過一倍。

　　巴菲特縱橫股市超過 60 年，把波克夏股票翻了超過五萬倍，總市值超過七千億美元，這個紀錄至今依然是股市傳奇，沒有敵手。而木頭姐 ARK 基金所押注的破壞式創新科技公司的股價在享受短暫暴漲後，最終表現遠遠不如堅持價值投資的巴菲特。對於在不同時期績效互有消長的兩位投資高手，一般投資人應該怎麼看他們的投資思考與策略呢？誰的投資思維更具有優勢，也更適合一般散戶投資人呢？

　　木頭姐所看重的是企業從成立初期至成長爆發期間的指數性規模增長，她想從這些號稱擁有新科技或創新的商業模式的中小型科技公司中，挖掘出像特斯拉一樣可以成長十倍的超級成長股，思考的是這些企業未來可以如何「改變世界」。這種投資思考非常符合大多數投資人的口味，因為聽起來很合理，大家都同意科技創新可以改變世界，而且誰不想買到可以在短短幾年就能爆漲數倍的傳奇企業呢？

　　木頭姐押注的是「改變」，但與她相反地，巴菲特卻傾向押注優勢「不會改變」的企業，特別是一家已經成長茁壯，在市場上立於不敗之地的優秀企業。巴菲特思考的是企業的規模優勢與強大的護城河，能持續滿足人們「不會改變的需求」。 例如人們永遠喜歡在聚餐時來一瓶可口可樂，買手機一定優先想到 iPhone，不管它每一代看起來似乎都長得差不多，但消費者早已認定蘋果手機就是品味與科技的代表。

　　你要當哪一種投資人呢？木頭姐所押注的明日之星似乎每個在創新概念上都有其獨到之處，也許真的會有幾家公司最後像特斯拉一樣成功地成為十倍股。而巴菲特老神在在地照著自己的節奏，耐心地實踐他那一套每年 20% 就可以致富的複利哲學。哪一位投資高手的策略更適合一般投資人呢？

　　我們可以從「勝率」的角度來思考，木頭姐的選股與操作方式顯然需要更高深的研究功力，因為要在一家未來可以取得成功的企業成長初期就能辨識它的難度很高。

　　巴菲特曾舉過一個例子來說明要在股市中挑到長期贏家的難度很高，1903 年美國的汽車工業剛發展的初期，全美國有高達 2,000 多家汽車公司。

雖然從那時開始，汽車的出現改變了美國，但最後幾乎所有的汽車公司都失敗了，只有三家公司存活了下來，你要如何在 2,000 多家車廠中挑到倖存者及勝利者呢？要在產業發展的早期就選到一支好股票比看好一個產業的難度高多了。

另一個例子是在 2000 年網路科技股中的熱門股亞馬遜。亞馬遜在 1997 年以 18 元上市，在 90 年代末美國股市炒作網路公司熱潮時，亞馬遜單單在 1998 年一年就漲了超過 10 倍（比 2020 年特斯拉的 8 倍還強）。亞馬遜在 2000 年美股最瘋狂時飆破了 400 元，但在網路科技股泡沫化後僅僅兩個月，亞馬遜只剩下 50 元，到了 2001 年底時更只剩下 10.82 元。這時還有多少投資人能對這家每年還在嚴重虧損的網路科技公司有信心？

如果你在 2000 年的 400 元買進亞馬遜股票，你必須等到 2013 年的年底，整整等待 13 年才能解套。就算你在亞馬遜股價從 400 元跌掉 75% 至 100 元時才買進，你也要等到 8 年後才有機會回本。這時候還有多少人能抱住這家公司股票？誰能看出亞馬遜在 20 年後股價會超過 3,000 元？在兩千年的網路科技股泡沫中，像亞馬遜一樣跌掉九成股價的企業多不勝數，但更多的是股價永遠無法再回到原來位置，甚至黯然下市的創新科技公司。

2000 年以後，台灣的太陽能產業因為各國政府政策上的支持，許多太陽能廠的訂單都接到手軟，怎能預料到了 2012 年 29 家上市櫃太陽能廠就虧掉近 185 億元，只有三家賺錢。龍頭之一的茂迪在全盛時期股價曾高達 580 元，還獲得台積電注資 62 億入股，還被台積電稱為「太陽能界的台積電」。但後來茂迪發展不順利，股價最慘時只剩 8 元，台積電最後認賠出清；甚至連當年的千元股王益通也在 2019 年清算下市，讓投資人血本無歸。要在每次的新科技熱潮中猜出誰會是十倍股的難度非常高。

我們可以用一座長了上萬棵樹木的森林代表股市，木頭姐的選股方式是要在森林中密密麻麻的小樹中挑出未來會長成神木的潛力股，而巴菲特則是直接挑選那些已經長成神木的大樹來投資，哪個比較容易？哪個成功率更高？這應該很容易判斷，直接挑選眼前最高大的神木容易多了。

圖 20.10. 巴菲特買股買在企業生命週期的成熟期

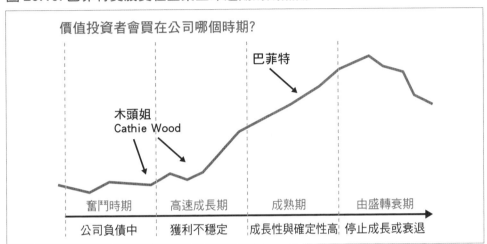

資料來源：作者整理

　　身為資源不多、聰明智慧不如投資大師的我們，也許最好的投資方法還是買下整個大樹林的被動指數基金，或學習聰明的巴菲特直接挑選已經長成大樹的優秀企業，然後耐心持有它。這樣賺到倍數的機會，將遠遠超過下注在失敗率極高，還未能證明自己商業模式可以賺到錢的未營利成長股上。

　　在投資上，「勝率」的重要性遠勝過「可能的漲幅」，而一家優秀的企業，時間是它最好的朋友。投資一家在財報與獲利能力都十分傑出的優秀公司，風險遠比下注一家前景仍充滿不確定性，業績不穩定甚至還虧損連連的企業小得多了！每一年都是你累積複利的寶貴時間，不需要為了挑到十倍股而冒過多的風險，十倍股也常常都是事後才看得出來，一開始便能命中的機率少之又少。

　　投資處於不同生命週期階段的企業決定了投資者的勝率，在圖 20.1 中，我們看到企業成長時會有的幾個不同階段。木頭姐挑選了仍處於奮鬥階段，獲利不穩定，或雖然處於高速成長，但獲利模式仍無法通過長期考驗的企業。而巴菲特則直接挑選那些已經證明自己的商業模式有效，已經建構出寬廣護

城河，已經進入成長穩定期的企業。巴菲特賺到 10 倍股的祕密就是不冒險，直接挑選勝率最高的企業，然後耐心等待它繼續增長，時間可以為有耐心的投資人創造偉大的複利。

「沒有成長的確定性，後面期待的美好漲幅都不會出現！」

20-6. 堅守紀律持續作對的事

「一個人在小事上忠心，在大事上也會忠心；在小事上靠不住，在大事上也靠不住。如果你們不能忠心地處理今世的財富，誰會把真正的財富交託給你們呢？」

——《聖經·路加福音》

巴菲特是公認的投資大師，但打高爾夫球的功力卻不怎麼樣。有次他和朋友們一起去打高爾夫，三天下來沒有打出任何一桿進洞，於是他的一位球友起鬨邀大家跟巴菲特來對賭。如果巴菲特接下來沒能打出一桿進洞，他只須給朋友們 10 美元，但如果他能打出一桿進洞，球友們將付給他兩萬美元。當場他的球友們都答應了這場賭局，只有巴菲特拒絕了。

看起來是以小贏多的賭局，巴菲特這種富可敵國的富豪就算賭輸了這 10 元也不痛不癢吧？但巴菲特事後說道：「如果我不參加，就不會損失那 10 美元。」

巴菲特對財富的謹慎態度值得我們效法。如果你不能在小事上約束自己，你在大的事情上也不會受到內心的約束。巴菲特也曾說道：「10 美元對我來說就和 30 萬美元一樣。」我們對每一筆錢的謹慎程度會決定我們最後的投資結果。

　　我有位投資前輩，他是位大我十幾歲的投資高手，早已經事業有成，退休享清福了。幾年前在台股很熱的時候，我們會在一個私人群組中向朋友們推薦股票。為了怕朋友們賠錢或承受不了股價的劇烈波動，所以我們給朋友的建議都很保守，一定推薦穩健的好公司。但有時我們自己卻會買進一些看起來很有機會大漲但風險高的股票，幾次下來沒賺到錢還常虧損做收。

　　後來我們聊起此事，這位老前輩提醒我：「想一想，我們都推薦朋友穩健的好公司，自己也應該用這樣的標準來選股才是。」他的提醒讓我重新思考紀律的重要，很多時候我們仗著自己比別人多了點經驗，反而冒了更多不必要的投資風險。

　　一位優秀的投資人，對投資的思考，包含好股票的標準和承受的風險應該是一致的。我們既然知道有更安全的投資決策，就不該輕易打破這個原則，這是投資紀律的重要。

　　在投資的世界裡，比的不只是誰的眼光精準，更重要的是你能否堅持只做正確和勝率高的決策。在肯恩‧費雪對資產配置的研究中發現，你的投資組合已經決定了 70% 的回報，而投資組合中你選擇的產業板塊決定了剩下的 20% 回報，只有 10% 跟你個別的選股和操作能力有關。意思是有 90% 的決策都跟長期決策有關，剩下的才是個人的能力。這 10% 的影響其實不大，要拿到這 10% 的報酬，基本上你只需要減少犯錯的可能即可。而只要堅守投資紀律，你就可以減少犯錯的機會。

　　哪些是一個好的投資人該有的紀律呢？對我來說其實很簡單，例如下面的投資原則：

- 只選擇符合自己訂定好標準的優質股票。

- 以長期持有為原則，只挑選長期成長性高與成長確定性高的股票。

- 放棄短期價差，賺取長期成長複利。

- 不隨興買賣股票，只根據對投資組合的需要調整持股。

- 不使用高風險槓桿，不購買高風險衍生商品。

- 不買高估值之未營利成長股。

- 只在企業失去原有的競爭力時賣出。

- 耐心等待一支股票，至少二至三年再評斷表現。

每個投資人都應該根據自己的投資目標，列出屬於自己的投資原則，這些原則並非永遠一成不變，可以根據你的投資經驗繼續補強與調整，但基本的精神還是一樣的。要避免因為一時興起、突發的誘惑，在短暫情緒中做出原則以外的行動。投資人越清楚自己在投資時有哪些是必定要做的，哪些是一定不能做的，就能讓自己行走在一條安全的投資道路上。

當你不經思考的失誤越來越少，只買對的股票並且用正確的方式持有，你會漸漸看到因為持續做正確的事，和持續執行勝率高的決策所產生的偉大複利。**暢銷書籍《致富心態》的作者兼創投基金負責人摩根・豪賽爾在書中說的一段，非常能說明紀律的重要：「造成財富巨大差異的主要原因，不是『成長』、『智力』或『洞察力』；而是長久堅持、不輕易離開或被迫放棄。這種能力才應該是你的策略基石，無論是用來投資、發展職涯或開創事業。」**

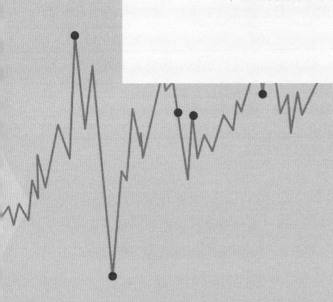

第五部

一個屬於你的投資
旅程

千里之行始於足下

第二十一章
快跑的未必能贏，力戰的未必得勝

> 「我又轉念：見日光之下，快跑的未必能贏；力戰的未必得勝；智慧的未必得糧食；明哲的未必得資財；靈巧的未必得喜悅。所臨到眾人的是在乎當時的機會。」
>
> ——《聖經·傳道書 9:11》

21-1. 投資是一段人生的豐富之旅程

如同我在書一開頭所說的，你應該要把投資當作是人生旅程的一部分，更確切地說，你的投資之旅也應該是一段屬於你自己的獨特「旅程」（Journey）。旅程不同於倉促的「一日之旅」（Trip），或旅行團幫你規劃的走馬看花的行程（Travel）。

一段豐富的旅程並不僅是一般人認為的，只是為了休閒與增廣見聞，也不是一個套了公式就能成功的路程。<u>一段真正美好的旅程是可以改變與豐富你人生的</u>，需要你自己投入心力與時間、親自體驗旅程中所有的酸甜苦辣、接受行程中可能出現的挑戰與變化；並且相信最終你將可以透過這個旅程改變自己的生命，包含你對生命的觀點與財富狀態。

一個豐富的旅程，並不代表一路順暢。相反地，沿途會面對很多的未知，甚至，還需要有那麼一點運氣。一位充滿勇氣與信心的旅者，他會相信命運會帶他去該去的地方。享受旅行的人會欣然接受這些未知的挑戰，當作是生命中必須體驗的一部分，因為他們知道，未知存在的意義所代表的並不是恐懼，更多的是不在預期中的驚喜與祝福。

▶ 1. 在懷疑中前進

2012 年，我剛拿到設計博士學位，因為一個不在預期中的意外，我原來要去的新學校的教職沒了，我短暫失業，因此乾脆趁失業空檔到法國找一位好友散散心，順便規劃一些自助行程。我先飛到法國東南部位於阿爾卑斯山邊陲的格勒諾布爾（Grenoble），暫住在我那位在歐洲實驗室工作的好友家。

我這位在法國工作的好友是典型的實驗室研究員，除了在實驗室認真做實驗外，基本上足不出戶，在法國旅遊的經驗甚少，我只好自己在線上搜尋，決定要去的景點。再三研究後，我決定先到在格勒諾布爾東邊的法國童話小鎮安錫（Annecy）。

我在線上做研究後，發現火車站有販售從格勒諾布爾到安錫的旅遊套票，但要搭火車再轉接 AutoCar（就是我們通稱的巴士），而轉接的時間只有短短 10 分鐘。在台灣對巴士誤點很習慣的我，對這十分鐘的銜接時間感到非常困惑，難道車子都不會誤點？從火車站走到巴士站都不用花時間嗎？

出發前我特地到火車站，先跟售票員確認這樣的銜接方式是否正確。售票員非常友善地笑著對我說：「放心，你不可能錯過班次的，巴士站就在火車站旁邊。」這個回答讓我放心多了，於是買了車票，第二天我便出發到安錫。在火車上我享受著沿路美麗的法國農莊和阿爾卑斯山脈的美景，但心裡還是不免擔心下了火車要怎麼搭車，是否真如售票員說的我不可能錯過巴士。

終於到站後，我一走出火車站，連問都還沒問就看到了旁邊的巴士站，巴士司機還悠閒地站在站牌旁抽煙等著乘客。原來，法國的火車站和巴士站就是這樣緊密連結的系統，我真的是窮擔心了。一旦熟悉了交通連結的方式，我便非常放心地享受接下來的旅程，我知道我不會錯過這些銜接交通，我將會順利到達接下來我要去的任何地點，我也能順利透過這系統回家。

到達安錫的車站後，我再步行找到預訂的青年旅館，晚上和來自不同國家的室友聊聊各自國家、生活背景與工作，他們也熱心地跟我分享他們怎麼在美麗的安錫安排行程，我幾乎不用怎麼研究就搞定了次日的行程。

我徒步征服了半個美麗的安錫湖，再包了一艘小遊艇橫越湖泊，漫步在著名的情人橋上，把美麗的童話小鎮徹底逛了一遍，然後滿足地再坐一次來時的巴士與火車回到格勒諾布爾。雖然只是個兩天的小旅行，但這是我在歐洲第一次隻身旅行，對我的信心是莫大的助益，我開始覺得在法國應該沒有自己去不了的地方了。

▶ 2. 享受命運之神的安排

接下來，我開始南法的旅遊行程，我和好友一起坐火車與開車完成了前半段的旅程，但因為他的假期有限，必須趕回去工作，我決定自己完成後半段旅程。

我選擇留在亞維農，在亞維農教皇宮對面的一個露營地住了下來。其實接下來幾天的行程我連去哪都還不知道，我連法文路標都看不懂，但命運之神總會在你需要的時候為你安排對的人與時機。

在營區同房間的上下鋪，我認識了來自巴西與中國的背包客，其中一位還是來自北京清華大學留法的高材生，不只法文好，還是喜歡做深度旅遊與品嘗區域特色美食的旅遊好手。於是未來幾天的行程沒有一天需要我擔憂的，每一天都有一位背包客與我一起旅行。

我和這些年輕朋友們結伴拜訪了夢幻的泉水小鎮（Fontaine de Vaucluse），Arles 的圓形競技場，也參訪了幾個梵谷著名畫作的地點。這些行程都不是我事先想像得到的，絕對比旅行社安排的更讓人驚喜和細緻。這些不期而遇的朋友就像是命運安排給我的貴人，一起編織我們的共同旅途。

在南法的這一週是我旅行經驗中一段很特別的經歷，讓我對自己在不同世界的適應力充滿了自信。過去都是在熟悉的美國與加拿大租車自助旅行，這和在南法必須徒步、搭巴士、克服語言障礙大異其趣，這種感覺就像是多練就了一種特殊技能，讓自己在面對不確定性時能充滿自信。

在旅程中，我不一定要預先知道每個環節要怎麼解決問題，但你知道上帝可以透過時間、環境與適合的人，來補上這些未知的環節。

▶ 3. 投資也是一段探索之旅

一段旅程，是否真的需要先計畫好所有的細節、要搭的車、要去的地點與會遇到的人？不，真正的豐富之旅是有探險成分的，你沒法計畫一切，你必須先踏出去才能展開旅程，命運之神才能幫助你；你才能在旅途中享受到更多出乎意料的美麗風景，這些才是旅行中最美、最值得回憶的部分。

就如我前往安錫的路上，充滿了擔心與恐懼。我缺乏在法國坐火車再銜接巴士的經驗，但當我走過一次原來不熟悉的旅程後，我學習到了新功課，我可以充滿信心繼續往前走，因我知道最終可以平安抵達任何我想去的地方。

我說了這麼多關於旅行的事，其實跟我們的投資人生是一樣的。用一個樂觀與創造性的思維來執行你的投資之旅，而不是恐懼與擔憂。你不用規劃好所有的細節就可以開始，路上的問題是一步一步解決的。最重要的是你必須有踏出第一步的勇氣，不要怕犯錯或擔心旅程上的任何變數。

投資也是如此，當你用一個正確的態度，堅持只作對的事（例如只挑選最優秀的企業），將時間拉長至十年或二十年，任何的錯誤都會成為寶貴經驗，犯下的錯誤也將被時間這個神奇的魔法師抹平。命運之神會眷顧你，你最終一定能完成旅程。

投資其實也是人生旅程的一部分，許多時刻都要願意放手讓命運之神來帶領你，長期投資需要的是對未來的樂觀盼望，相信人類文明會繼續增長，相信全球的經濟前景與優秀企業突破困境的能力。如果你是個什麼都擔憂的投資人，是做不好長期投資的。

▶ 4. 人生與投資都是一段需要時間的旅程

以人生來看，十年真的很快，二十年也不會太久。在寫這本書的當下，我結婚即將邁入第十年，大女兒再三個月就滿八歲。今年我要領教育部的「資深優良教師獎」，不是因為我真的優秀，而是全國只要任教二十年沒有作奸犯科的老師都可以領到，只是要昭告大眾「這位老師夠老了」。

人生的十年、二十年真的很快，特別是你開始有一點年紀後會感覺更快，根本像是直線加速，快到你希望時間可以慢下來，讓你可以和天真無邪還整天黏著你的孩子多相處一些，或多一點時光陪陪老邁的父母。

十年中會發生一些不在預期中的意外，但如果你夠認真、夠踏實，當你回頭看，你會發現在十年中有更多的好事發生。如果長達二十年，你甚至會看到很多由命運交織的美麗篇章，有因緣際會的友誼與愛情、有貴人相助的事業或職位，或是孤家寡人變成吵吵鬧鬧一家子的過程，美好的回憶與奇妙的機遇根本數不完。

我們對於人生，知道很多事急不得，所以我們比較願意等待；但談到投資，我們想的卻常是怎麼可以在一兩年內就讓資產翻倍，最好工作幾年就能靠股票實現財富自由，趕快脫離朝九晚五的生活。但累積財富跟人生都是需要時間來累積複利的，巴菲特這麼說：「你不可能讓九個女人同時懷孕，然後寄望一個月後得到一個寶寶。」

在投資時，為什麼你就不能用五年、十年，甚至二十年的時間來好好等待幾家公司的業績慢慢開花結果？為什麼你就不相信一家公司可以成長了一倍後又成長了兩倍？為什麼你不相信可以找到屬於自己的「Stock Right」？如果把投資跟人生一樣當作是一段有趣又豐富的旅程，你就不會把等待當作是一件苦差事了。

你能靠著耐心與創造力享受你的人生，也能用一樣的態度享受你的投資之旅。好好想像一下你手上這些優秀的企業，在未來十年、二十年還會有什麼有趣的發展？想像一下它們還有多大的成長空間？然後用足夠的時間來見證你的這些想像。當十年或二十年後，你會很感激現在的自己開始了這段奇妙的投資旅程。

▶ 5. 相信你自己的命運，專注走自己的路

我要告訴你一個祕密，很多成功的投資人其實並不知道自己買下的股票最後可以讓他賺那麼多。你以為巴菲特在 1972 年買下喜詩糖果時，會知道它

的規模會在數十年後成長超過 50 倍？他在 1994 年買下可口可樂時，會知道它市值會再成長20倍？在2008年買下比亞迪時，會知道它會成長超過30倍？不，巴菲特並不知道，他只知道這些公司還會繼續成長，成長空間還很大。這些報酬率並不是算出來的，而是「等」出來的，因為他相信投資這些優秀企業的成果將會是美好的。

在一個人的投資生涯的初期，你無法預料你將來會靠哪些股票獲得財富。當被動指數投資的宣導者認為，成功的主動投資人是倖存者偏差下的產物時，我其實是無法否認的。

在開始投資生涯時，我怎麼知道有天會挑到精華光學？怎麼知道會挑到鈊象？又怎麼知道會遇到中租、裕融與保瑞？這難道不是命運的安排？每個人都有自己的能力圈與思考方式，也有不同的生活環境與投資偏好，常常就是這些不同的成長路徑，造就了不同機運的投資人。

市場上優秀的企業夠多，只要你願意學習，願意有紀律地挑選優秀企業，每個人的一生都有幾次機會，能挑選到可以大幅提升你績效的優秀企業。所以，你不用懊惱錯過市場上那些熱門飆股，你有屬於自己的人生際遇，你有自己的投資節奏，你可以創造屬於自己的投資組合並得到一樣美好的結果。你就是你自己成功的關鍵，而不是別人。

21-2. 成功並不難，難的是等候

我在鼓勵投資人以投資組合的概念來投資時，最常聽到的就是萬一這個投資組合失敗了怎麼辦？萬一買到宏達電呢？這時候，我最喜歡以我在研究所時為我母親所買的股票為例子。你真的以為選股很重要嗎？事實告訴我並非如此。

▶ **1. 短暫的少年股神**

1998 年時，我還是股市經驗非常有限的年輕研究所學生，真正的投資經

歷很短，唯一讀過的投資理財書籍是黃培源所寫的《理財聖經》，書中最有名的就是他那句「隨時買、隨便買、不要賣！」我們當時將這很好記的格言奉為圭臬。

1997 至 1998 年時的台灣股市正值台灣電子股非常熱絡的時期，股市是超級大多頭，幾乎買什麼漲什麼，連菜市場裡的大媽、學校裡大學生都瘋買股票。

當年連從來沒有股市投資經驗的同學們都成了少年股神，很多同學還幫家人買起了股票，而且短短幾個月的績效，都是非常驚人的數十趴甚至翻倍。我在自覺績效還不賴的自信下，也自告奮勇跟家人說我可以協助規劃投資。於是，我老媽拿出了一百萬讓我來操盤家庭投資。

自己投資和幫家人投資的考量當然是不同的，自己可以冒點風險，但家人的資金一定要以穩健為考量。我在研究過《理財聖經》裡的投資建議後，決定以均衡的投資組合來幫家裡做股票投資。我將資金大致分成六份，盡量挑選不同產業的龍頭來分散風險，最後挑到以下六支股票做投資，分別是：台積電、日月光、統一、巨大、宏碁和中精機。

幫家人規劃完這個投資組合後沒多久，隨著台股上萬點後報酬率馬上跳升到三、四十趴，我當時真以為自己是少年股神，我老媽甚至想再多放點資金進來，孰不知大難將至，這不過是瘋狂派對的尾聲。

隨著後來的亞洲金融風暴，台股崩盤了，台股從最高點的 10,116 點暴跌到 3,411 點，台積電從最高 173 元跌到剩下 56 元。我給家人規劃的這個投資組合馬上變成了負報酬，更慘的是其中的兩張中精機還因此破產下市，帳面從獲利數十萬變成虧損數十萬，我這個股神變成了魯蛇。

不過，一開始便以長期投資為初衷做投資規劃的我，還是盡力說服老媽繼續堅持長期持有。而我自己則因為即將出國讀書，想想反正手中的股票也剩沒幾萬元，乾脆全部停損出清。

▶ **2. 坎坷的第一個十年**

而家人的這筆投資一放就是 10 年，一路熬過了美國網路科技股泡沫化、SARS 危機、經濟衰退等事件，好消息雖然不多，但這個組合卻還是不知不覺地長大了。台積電因發股票股利從一張變成了 5.84 張、兩張日月光更成長為十多張。到了 2007 年，台灣股市在雙 D 和太陽能產業蓬勃發展下又重現生機，台股在 2007 年再次接近萬點，家人的這個投資組合也終於賺錢了，大家引領期盼台股可以再創歷史新高。

但萬萬沒有想到，2008 年又發生了美國次級房貸危機，風暴擴及全球，台灣股市再次崩盤腰斬。台股從最高的 9,859 點，暴跌至 3,955 點，台積電跌得還比 1998 年的最低點 59 元還慘，只剩下 36.4 元。

其實當時結算損益，含股票市值及所領的股息，家人的這筆投資還是賺錢的，但我母親這時再也受不了，十年來遇到兩次風暴，不是說股票比較好賺嗎？結果十年來熬得這麼痛苦還沒賺多少錢，不如放在定存或房地產。

就算我再三勸阻，我那位覺得自己已經認清事實的老媽，仍然堅持出清所有股票，賣到一股不剩，這筆投資組合的十年成長之路就此正式結束。但後來的故事發展卻出乎我們意料之外，我們熬過了最辛苦的前 10 年，卻錯過了後面最精彩的 10 年 ....

▶ **3. 未走完的第二個十年的驚人績效**

在慢慢遺忘這個已經結束的投資組合後，我在 2020 年 3 月的新冠股災中好奇地想計算一下，這個投資組合如果都不賣出的結果會如何？我重新計算了一下這筆投資含股子及股息後的報酬率，結果十分出人意料之外。

2020 年全球股市因為新冠疫情衝擊而崩跌，台股從 2019 年 12 月 27 日創下歷史新高 12,682 點後，到了 2020 年 3 月最低跌至 8,523 點，跌幅為 32.79%。就算股市如 1998 及 2008 年一樣崩跌超過了 30%，但我幫我老媽所規劃的這筆投資組合，竟然還是有超過 5 倍的回報率。

而且，要提醒大家，這個回報率還是少計算很多股息的，因為每年增加的股子也會放大股息，真的要仔細計算會非常複雜。所以我只好粗略計算股票不再發放股子後的股息，有近 10 年的股息並沒有正確計算股子的倍數效應。

　　此外，若將每年領到的股息再丟回股市繼續累積持股，那報酬率將更為驚人。而同期的台灣加權指數從 1998 年的最低點到 2020 年 3 月的低點也只漲了約 144%（3,488 點至 8,523 點）。

　　客觀來說，我們應該要看加計股息的「台股發行量加權股價報酬率指數」，但因為這個指數從 2003 年開始才有數據，我們只能計算從 2003 至 2020 年 3 月的報酬率，加計股息後大盤的報酬率也只漲了 223%（從 5,015

圖 21.1. 原有的投資組合從 1998 至 2020 年 3 月的報酬率（此為粗略計算，忽略了部分難計算的股息，實際報酬率將更高）

股票年	買進年分	買進價格	持股時間	賣出年分	賣價	2020 3/18 股價	股數成長	累計股息	還原權值	報酬率
台積電	1998	150	10 年	2008	69		5.84	22.65	426	184%
			22 年			270	5.87	406	1,991	1,227%
日月光	1998	160	10 年	2008	34		5.7	3.19	187	16%
			22 年			75	6.37	164	641	300%
巨大	1998	50	10 年	2008	62		1.79	18.4	130	160%
			22 年			119	2.15	146	401	702%
統一	1998	59	10 年	2008	40		1.73	6.84	76	28%
			22 年			65	2.63	53	223	279%
宏碁	1998	50	10 年	2008	65		2.58	23.35	191	282%
			22 年			13.9	2.64	50.72	87	37%
中精機	1998	100				下市歸零				-100%
平均報酬率										508%

資料來源：作者整理

點至 16,228 點），雖然少了前 5 年的報酬，但我們基本上還是可以確定，這個我當年以青澀的選股方式幫家人配置的投資組合的長期績效，遠遠勝過大盤。

一個投資組合在股災中崩跌掉超過 30% 的價值，對持有超過 20 年的長線投資人來說還有什麼影響嗎？依然是五倍起跳的報酬率，如果我老媽仍持有這個投資組合，她應該還是可以每天開心吃飯，每晚安然入睡吧？原來持股十年和二十年的差別就在這裡，第一個十年，企業都有可能因為重大經濟風險而遭受嚴重打擊。**然而，在第二個十年後，企業的規模增長已經讓你的投資成長為大樹，已經經得起任何風吹雨打，依然可以屹立不搖。**

而不要忘了，上面這個報酬率是我們在台股新冠股災崩盤時計算的數

圖 21.2. 原有的投資組合從 1998 至 2020 年底的累計報酬率

股票年	買進年分	買進價格	持股時間	賣出年分	賣價	2020 12/31 股價	股數成長	累計股息	還原權值	報酬率
台積電	1998	150	10 年	2008	69		5.84	22.65	426	184%
			22 年			530	5.87	406	3,517	2,344%
日月光	1998	160	10 年	2008	34		5.7	3.19	187	16%
			22 年			81.3	6.37	164	681	325%
巨大	1998	50	10 年	2008	62		1.79	18.4	130	160%
			22 年			275	2.15	146	737	1,374%
統一	1998	59	10 年	2008	40		1.73	6.84	76	28%
			22 年			68	2.63	53	232	293%
宏碁	1998	50	10 年	2008	65		2.58	23.35	191	282%
			22 年			23.65	2.64	50.72	113	126%
中精機	1998	100				下市歸零				-100%
平均報酬率										890%

資料來源：作者整理

字，個股的激烈波動一定是高過大盤的，而股價的激烈波動對報酬率的影響很大。若我們再耐心點等到 2020 年的年底（12 月 31 日），當股價漸漸反彈回來，再重新計算一下報酬率。在股災發生的九個月後，報酬率來到了 890%，近 9 倍的報酬率，這是不是太超乎原來的想像了呢？

我們的投資故事還沒結束，若我們再等待一年，到了 2021 年用個股全年的平均價格來計算報酬率，這時這個投資組合的報酬率來到了 10 倍，也就是說當年投入一百萬的資金，在二十多年後成長為近千萬市值，而且每年還可以繼續領超過 20 萬的股息，真的是放的越久領的越多，股價也還能繼續增長。當年的一百萬放了 25 年，沒再注入新的資金後，這筆投資最後長成了千萬資產，還可以源源不絕地每年貢獻幾十萬的股息，這筆資產對很多人來說都可以當作退休金了。

圖 21.3. 原有的投資組合從 1998 至 2021 年的累計報酬率

股票年	買進年分	買進價格	持股時間	賣出年分	賣價	2021價格	股數成長	累計股息	還原權值	報酬率
台積電	1998	150	10 年	2008	69		5.84	22.65	426	184%
			23 年			598	5.87	406	3,977	2,551%
日月光	1998	160	10 年	2008	34		5.7	3.19	187	16%
			23 年			109	6.37	164	872	445%
巨大	1998	50	10 年	2008	62		1.79	18.4	130	160%
			23 年			315	2.15	146	840	1,580%
統一	1998	59	10 年	2008	40		1.73	6.84	76	28%
			23 年			70.4	2.63	53	245	315%
宏碁	1998	50	10 年	2008	65		2.58	23.35	191	282%
			23 年			28.1	2.64	50.72	125	150%
中精機	1998	100				下市歸零				-100%
平均報酬率										1,008%

資料來源：作者整理

2023 年台股雖然因為全球景氣問題跌掉不少市值，但我們用 2023 年年底的股價來計算報酬率，整體報酬率依然可以穩定維持在 9 倍以上。所以，長期投資的威力是不是很驚人呢？股災中一次跌掉 30% 還會讓你恐懼嗎？**股票投資真正的風險不在於股價下跌，而在價值的永久損失；而買到好公司，你的風險並不是在股災中的股價損失，那根本不是風險，因為真正的價值都會在未來恢復，還以倍數還給你！**

當年這一百萬的投資組合如果不賣，持有不動超過 20 年將成長為近 1,000 萬，這筆投資 25 年含所領到的股息粗估至少 200 萬以上，現在每年還能繼續帶來十幾萬的股息，每年還越領越多。若是把每年股息再投入買進更多的股票，那報酬率及每年領到的股息將更為驚人。

如果你認為我是運氣好有挑到台積電（台積電報酬率是誇張的 24 倍），那我們拿掉台積電，只計算日月光、巨大、統一、宏碁的報酬率，平均也會有 5.5 倍的報酬，這依然是完勝大盤的報酬率，你覺得這是運氣可以說明的報酬率嗎？

▶ 4. 比你想像中簡單的投資旅程，你需要的只是耐心

所以，投資真的很難嗎？以當年一個對瘋狂股市泡沫毫無警覺性、對股市多空週期缺乏經驗、也不知怎麼挑到十倍股的股市菜鳥來說，要建立一個二十年可以成長十倍的投資組合應該是痴人說夢。

我當年甚至不知道要檢視一家企業的成長率、毛利率、營業利益率、股東權益報酬率等數據，也沒有護城河的清楚概念，但這個由新手建立的投資組合卻做到了。這個經驗對我影響很大，讓我知道投資其實沒有想像中難，真正難的地方是願意等待，並願意忍受波動。

這個投資組合只是挑選了幾家產業中的龍頭股，有幾家公司的成長率甚至很普通，例如統一和宏碁，而中精機在買進不到一年就破產下市了，但這損失的 20 萬並無損整體報酬率。在 20 年的時間裡這些公司多數都完成規模增長，特別是台積電和巨大，創造了 16 至 20 倍以上的報酬，帶起了整體績效。

這結果完全符合 82 法則，也符合巴菲特所說的：「**野草會在鮮花盛開的時候**
枯萎，隨着時間的推移，只需少數勝利就能創造奇蹟。」（**The weeds wither**
away in significance as the flowers bloom）。

21-3. 最會漲的股票常是你在驚恐中賣出的股票

我再分享另一位好友的投資故事。這位好友我且稱他為 C 先生，是我從
小一起長大非常要好的朋友。他大約在 2012 年左右開始進入股票投資領域，
因為個性比較小心謹慎，所以我推薦他的股票都以穩健與保守為主。他後來
的主要持股就是我推薦他的豐藝、新麥、普來德，再加上一檔他自己找到的
勤誠。選擇這些個股的原因都是因為穩健，而且本益比低，每年還能發出高
股息。他進入股市的前幾年時間剛好是全球股市的大多頭，所以五六年下來，
股價加上股息獲利頗豐，平均起來都有打敗大盤。

然而在 2020 年突然爆發的新冠疫情讓全球股市行情驟變，C 先生原來帳
面上有不錯獲利表現的投資組合瞬間折損了 20% 至 30%，他開始對自己的持
股失去信心，他算了一下他的績效竟然變成輸給了大盤，特別是他持股最多
的新麥。雖然我多次勸他不要在錯誤的時間計算績效，但他這時已經對自己
的選股能力失去信心，整日處在極度焦慮中。

我建議他如果真的無法容忍個股的波動，就換成被動指數基金吧，不用
將注意力放在個別企業上也許心情會好一些。於是 C 先生趁著股市開始反彈
後逐步賣出這些持股，因為這些持股都持有多年，所以他大部分都能在成本
以上賣出，算是保住了不少獲利。他的豐藝賣在 32 元、新麥賣在 92 元、普
萊德賣在 62 元、勤誠賣在 67 元，然後他在 2021 至 2022 年間將這些資金都
換成被動指數基金。

當然，投資被動指數基金是不想花時間研究個股，與不想冒太大風險的
投資人最好的選擇，這是一個合理的轉換。但如果 C 先生在 2020 年至 2021
年間不要看盤，不要因為看到股價糟糕的表現而賣股票，持有原來的股票到

今天會得到什麼回報呢？

　　我們來看看 C 先生原來的持股在兩年後的表現，截至 2023 年 11 月 8 日為止，不含股息，豐藝從 32 元漲到 58 元（漲幅 82.81%）、勤誠從 67 元漲到 225 元（235% 漲幅）、新麥從 92 元漲到 144 元（56.52% 漲幅）、普來德從 64 元漲到 125 元 （漲幅 95.31%），這些原來都是溫吞的緩慢成長股，但過去兩年的平均報酬率超過了 117%（若加上過去兩年發放的股息那報酬將高達 133%），這些穩健股票的總績效大幅超越了大盤同期的台股大盤（含息約 10% 報酬率），甚至比我精挑細選，以穩健成長股為主的投資組合的績效還要好。

　　以 C 先生的例子來看，你真覺得選股很重要嗎？只要你選的是好企業，更重要的是能忍住波動並耐心持有，不要在錯誤的時間計算報酬率，更不要把特殊黑天鵝事件跟企業的長期競爭力混淆在一起。**拉長時間來看，選股常常沒你想像中的重要。只要專注挑選好公司，持續做對的事，時間是比選股更重要的獲利推手。**

　　試問你自己，一筆資金給你，靠著短進短出，從一檔換到另一檔，你可以在兩年內把它翻到一倍以上嗎？給你 20 年，你可以把它翻到 10 倍嗎？我承認我真的做不到，但我的母親與 C 先生沒堅持住，最後因失望而賣出的投資組合卻做到了。

　　他們是投資與選股高手嗎？我不認為。這些股票在挑選的當下都沒法預料到最後會成為「倍數成長股」，但等待夠久的時間，例如十年、甚至二十年，神奇的結果就發生了。這些並不是偶然，而是好企業成長複利的必然結果。這些投資組合都在空頭時期遭遇了嚴重打擊，曾減損 30% 甚至腰斬，但這是股市中好企業成長的「正常節奏」。

　　企業和股市都是以前進兩步退後一步的方式前進，你只要能接受這些必然會遇到的意外狀況，接受它們的成長節奏，並將它們視為旅程中的必須經歷的一部分，不疾不徐與處之泰然，最終你將安然抵達目的地。

跟人生的旅程一樣，投資也要願意相信那麼一點機運，讓命運之神來引導你，結果可能比你自作聰明，每天在股市裡追高殺跌來得有效果。當個有點傻勁、願意耐心等候的投資人，你會發現反而比其他那些在股市殺進殺出的人更省力，還賺得更多！

　　我很喜歡《聖經‧傳道書》裡的一段：「**早晨要撒你的種，晚上也不要歇你的手，因為你不知道哪一樣發旺；或是早撒的，或是晚撒的，或是兩樣都好。**」我們在投資幾家好公司的股票時，很難預測這些股票最後哪些會成功。我們所能做的就是在自己能力圈內持續堅持做最好的決策，堅持只持有好公司股票，堅持在景氣波動中信任好企業的優秀團隊，並堅信投資組合中將出現幾棵長成參天大樹的倍數股。做好你能做的，其餘交給上帝，讓時間這個神奇的魔法師為你揭曉最後的大獎。

第二十二章
規劃你的投資旅程

「如果你在錯誤的道路上，奔跑也沒有用」

———巴菲特

　　記得，人在沒有寫下計畫前，對任何事物都只會有模糊的概念，不會認真思考要使用什麼策略與執行什麼行動，才能達到自己期盼的人生目標。如果你在人生與投資都是以漫無目的的方式前進，那你將白白浪費許多試誤的時間，甚至偏離了軌道而離原來的夢想越來越遠。

　　如果沒有建立一個長遠的投資視野與設定不同階段的投資目標，你在投資上很可能因為走錯了方向、用錯了方法，浪費好幾年可以累積複利的寶貴時間。所以，我要鼓勵你，若你真的有心將投資當作是人生的重要計畫，要儘快開始認真地做投資規劃，馬上開始計算你未來可以如何投入資金與時間，儘早開始屬於你自己的投資旅程，越早越好。

22-1. 畫下你的投資旅程藍圖

　　請參考下面這張圖表畫出屬於你自己的投資旅程計畫，把它貼在你桌前、冰箱上，甚至貼在浴室的鏡子上都行，重點是要讓自己能常常被提醒，你正走在一條經過規劃的旅程上，你正在實踐一個財務計畫，讓具體的視覺圖幫助你想像未來的願景。

　　這張圖包含一個旅人（是的，就是你），你可以畫一個背著背包的角色，也可以是一對夫妻，或是一個有四口人的家庭。你望著遠方的山谷，一條緩緩向上的曲線在你的前方展開，這條曲線一開始很平緩，但以三年到五年來看，它呈現上升趨勢。每隔 5 年，你要檢視一下你的報酬，是否有朝著目標

圖 22.1. 可供參考的投資旅程藍圖範例

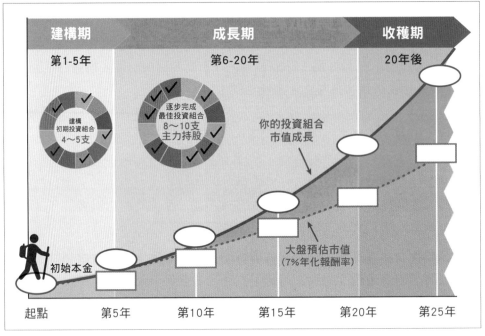

建構期　　　　　　　　　成長期　　　　　　　　收穫期

第1-5年　　　　　　　　第6-20年　　　　　　　20年後

建構
初期投資組合
4～5支

逐步完成
最佳投資組合
8～10支
主力持股

你的投資組合
市值成長

大盤預估市值
(7%年化報酬率)

初始本金

起點　　　第5年　　　第10年　　　第15年　　　第20年　　　第25年

資料來源：作者整理

前進，而大盤的績效是一個比較的基礎標準，如果做得對，你的投資應該要超越大盤，或至少不會落後大盤。如果你不太會畫圖，下方圖 22.2 可以給你參考，你應該不難畫出屬於你自己的版本。

　　你可以選擇要經歷這個漫長旅程的角色，若你還是單身，或結了婚還沒有孩子，也可以在後面的路程中加上你人生中可能會加入的角色（例如女友、伴侶或孩子）。填上第一年你可以投入的初始本金，然後評估每年可以投入的金額，你可以試著以每個月可以擠出的投資額度，來預估全年可以投入的金額，然後透過網路或手機 App 裡的複利計算機，來算出每五年資產的成長里程碑。

　　在我們的投資藍圖中，我會以大盤的績效當作比較基礎，也就是以大盤

長期穩定的年化報酬率 7% 來計算每五年的市值（虛線和方框內的數字），我們的目標就是靠著成長性更佳的投資組合來打敗它。你每五年就必須在橢圓框裡填上你的投資成果，藉此來確認你是否往正確的方向前進。

圖 22.2. 以初始本金 100 萬，每個月存入 1.5 萬為範例的個人投資旅程圖

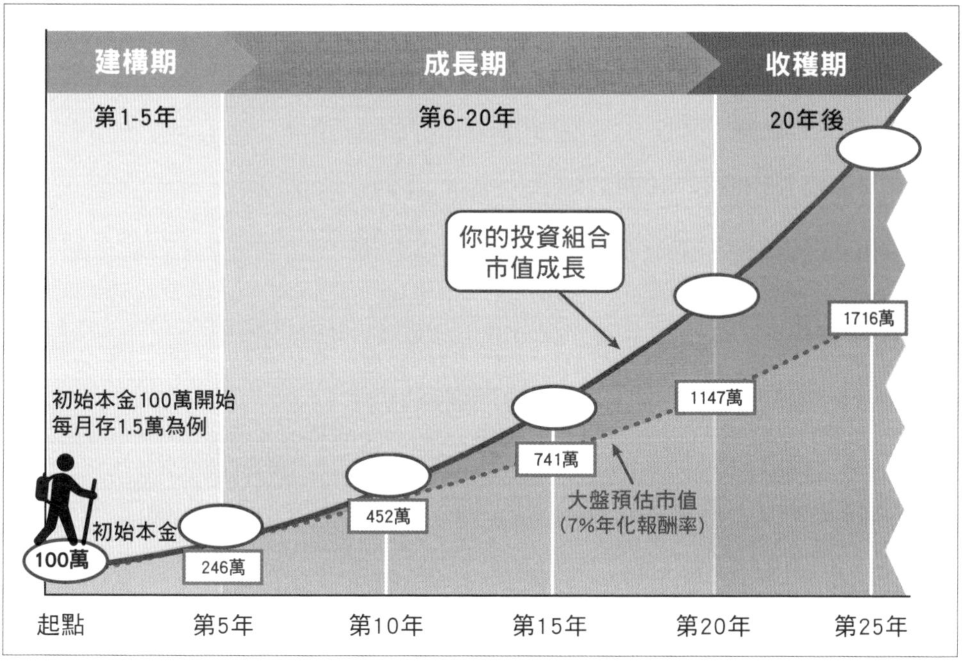

建構期　　第1-5年
成長期　　第6-20年
收穫期　　20年後

你的投資組合市值成長

初始本金100萬開始
每月存1.5萬為例

初始本金
100萬

246萬
452萬
741萬
1147萬
1716萬

大盤預估市值
（7%年化報酬率）

起點　第5年　第10年　第15年　第20年　第25年

資料來源：作者整理

▶ **第一階段：建構期（前 5 年）**

第一個 5 年，是打下基礎的最重要階段，你必須開始建立全面與正確的投資知識，並決定你要挑選哪一條路來執行，要成為哪一種投資人。此外，你必須持續精進你的投資思考能力，例如找到自己的能力圈、練習使用各種選股指標來挑選優秀企業，逐步建立基本的投資組合。

你要在這 5 年中逐漸讓你的投資組合成形，初期可以 4 至 5 家為核心持

股，以最終能慢慢增添至 8 至 15 家為目標。我提供了一個可以填進投資組合的圓餅圖給你，你可以在圈圈的 10 個區塊中慢慢填入你挑選到的股票。選股寧缺勿濫，可慢慢挑到符合標準的成長型企業，初期「建構期」的重點工作為：

（1）建構基礎投資知識

強化完整的投資觀念，透過各種統計數據與行為經濟學等知識來瞭解投資的全貌。避開短線投機與高槓桿的投資行為，將自己定位為長期與價值投資人，專注執行能持續產生正向回饋的投資模式。

（2）培養投資該有的心性

耐心與紀律是需要反覆訓練的，當時間拉長，你的投資會有越來越多好的成果。這將激勵你持續做正確的事，產生好的正向循環，你的心性與意志力也能得到提升，你將更關注於於未來而不是眼前的波動。

（3）熟悉與練習選股指標，提升選股的勝率

持續追蹤並研究企業的各種經營績效，特別是企業的質性部分，包括商業模式與護城河，讓自己對好公司的特質更具敏銳度，這能大幅提昇你的選股勝率。

（4）善用能力圈，創建自己的投資組合

每個人的能力圈不同，如果要真正成為一位能獨立思考的主動投資人，你必須嘗試建立自己的投資組合，而不是追逐財經雜誌或投顧老師的明牌。善用自己的專業、找到自己特別熟悉與容易觀察的產業。**記得，你才是自己投資能否成功的關鍵，只有你熟悉與有信心的股票，你才有勇氣持續買進並堅定地持有。**

▶ 第二階段：成長期（6 至 20 年）

第一個 5 年，你還看不到投資組合的規模增長，但第 5 年以後你會看到投資組合中的某些企業實現規模增長，這會是很大的激勵，你的總市值會開

始出現明顯的增長。當然，你也會有幾家表現普通，甚至表現糟糕的股票，但不要因此而沮喪或恐懼，這是主動投資時必經之路。因為你已經適當分散風險，表現不佳的股票並不會嚴重影響你投資組合的整體績效。

在第 5 年之後是展現你耐力的時期，給自己 10 到 20 年的時間來累積財富。你要做的是堅定意志，相信好公司的規模增長最後能帶起投資組合的整體績效。你要按照計畫每年持續買進足夠金額的股票數量，並持續優化投資組合，留下表現優秀的企業股票，減碼或清倉表現不佳以及失去競爭優勢的企業。

請記得，除非確定企業競爭力已經嚴重衰退，不然不要只是因為股價一、兩年表現不佳就輕易賣出或換股，盡量給一家企業 2 至 3 年的時間來表現與證明它是否足夠優秀。此外，你的投資組合可以開始做彈性調整，給看好的板塊或表現佳的企業更多的比重，讓績效可以更突出。這個階段的重點是讓你的長期投資組合的成分股能穩定下來，建議配置 8 至 15 支股來分散風險，但盡量以 8 至 10 支為核心持股，讓績效可以更突出。

「成長期」的重點工作為：

（1）汰弱換強，持續優化投資組合

每 2 到 3 年檢視投資組合中的股票各自表現如何，確認個股的經營數據是否依然優秀？在產業中的競爭力是否有衰退？在產業中的地位是否有改變？競爭對手是否開始影響了競爭態勢？如果企業的優勢沒有改變，就繼續持有，並繼續加碼。建議以 8 至 15 支股票來組成投資組合，至少要有 4 至 5 個彼此獨立的產業類別，以此來分散風險。

但在分散風險時也同時執行集中投資，透過觀察個股表現，將資金逐漸集中在表現最好的前五檔中，看好的股票占比要盡量超過 10%，讓績效足以影響整體報酬率，但盡量不要超過 20%（個股市值持續長大的不在此限），前 5 檔表現佳的個股建議要拉高到投資組合的 50% 以上。

（2）檢視所投資的板塊是否均衡

投資組合中不同的產業板塊盡量彼此獨立，同個產業板塊內可以配置 2 至 3 家以上企業股票來增加勝率，降低個股風險。若有看好的產業，請將板塊的比重拉高到至少 10% 以上，才能有效影響績效。如果投資組合中有市值增長速度較快的板塊或個股，除非成長趨緩或競爭力衰退，不然就繼續讓子彈飛，不必刻意減碼做再平衡。

此外，也因為你對產業的知識與投資判讀力持續成長，你也會越來越有能力辨識一些新興產業中的好企業，只要符合我們前面所說的選股標準，你可以勇敢加入這些新產業，給予它們足夠的投資比重（例如我過去兩年持續補強生技與電動車產業，這兩個領域都是原先所忽略的）。

（3）專注在規模增長與股息成長

所挑選的個股都必須符合在長期仍能實現「規模增長」與「股息持續增加」兩個條件，勿追逐市場上的熱門議題，專注在自己的選股標準上，嚴格使用各項指標來過濾股票。如果你所選的個股在長期都能實現股價與股息成長，那表示你做對了。股價與股息的「雙成長」是這個階段最重要的兩項指標，代表企業以良好的速度在成長中。

（4）每 3 至 5 年檢討投資組合的總報酬率是否有打敗大盤？

3 至 5 年是一個夠長的時間了，可以檢視投資組合的長期表現是否勝過大盤，若發現績效落後太多，有可能你必須改變選股策略，特別要檢討所屬產業及其商業模式，透過調整產業板塊的比重，讓成長性較佳的企業與產業占有更高的比例。若個股或產業表現落後大盤太多，你必須果斷淘汰或減碼表現不佳的股票。

（5）誠實面對自己的能力與表現

此外，也要確認自己的選股技巧與選股的成功率是否有提升，要誠實面對自己的投資能力與可以投入的心力。主動投資要以能成功打敗大盤為前提，

若績效遠遠落後大盤，也發現自己無法投入足夠的時間持續學習與研究投資，那就不要勉強自己，不必因為沒能做好投資而沮喪，能找到最適合自己的投資方式才是最重要的。因為每一年都是複利成長的寶貴時間，「打不贏就加入」是最好的策略，不要真的讓長期落後大盤成為你的夢魘。

▶ 第三階段：豐收期（20 年後）

這個階段，投資已經經過至少 20 年的成長，進入成熟期，原來的成長型企業已經實現規模增長，高成長企業也轉為成熟型企業，可以發出更多的股息。此時，可以開始檢視每年的股息收入以及殖利率，並將加碼目標從高成長股轉移至波動較小、成長穩健的績優型價值股，減少需要維護投資的心力。

這時期的投資重點在於維持成果，減少市值波動，透過股息創造穩定的現金流，所以，可以適當地將投資組合慢慢往不需花時間維護的被動指數基金或高股息個股移動，甚至可以考慮轉換至高股息 ETF，以領息當作是主要的收入來源。

假設一對夫妻在 35 歲時以 100 萬當作初始本金，每年投入 20 萬，連續投資 20 年，在 55 歲時將可以得到約 1,270 萬的市值，這 1,270 萬若轉到股息有 4% 的投資標的上，一年將可以領到 59 萬台幣、平均每個月約 4 萬的額外收入。若願意再工作 5 年到 60 歲，繼續累積下去，那這筆投資將成長到 1,920 萬，一樣以 4% 殖利率來換算每年股息，那每年將會有 76 萬的被動收入，一個月可以多出約 6 萬的收入。若以國人勞保的平均月退俸 18,000 台幣來看，夫妻倆不工作一個月將會有 96,000 的收入（1.8 萬＋ 1.8 萬 +6 萬＝9.6 萬）。加上這價值 1,920 萬市值的股票仍能持續成長，這對夫妻在退休時的財務已經不需擔心。

而且我要提醒你，這只是用保守的被動指數基金的 7% 年化報酬率來估投資成果，如果依照我們在這本書的投資技巧，只要每年多出 2% 至 5% 的年化，結果將完全不同。如果這對夫妻一樣以 100 萬為起始本金，以 9% 年化報酬率來計算 20 年及 25 年的投資終值，將分別為 1,712 萬及 2,807 萬；每

年以 4% 殖利率來計算將會有 68 萬以及 112 萬的年息。

以我的投資經驗來看，這是非常有機會達到的數字。以上這些**數據**是要告訴你，在「豐收期」階段，你可以適度放輕鬆，不要當一個窮到只剩股票的人，可以適當享受投資的成果。

當我們的人生進入了接近退休或已退休階段，子女教育負擔與房貸的壓力減小，投資也有了基本的成果，此時投資的心態應該從過去追求高成長，為退休生活預備轉化為「適當享受財富成果」。不要忘了我們的終極財務目標，是為了過一個可以讓我們享受人生，不被工作牽絆的自由生活，過度節省與追求資產的極大化，並不是我們投資的終極目標，必須適時地享受我們努力投資多年的成果。

這個時期「如何使用財富」比「如何創造財富」更重要，我們必須善用投資成果為我們創造更多的自由時間與美好回憶。例如可以考慮提早離開原來較高壓的工作，計畫第二人生，找到一個能讓自己更享受生活、不必完全考量收入多寡的工作，過一個更平衡的生活。

以下為「豐收期」的工作重點：

（1）開始以穩定的股息收益與穩定的市值為優先考量。

（2）減少維護投資組合所需要的時間與精力成本。

（3）開始轉進被動指數基金、高股息 ETF、高股息股，以穩定的被動收入為思考重點。

（4）開始規劃享受投資成果，讓財富為生活創造更多的自由時間與美好回憶。

（5）與子女討論與傳授如何順利承接投資成果。

這張投資旅程藍圖可以幫助你在心中建立心像（Mental Image），讓你確定自己一開始是在什麼位置，你現在擁有什麼條件，有多少時間可以執行

圖 22.3. 投資旅程中各階段的工作重點與建議

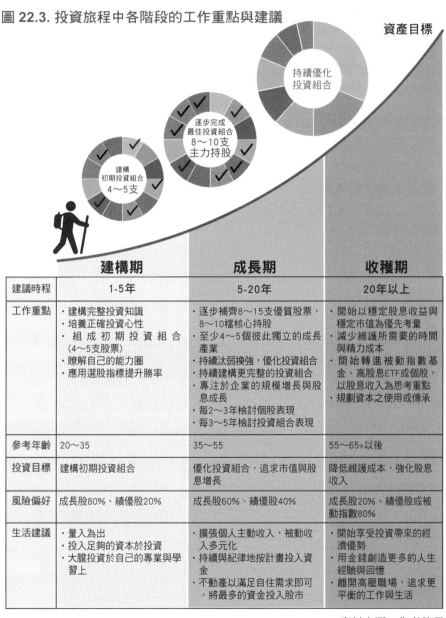

	建構期	成長期	收穫期
建議時程	1-5年	5-20年	20年以上
工作重點	・建構完整投資知識 ・培養正確投資心性 ・組成初期投資組合（4～5支股票） ・瞭解自己的能力圈 ・應用選股指標提升勝率	・逐步補齊8～15支優質股票，8～10檔核心持股 ・至少4～5個彼此獨立的成長產業 ・持續汰弱換強，優化投資組合 ・持續建構更完整的投資組合 ・專注於企業的規模增長與股息成長 ・每2～3年檢討個股表現 ・每3～5年檢討投資組合表現	・開始以穩定股息收益與穩定市值為優先考量 ・減少維護所需要的時間與精力成本 ・開始轉進被動指數基金、高股息ETF或個股，以股息收入為思考重點 ・規劃資本之使用或傳承
參考年齡	20～35	35～55	55～65+以後
投資目標	建構初期投資組合	優化投資組合，追求市值與股息增長	降低維護成本，強化股息收入
風險偏好	成長股80%、績優股20%	成長股60%、績優股40%	成長股20%、績優股或被動指數80%
生活建議	・量入為出 ・投入足夠的資本於投資 ・大膽投資於自己的專業與學習上	・擴張個人主動收入，被動收入多元化 ・持續與紀律地按計畫投入資金 ・不動產以滿足自住需求即可，將最多的資金投入股市	・開始享受投資帶來的經濟優勢 ・用金錢創造更多的人生經驗與回憶 ・離開高壓職場，追求更平衡的工作與生活

資料來源：作者整理

計畫。當你知道你的進度在計畫中，你比較不會驚慌，也不會急躁。

這是段生命的旅程，你必須相信時間的力量，時間可以讓你建立事業與家庭，也可以幫助你創造財富，你有夠長的時間來執行你的投資藍圖。也許過程不會盡如你意，但這跟人生一樣，我們本來就無法計畫太多細節，因為股市跟人生都有太多無法預期的變數。但透過投資旅程藍圖，我們可以不斷檢視自己走過的路，並檢視每個重要的里程碑，持續調整我們的步伐再重新聚焦。

記住，有決心與有紀律地走到終點比中間發生什麼事更重要，也許你會擔心計畫不能百分之百實現，但往好處想，與那些沒計畫的投資人相比，誰更能實現財富目標呢？如果最後因為無法預期的因素只能完成 90%、甚至 70% 的預期，結果也不會太差。而且，我的經驗可以告訴你，如果夠堅持，持續按照紀律執行計畫，不因為挫折或不如意而停止計畫，你會發現很多好事就在你的堅持下發生了。

22-2. 只要時間夠長，你很有機會超前投資進度

我在 2002 年開始了我的第一份工作，是大學裡起薪五萬多的講師。有了收入後，我再度回到股市進行投資。初期的投資觀念其實十分雜亂無章，沒有明確的策略與想法，跟大多數的投資人一樣，在報紙或雜誌中找機會，買了一堆自己也搞不清楚到底在做什麼的公司股票。常常明明想長期投資，但一遇到股價表現不佳又趕快換到另一家，手上的股票沒有幾支長線的表現是讓我滿意的。

幾年下來績效差到根本不想計算。一直到 2008 年的次貸風暴後我才開始做出重大改變，集中持股並且精選自己看得懂，而且有信心可以長期持有的優質股票。投資思考也不斷進化，慢慢發展出屬於自己的投資策略與理念。

▶ 1. 設定好目標後便義無反顧地前進

當投資開始有成果後，我也開始設定新的投資目標。其實我原來給自己設定的目標是在 65 歲退休時能存到 2,000 萬的股票，畢竟我只是一位靠一分薪水養一家四口的大學老師。我有長達十年的時間擔任薪水約五、六萬元的講師，一直到 2013 年升等成助理教授後才有近百萬年薪，但加上長期在外縣市工作，扣掉遠距通車及在外地租房的花費，每個月實際到手可以投入股市的閒錢其實不多。所以設定退休時能存到 2,000 萬的股票是我當時覺得很合理的目標。然而，我卻小看了結合「時間」、「堅持」與「機運」所創造出的威力。

我在 2008 年最慘時股票資產跌到剩下約 170 萬，但在調整策略後，我持續每個月將扣除生活費與房屋貸款後的所有閒錢都投入股市，在 2013 年後我的股票資產第一次突破千萬，而且這還是在 2012 年遭遇鈊象停損的狀況下的成績，這代表我從 2008 至 2013 年五年就完成了第一個千萬的里程碑。

但故事當然沒這麼簡單，隨著精華光學股價的兩次暴跌，我在 2013 至 2017 年間的資產又再度低於千萬，甚至幾次低於五百萬，但我還是繼續將資金持續投入股市。

在 2017 年底隨著精華光學股價再創新高，我的股票市值又再次站上千萬，雖然那四年股票資產一直在千萬以下來回震盪，似乎沒太大進展，但其實我所累積的資產已經跟十年前不同了。我靠股票還清了房貸、還投資了朋友的寵物醫院、加上持續累積的股票股數，我每年所創造的被動收入已經跟十年前完全不同了，但這些持續累積的資產所蘊藏的能量，不容易從股票市值的變化上看到。

而隨著精華光學從 2018 年開始逐漸步入衰退，我重新調整投資策略，改以更具戰略性的投資組合來獲取整體報酬，漸漸找到更具安全性的成長策略。我在 2018 至 2023 年間歷經了精華股價的大幅下滑，與美股成長股的暴跌，我的股票資產曾在最糟糕時剩下七、八百萬，但我仍然依照往常一樣在

低點持續買進股票。隨著股市漸漸又恢復正常，市值又站穩了千萬以上。在過去五年持續投入資金、每年股息也都全數投入的狀況下，我的投資組合漸漸發揮威力，步入更穩定成長的階段，在 2023 年 6 月終於首次站上兩千萬大關。

我在持續投資了 20 年，在五十知天命之年提早完成了原來預定 65 歲擁有 2,000 萬股票資產的目標，提早了近 15 年。所以，你真以為你只會落後目標，而不會提早超車成功？雖然股市有很多意外，但你也少算了很多可能發生的好事。

▶ **2. 只要夠堅持，你也會有屬於自己的機運**

我原來只是為了穩健而買進精華光學，沒想到卻靠它賺進了第一桶金、靠它還清了房貸、還有能力投資朋友的動物醫院，增加了更多的被動收入。雖然在 2006 至 2012 年間持有鈊象時並沒有成功，但因為我對這家公司夠熟悉，得以在 2017 年後再次買進，並且還能靠著精華增值數倍的價值，讓我可以買進夠多的鈊象，讓鈊象取代了原來投資組合中精華的地位。

雖然我在 2020 年後的美股成長股中犯了不少錯誤，但因為在 2018 年後開始執行分散投資，也得以讓美股虧損的影響縮小，並且靠台股中的鈊象、中租、裕融，以及後來表現不錯的保瑞帶動投資組合繼續成長。此外，在這幾年中我可以每年有 50 至 60 萬的股息收入持續投入，這些再投入的股息讓投資組合在低迷時繼續累積能量，當其中幾家好股票後來再度有優異表現時，你會發現市值增長的速度遠超過原來的預期。

透過好的長期投資策略，例如放棄賺取短期價差，只專注長期持有仍在持續增長中的企業股票，透過適當分散又能兼顧集中投資的策略，你等於是最大化了自己能網羅到那些可以持續規模增長的優秀企業的機會。 長期下來，只要你累積的好決定能遠多過糟糕的決策，投資組合中好股票的表現能輕易彌補你的錯誤，不會對整體報酬率產生嚴重影響。

看似傻傻地長期持有好公司股票不賣出，其實你正在累積與創造自己的

好機運。夢想並非只是靠想像，而是當你決心持續前進，堅持只做對的事，這些對的事最終會擴大你成功的機會。

告訴你一個價值投資的祕密。你真的以為巴菲特知道他買可口可樂時會賺超過 20 倍？買比亞迪時會賺超過 30 倍？不，其實他不知道，他只知道長期持有這些好股票會賺很多倍，他所做的就是堅定持有這些一直在還在成長的好企業。

巴菲特在 2023 年給股東的信中舉了兩個例子：

波克夏在 1994 年完成了一個長達 7 年的收購，購買了 4 億股可口可樂股票，總成本為 13 億美元，這對當時的波克夏來說是一筆非常大的數目。1994 年波克夏從可口可樂收到的現金股息為 7,500 萬美元，到 2022 年，股息增加到超過 7 億美元。這樣的股息增長每年都發生，就像生日一樣確定，而且巴菲特預期這筆金額未來每年都還會繼續增加。

波克夏在隔年 1995 年也完成了對美國運通的收購，巧合的是，也剛好花費了 13 億美元。從美國運通這筆投資中獲得的年度股息，也從當年的 4,100 萬美元增長到超過 3 億美元，這筆股息也很有可能在未來繼續增加。但這些股息成長相比於股價的上漲反而算不了什麼。在 2022 年底，巴菲特原來投資可口可樂的 13 億美元成長為 250 億美元，而投資於美國運通的 13 億美元也成長為 220 億美元。現在這兩支股票約占波克夏淨資產的 5%，與很久以前的權重相當（意思是總資產增加，但這兩支股票也持續成長）。

巴菲特對這兩筆投資做了一個結論：「假設我在上世紀 90 年代犯了一個類似規模（13 億美元）的投資錯誤，這筆投資在 2022 年仍然價值 13 億美元（例如 30 年期債券）。這筆令人失望的投資現在只占巴郡淨資產的微不足道的 0.3%，但仍將為我們帶來大約 8,000 萬美元的收入。這經歷給投資人的教訓是：**野草會在鮮花盛開的時候枯萎，這同樣意義重大。隨着時間的推移，只需少數勝利就能創造奇蹟。**」

同樣的，我也不知道 2008 年買的精華和 2017 年買的鈊象最後會增值這

麼多倍，持有超過 5 年以上的裕融、中租、保瑞，蘋果、波克夏、AZO、星巴克也都貢獻超過倍數的報酬，其他那些看錯、表現不佳的股票對長期績效會有什麼影響呢？你知道若使用投資組合，長期下來一支績效 100% 的股票可以輕易彌補三支跌了 30% 的股票損失嗎？更不用說十年中你會累積很多漲幅超過倍數的好股票，足以彌補可能的錯誤。

請相信我，當你願意長期持有 10 至 15 檔好公司股票，不輕易賣出它們，你就是在為自己擴大持有倍數股甚至十倍股的最大機會，你長期超越大盤以及超越自己原來進度的可能性遠大於你的想像。

第二十三章
啟程前的叮嚀

> 得智慧勝似得金子，選聰明強如選銀子
>
> ——《聖經・箴言 16：16》

現在，當你知道一個完整投資旅程的全貌後，你有信心出發了嗎？這是一個需要勇氣、耐心，甚至願意接受一點機運的旅程。但你很幸運，你並不是在毫無預備與一無所知的狀況下出發，在你之前已經有很多投資前輩走過這趟路，這些前輩已經告訴你許多他們在自己的旅行中所累積的豐富智慧。

你要相信，這些智慧可以幫助你省掉很多時間，你可以少犯很多錯誤，透過更有策略的投資方法，來比其他人更早獲致成功。你要做的就是踏出第一步，開始應用這些智慧開創屬於自己的投資旅程。

23-1. 投資旅程指南

你必須知道，每個人的投資之路都不會一樣，你在這條路上並沒有精準的 GPS，也沒有鉅細靡遺的操作手冊，但你會有明確的「投資指南」，這些指南就是前人累積下來的投資智慧。你可以靠著自己來實踐這些智慧，並找到屬於自己成功的路徑，且一路上遇到自己的幸運之星。

對於在股海征戰 60 年的巴菲特來說，他的幸運之星就是 GEICO、喜詩糖果、可口可樂、美國銀行與蘋果。我過去 15 年的幸運之星則是精華光學、鈊象、中租與裕融。至於剛要開始走這段投資旅程的你，我相信一路會有很多意料之外的情節，我也相信你最終將會找到屬於自己的幸運之星。

現在，就在你即將開始自己的投資旅程前，我將幫你做最後的叮嚀，叮

嚀你在旅程中要遵守的重要原則,每當你的投資遇到挑戰與充滿疑惑時,你可以回來看看這些原則,你將會重新獲得信心與智慧。以下是我給你的「**投資旅程指南**」。

▶ **1. 建立投資視野**

- 把投資當作是一段人生的豐富之旅,用你一生可以執行的年歲來規劃投資,以十年二十年甚至三十年來規劃投資。

- 一個好的投資旅程就像開飛機,能看到大方向,只需微調方向;不佳的投資旅程則像在都市叢林中開車,只能看到眼前景象,看不到長期目標,隨時要對眼前複雜的交通景象進行複雜決策,充滿緊張情緒,也容易犯錯。

- 瞭解複利的偉大力量後,必須投入足夠的資本與等待夠長的時間,才能讓複利充分發揮作用。

- 就跟你的不動產一樣,股票是一個長期會增值、每年還能帶來現金流的資產,千萬不要輕易賣出。

▶ **2. 選擇好的投資方法**

- 好的投資方法是以系統性與長期性的策略取得穩定報酬,應避免一般散戶所偏好沒有穩定報酬的游擊戰投資方式,幾次錯誤決策就會賠掉之前的獲利成果。

- 投資應該是人生飛輪效應中的一環,能讓身心靈處於平衡與愉悅狀態的方是一個可長可久的投資方法。

- 能讓你可以輕鬆、簡單地反覆執行五年、十年,甚至二十年,能讓你平安走到終點的才是好的投資方法。

- 好的投資應該以「長期勝率」當基礎,「夠長的時間」加上「一籃子優質好股票」,可以大幅提升勝率並最大化股票資產倍增的機會。

- 相信 82 法則，少數的成功就可以創造奇蹟，專注於選擇好企業。只要長期下來好的決策遠多過平庸的決策，你將能取得極佳的成果。

- 放棄做短期價差看起來很傻，但其實你正在最大化自己股票資產倍增的機會，晚點吃棉花糖你會賺更多。

▶ **3. 投資原則**

- 簡化投資策略與投資思考，操作越少越好，不輕易買進，也不輕易賣出（特別是賣出）。

- 一個好的投資計畫必須容易執行，避免過多與困難的決策，以能持續執行直到到終點為目標。

- 投資觀念勝過投資技巧，投資原則勝過臨場反應，避開短線思維，專注長期主義。

- 認識與熟悉自己的能力圈，太難懂的產業與不容易分析的股票不要碰，只專注在自己懂的事物上。

▶ **4. 選股策略**

- 在成長性超越大盤平均值（7% 至 10%）以上的產業中挑選優秀企業。

- 後照鏡比擋風玻璃更重要，選擇過去 3 至 5 年營收持續成長，經營數據持續優化的企業。

- 專注於挑選長期在規模與淨利都能持續增長的企業股票，營收或淨利成長率年增 10% 至 15% 以上。

- 寧缺勿濫，以高標準過濾股票，專注尋找符合以下數據之企業：毛利率 > 30%、營業利益率 > 20%、淨利率 > 10%、股東權益報酬率 > 15%。

- 長期有穩定成長的股利，股息率 60% 以上，或股子加上股息應至少是每股盈餘的 50% 以上，發得出 80% 為佳。

- 找到那些賺聰明錢的企業，比一般企業更容易擴張、不用經營工廠、高毛利、具優勢商業模式的企業。

- 多注意小型成長型企業，特別是仍在快速成長期，在所屬的產業中仍有很大成長空間的小型企業。不追逐市場當紅的熱門股，專注於自己的能力圈上，等待自己的股票在未來開花結果。

- 不必追逐熱門主題概念股，回到最簡單的思考。直接找最純與最強的上游品牌廠，例如：看好電動車產業就應該直接買進特斯拉，看好 iPhone 手機就直接買蘋果。

▸ **5. 投資組合策略**

- 把投資組合當作是你所經營的一個擁有多樣性作物的果園，一年四季永遠有果樹正在成長與開花結果。

- 以 8 至 15 支股票組成投資組合，以 8 至 10 支為核心持股，成長確定性高的個股可以占比超過 10% 以上，但一檔盡量不超過 20%。

- 接受投資組合在不同時期可能會落後大盤，並以 3 至 5 年夠長的時間來檢討績效；也不要過度在意某幾支股票短期表現不如預期，給企業足夠的時間展現競爭力與成長力。

- 初期以至少 3 個以上彼此獨立的產業板塊來規劃投資組合，長期則可以逐步增加到 5 個以上不同產業板塊來組成投資組合。

- 同一個產業板塊可以放進 1 至 3 檔股票來組成，一個產業板塊盡量不超過投資組合的 20%。

- 投資組合中如果一檔股票因為不斷增值而讓占比提高時，不必減碼，但新資金應優先加碼比重少的個股與產業板塊。

- 投資組合以「分散又集中」的概念調整。以分散投資來分散風險，但當有股票表現出色或成長確定性高時，可以慢慢將其持股比例增加，讓其有效影響整體投資組合績效（Winner takes it all, loser stands small）。

- 可以透過美股來分散區域風險，避免家鄉偏誤，在美股中優先選擇護城河強大的大型龍頭企業，避開高估值的未獲利成長股。

▶ 6. 投資心法：

- 不要害怕波動，波動不是風險，真正的風險是價值的永久損失。

- 最佳的賣出時機不是股票下跌或股價在高點時，而是企業開始失去競爭力時。

- 只要專注選好股，持有的時間長短比選股和買進的價格更重要。

- 勇於說「不」：不買進投機股、不做短期價差、不買不懂的股票、不輕易賣出好股！

- 常提醒自己買進一支股票的初衷，公司在產業中的地位與競爭力沒有改變時，不輕易賣出股票。

- 專注在企業的規模增長，避免讓自己限於框架效應，輕看 20% 的損失或 20% 的獲利，專注在 200% 的規模成長。

- 快跑未必能贏，力戰未必得勝；在股市裡，耐心勝過投機、簡單勝過技巧；少就是多、慢就是快！

23-2. 結語

開始屬於你的投資之旅吧！

耐心是一個人一生能夠成功的重要品格，不只是投資，舉凡婚姻、教育、事業，當你願意等待，願意以長遠的眼光來做規劃決策，成果都會是驚人的。

在我超過 20 年的投資生涯裡，我對投資最大的領悟就是要有「耐心」。有耐心一方面代表的是你願意放棄一般人喜歡追求的蠅頭小利，願意晚點吃棉花糖；另一方面，也代表你願意在市場人心惶惶、企業短期表現不如預期時，依然能看到幾年後優秀企業的規模成長，價值投資的祕密就在於你對優秀企業的未來想像。

當你願意用 10 年、20 年，甚至 30 年的視野來規劃一段投資旅程，你會更有耐心，也比一般人更能接受可能的意外。因為你的心中有確據，你知道時間的力量，也比其他人更早知道故事的結局。這是一段你不會失敗的旅程，隨著時間的推移，你會看到越來越豐碩的成果。

現在，帶著我的祝福，開始屬於你自己的投資豐富之旅吧！

MEMO

附錄一：切老的台股主要投資標的

		2018	2019	2020	2021	2022	2023E
鈊象	營收（億）	30.7	52.9	84.3	113	119	138
	毛利率%	87.9	92.6	95.9	95.9	96	96.2
	營利率%	31.2	45.6	50.3	51.5	50.3	52.6
	淨利率%	28.7	37.4	40.5	42	45.9	46.7
	EPS 元	12.51	28.08	48.38	67.62	38.88	46
	ROE	23.8	45.1	58.5	60.6	55.8	60
	三年回報率	2021~2023		132%			
	五年回報率	2019~2023		1,176%			

		2018	2019	2020	2021	2022	2023E
中租	營收（億）	505	591	595	722	866	900
	毛利率%	61.6	60.3	71.8	73	70.5	66.9
	營利率%	35.8	35.1	39.8	46.4	42.7	34.7
	淨利率%	27.5	27.2	29.5	31.5	32.9	27.8
	EPS 元	10.37	11.65	12.2	14.8	17.17	17
	ROE	23.1	23.3	20.2	21	21.3	17.3
	三年回報率	2021~2023		27%			
	五年回報率	2019~2023		129%			

		2018	2019	2020	2021	2022	2023E
裕融	營收（億）	249	292	296	320	366	390
	毛利率%	43	48.1	49.8	54.7	57.9	55.2
	營利率%	14.8	13.2	12.1	21.3	24.3	21.9
	淨利%	11.1	10.5	9.78	16.8	16.8	17.5
	EPS 元	9.27	9.12	8.85	12.96	12.06	11.7
	ROE	16.1	14.9	13.5	22.5	19.9	19.4
	三年回報率	2021~2023		170%			
	五年回報率	2019~2023		260%			

註：同期追蹤台股台灣 50 之元大 0050 之回報率，三年為 13%、五年為 106%

保瑞		2018	2019	2020	2021	2022	2023E
	營收（億）	13.7	15.3	18	49	105	145
	毛利率%	32.5	42	39.1	34.1	27.8	48.2
	營利率%	13.7	22.6	12.6	21.3	18.3	37.4
	淨利率%	32.4	19.9	32.1	15.3	13.4	22.6
	EPS 元	16.18	7.9	10.76	11.04	18.52	31
	ROE	45.5	20.8	28.1	26.7	33.8	49.1
	三年回報率	2021~2023		508%			
	五年回報率	2019~2023		1,606%			

晶碩		2018	2019	2020	2021	2022	2023E
	營收（億）	31.3	33.6	39.8	56	63.2	68
	毛利率%	51.2	44.5	50.4	53	52.4	52.4
	營利率%	25.3	17.6	21.5	26.1	28.8	27
	淨利率%	17.3	14.2	18	22.3	24.4	23.2
	EPS 元	9.02	7.62	10.22	17.84	22.03	15.31
	ROE	31.3	15.7	16.7	24.7	25.8	18.5
	三年回報率	2021~2023		40%			
	五年回報率	2019~2023		117%			

德麥		2018	2019	2020	2021	2022	2023E
	營收（億）	39.6	40.8	43.8	49.5	53.4	42.5
	毛利率%	37	37.2	35.9	36.2	34.5	33.5
	營利率%	17.4	17.7	18.4	19.2	18.1	17.5
	淨利率%	13.4	14	14.5	14.6	13.7	13.6
	EPS 元	13.27	14.02	16	16.19	17.09	19
	ROE	20	20.3	21	22.1	20.8	21
	三年回報率	2021~2023		31%			
	五年回報率	2019~2023		65%			

洋基工程		2018	2019	2020	2021	2022	2023E
	營收（億）	59.7	51.7	53.5	107	140	165
	毛利率%	16	17.7	14.7	14.5	19.2	17.2
	營利率%	11.3	13.7	11.1	11.6	15.6	14
	淨利率%	9.08	10.3	8.72	8.98	12.4	11.3
	EPS 元	19.08	12.92	11.37	15.83	25.48	19
	ROE	34	27.6	22.2	28.7	35.8	36
	三年回報率	2021~2023		172%			
	五年回報率	2019~2023		365%			

普萊德		2018	2019	2020	2021	2022	2023E
	營收（億）	13.7	13.5	12.3	14.3	17.2	18
	毛利率%	39	40.8	40.2	39.9	42.2	44.9
	營利率%	25.6	27.1	26.2	26.8	29.9	31.8
	淨利%	22	23.2	20.2	23.5	29.7	33.2
	EPS 元	4.82	5.01	4.33	5.14	7.01	8
	ROE	23.4	23.6	20.2	23.5	29.7	33
	三年回報率	2021~2023		125%			
	五年回報率	2019~2023		143%			

台積電		2018	2019	2020	2021	2022	2023E
	營收（億）	10315	10700	13393	15874	22639	22600
	毛利率%	48.3	46	53.1	51.6	59.6	55
	營利率%	37.2	34.8	42.3	40.9	49.5	44
	淨利率%	34	32.3	38.7	37.6	44.9	40
	EPS 元	13.54	13.32	19.97	23.01	39.2	31
	ROE	21.9	20.9	29.8	29.7	39.6	26
	三年回報率	2021~2023		6%			
	五年回報率	2019~2023		165%			

大樹		2018	2019	2020	2021	2022	2023E
	營收（億）	49	66	86.4	113	146	155
	毛利率%	24.6	24.2	25.3	26.1	27.5	27.5
	營利率%	2.54	2.16	2.61	4.36	5.92	4.93
	淨利率%	2.16	2.03	2.23	3.61	4.81	4.08
	EPS 元	3.01	3.25	3.73	5.83	7.85	6.5
	ROE	11.3	11.7	14.1	23.5	30.6	23
	三年回報率	2021~2023		606%			
	五年回報率	2019~2023		1,420%			

美時		2018	2019	2020	2021	2022	2023E
	營收（億）	64.3	96.1	107	126	146	155
	毛利率%	48.8	46	42.8	44.6	53.3	58.8
	營利率%	6.98	12.5	15	18.1	28.1	35.2
	淨利率%	1.93	7.98	9.6	11.1	20.6	27.4
	EPS 元	0.42	2.74	4.22	5.5	11.59	17.5
	ROE	1.62	9.96	12.5	14.2	24.2	32.2
	三年回報率	2021~2023		166%			
	五年回報率	2019~2023		254%			

寶雅		2018	2019	2020	2021	2022	2023E
	營收（億）	141	158	175	175	195	205
	毛利率%	43.8	43.2	43.2	43.9	43.2	43.6
	營利率%	14.9	15.4	15.1	13.3	13.6	14.2
	淨利率%	12.1	12	12	10.5	10.6	11.2
	EPS 元	17.5	19.31	21.6	18.25	20.26	23
	ROE	44.4	44.6	45.8	37.5	37.4	42
	三年回報率	2021~2023		1.50%			
	五年回報率	2019~2023		94%			

註：同期追蹤台股台灣 50 之元大 0050 之回報率，三年為 13%、五年為 106%

附錄二：切老的美股主要投資標的

		2018	2019	2020	2021	2022	2023E
AAPL	營收（億美元）	2656	2601	2745	3658	3943	3832
	毛利率（%）	38	37.8	38.8	43	43	44.1
	營利率（%）	25.9	24.7	25.2	30.9	29.4	29.8
	淨利率（%）	22.7	21.5	21.73	26.58	24.5	25.3
	EPS 元	2.98	2.97	3.28	5.61	6.11	6.13
	ROE（%）	50	60	90	149	163	160
	三年回報率	2021~2023		55%			
	五年回報率	2019~2023		435%			

		2018	2019	2020	2021	2022	2023E
MSFT	營收（億美元）	1103	1258	1430	1680	1982	2119
	毛利率（%）	65.1	67.7	68.35	68.8	68.1	69.4
	營利率（%）	32.8	36.7	39.2	45.5	40.5	43
	淨利率（%）	28.3	33	33.5	38.5	33	35.3
	EPS 元	2.13	5.06	5.76	8.05	9.65	9.68
	ROE（%）	39.4	42.9	42.2	48.4	39.3	38.3
	三年回報率	2021~2023		76%			
	五年回報率	2019~2023		302%			

		2018	2019	2020	2021	2022	2023E
Meta	營收（億美元）	558	706	859	1179	1166	1300
	毛利率（%）	83.5	81.9	80.6	80.8	78.3	79
	營利率（%）	44.6	33.93	38	39.6	24.8	28.9
	淨利率（%）	39.6	26.1	33.9	33.4	19.9	23.4
	EPS 元	7.57	6.43	10.09	13.77	8.59	10
	ROE（%）	27.5	20	25.2	29.7	18.6	22
	三年回報率	2021~2023		28%			
	五年回報率	2019~2023		182%			

註：同期追蹤 SP500 指數之先鋒基金 VOO 之回報率：三年 34%、五年為 114%

Googl		2018	2019	2020	2021	2022	2023E
	營收（億美元）	1368	1618	1825	2576	2828	2550
	毛利率（%）	56.5	55.6	53.6	56.9	55.4	55.9
	營利率（%）	20.1	21.1	22.6	30.5	26.4	26.5
	淨利率（%）	22.5	21.2	22	29.5	21.2	22.46
	EPS 元	2.2	2.5	2.9	5.6	4.5	6.3
	ROE（%）	18.3	17.8	19	31.5	23.5	25
	三年回報率	2021~2023		64%			
	五年回報率	2019~2023		185%			

ADBE		2018	2019	2020	2021	2022	2023E
	營收（億美元）	90	111	128	157	176	194
	毛利率（%）	86.7	85	86.6	88.2	87.7	87.9
	營利率（%）	31.5	29.2	32.9	36.7	34.6	33.9
	淨利率（%）	28.7	26.4	40.9	30.5	27	27.1
	EPS 元	5.2	6	10.8	10	10.1	10.4
	ROE（%）	29.1	29	45.4	34	33.8	34.8
	三年回報率	2021~2023		19%			
	五年回報率	2019~2023		187%			

BRKB		2018	2019	2020	2021	2022	2023E
	營收（億美元）	2478	2546	2455	2762	3028	3650
	毛利率（%）	77.6	76.2	74.5	75.1	75.2	78
	營利率（%）	5.7	43	30.4	43.6	-7.6	29.2
	淨利率（%）	1.62	31.9	17.3	32.5	-7.55	21.9
	EPS 元	1.63	33.2	17.8	39.6	-10.35	35
	ROE（%）	1.1	20.5	10.3	18.6	-4.7	14.8
	三年回報率	2021~2023		60%			
	五年回報率	2019~2023		86%			

TSLA		2018	2019	2020	2021	2022	2023E
	營收（億美元）	214	245	315	538	814	970
	毛利率（%）	18.8	16.56	21	25.3	25.6	17
	營利率（%）	-1.8	-0.28	6.32	12.1	16.7	11.5
	淨利率（%）	-4.5	-3.5	3.1	10.2	15.4	11.2
	EPS 元	-0.38	-0.33	0.21	1.63	3.62	3.7
	ROE（%）	-18.5	-13	4.5	20	31.8	21
	三年回報率	2021~2023		10%			
	五年回報率	2019~2023		1,085%			

AZO		2018	2019	2020	2021	2022	2023E
	營收（億美元）	112	118	126	146	162	174
	毛利率（%）	53	53.6	53.4	52.6	51.5	52
	營利率（%）	16	18.5	19.5	20	19.5	20
	淨利率（%）	12.5	13.4	14	15	14.6	14.5
	EPS 元	48.7	63.4	71.9	95.2	117.2	132
	ROE（%）	-95.9	-96.8	-139	-142	-69.5	-69
	三年回報率	2021~2023		120%			
	五年回報率	2019~2023		216%			

PERI		2018	2019	2020	2021	2022	2023E
	營收（億美元）	2.50	2.6	3.2	4.8	6.4	7.1
	毛利率（%）	90.6	90	93	94.7	95	94.9
	營利率（%）	5.8	6.9	3.7	9.6	17	16.4
	淨利率（%）	3.2	4.9	3.1	15.5	15.5	16.2
	EPS 元	0.31	0.49	0.36	1.02	2.06	2.4
	ROE（%）	5.6	8.3	5.7	12.4	18.9	18.7
	三年回報率	2021~2023		152%			
	五年回報率	2019~2023		1,082%			

PATK		2018	2019	2020	2021	2022	2023E
	營收（億美元）	23	23.3	24.8	40	48	
	毛利率（%）	18.3	18.09	18.5	19.6	21.7	22
	營利率（%）	7.4	6.6	6.9	8.6	10.2	7.4
	淨利率（%）	4.7	3.8	3.9	5.5	6.7	4.2
	EPS 元	4.9	3.8	4.2	9.6	13.5	9.2
	ROE（%）	29	19	18.7	33	36	15
	三年回報率	2021~2023		52%			
	五年回報率	2019~2023		283%			

SBUX		2018	2019	2020	2021	2022	2023E
	營收（億美元）	247	265	235	290	322	359
	毛利率（%）	69.9	67.6	69.6	69.6	68	68
	營利率（%）	15	5.4	16.9	14	16	16
	淨利率（%）	12	2.8	14.5	10	11.5	11.5
	EPS 元	3.2	2.9	0.8	3.5	2.8	3.6
	ROE（%）	172.3	-66.7	-8.35	-62.2	-38.1	-49.2
	三年回報率	2021~2023		-2%			
	五年回報率	2019~2023		72%			

MCD		2018	2019	2020	2021	2022	2023E
	營收（億美元）	212	213	192	232	231	241
	毛利率（%）	50.9	52.3	50.7	54	56.9	57.2
	營利率（%）	41.5	42.4	38	44.6	40	45.6
	淨利率（%）	27.8	28.2	24.6	32.8	26.6	33.3
	EPS 元	7.54	7.88	6.31	10	8.3	10.3
	ROE（%）	-100	-79	-54	-129	-99	-150
	三年回報率	2021~2023		45%			
	五年回報率	2019~2023		88%			

註：同期追蹤 SP500 指數之先鋒基金 VOO 之回報率：三年 34%、五年為 114%

台灣廣廈 國際出版集團
Taiwan Mansion International Group

國家圖書館出版品預行編目（CIP）資料

能力圈選股，投資致勝的關鍵：善用你的能力圈，只買你懂
的，只做你會的。讓切老幫助你徹底釋放內在的投資潛能。 /
謝毓琛 著，
-- 初版.-- 新北市：財經傳訊，2024.01
　面； 公分.--（view;67）
　ISBN 9786269610655（平裝）
1.CST:個人理財 2.CST:投資

563.53　　　　　　　　　　　　　　111012197

財經傳訊
TIME & MONEY

能力圈選股，投資致勝的關鍵：
善用你的能力圈，只買你懂的，只做你會的。讓切老幫助你徹底釋放內在的投資潛能。

作　　者／謝毓琛	**編輯中心**／第五編輯室
	編 輯 長／方宗廉
	封面完稿／游順發
	製版·印刷·裝訂／東豪·弼聖·秉成

行企研發中心總監／陳冠蒨	**線上學習中心總監**／陳冠蒨
媒體公關組／陳柔彣	**數位營運組**／顏佑婷
綜合業務組／何欣穎	**企製開發組**／江季珊、張哲剛

發 行 人／江媛珍
法 律 顧 問／第一國際法律事務所 余淑杏律師、北辰著作權事務所 蕭雄淋律師
出　　版／台灣廣廈有聲圖書有限公司
　　　　　　地址：新北市 235 中和區中山路二段 359 巷 7 號 2 樓
　　　　　　電話：（886）2-2225-5777·傳真：（886）2-2225-8052

代理印務·全球總經銷／知遠文化事業有限公司
　　　　　　地址：新北市 222 深坑區北深路三段 155 巷 25 號 5 樓
　　　　　　電話：（886）2-2664-8800·傳真：（886）2-2664-8801
郵 政 劃 撥／劃撥帳號：18836722
　　　　　　劃撥戶名：知遠文化事業有限公司（※ 單次購書金額未達 1000 元，請另付 70 元郵資。）

■ 出版日期：2024 年 1 月
ISBN：9786269610655